정순채

사이버산책
Cyber Walk

정순채 지음

도서출판
정일

정순채 사이버산책
Cyber Walk

정순채 지음

도서출판
정일

프롤로그

금년 말 퇴직 예정인 저자는 23년 가까이 범죄수사에 전중한 수사전문 경찰관이다. 1999년부터 컴퓨터 등 정보통신망을 이용한 사이버범죄 발생이 증가하면서 사이버범 죄의 심각성을 인지했다. 그리고 발생된 사이버범죄에 대한 수사도 중요하지만 범죄 발생을 사전에 예방하므로 국민생산성을 증진시켜야 한다는 생각을 가졌다.

대학교 등 학생들과 경찰수사연수원, 정부기관, 보안업체 등 기관 및 기업인을 대상으로 사이버보안 및 범죄예방교육 등의 업무를 인정받아 2008년에는 제1회 대한민국 사이버치안대상을 수상했다. 또한 대한민국의 소프트산업 보호활동에 기여한 공로로 2013년에는 제1회 소프트웨어 산업보호대상을 수상하는 등 안전한 사이버공간 조성에 노력했다.

2000년대 후반부터 아시아타임즈 등 일간지를 비롯한 다수의 언론에 사이버범죄 및 보안관련 칼럼을 140여편 이상 게재했다. '무엇이든지 물어보세요'라는 방송출연 및 사이버위협 관련 방송인터뷰를 다수 했으며, 국회에서 안전한 사이버공간 조성을 위한 입법토론도 했다.

현재는 아시아타임즈의 [정순채 사이버산책]이라는 제하의 고정 칼럼니스트로 활동하고 있다. 실질적으로 발생된 사이버공간을 이용 또는 위협한 범죄를 장기간 수사하면서 보안 등 사이버안전과 관련한 입법이나 정책의 문제점과 개선안을 제시하는 등 다양한 내용의 칼럼을 게재하고 있다.

본 [Cyber 산책]은 그 동안 저자가 장기간 언론에 게재한 사이버안전과 관련한 칼럼 105편을 정리하여 한 권의 책으로 출간했다. 내용구성은 사이버보안 등 주제별 해당 내용과 연관하여 17개의 장으로 세분화했다.

사이버보안 17편, 사이버성폭력 14편, 사이버금융사기 11편, 사이버인격권 9편, 4차 산업과 드론, 전화금융사기, 사이버범죄 예방이 각 7편, 암호화폐 6편, 사이버폭력 5편, 해커 4편, 모바일포렌식, 디지털사회, 개인정보침해, 사이버도박이 각 3편, 악성코드, 인터넷게임, 경찰이야기 각 2편으로 분류했다.

저자는 향후 사이버위협이 날로 높아지는 현재의 정보통신기술 환경에서 사이버안전을 위한 전략과 정책제안을 위한 노력을 게을리 하지 않겠다. 현재도 사이버 공간에서는 진화된 공격과 방어는 계속되고 있다. 세계의 해커그룹이나 특정 국가의 지원을 받는 해킹그룹은 정보통신 강국인 대한민국의 정보통신망을 상대로 끊임없는 공격을 시도하고 있다.

이에 대한 방어인력을 양성하고, 그 기술을 개발하는 것은 매우 중요하다.

사이버공간에서 해킹 등으로 인한 정보유출과 경제적 손실이 발생한 금융 사기나 사람의 소중한 인격권을 침해하는 사이버 권리침해 등 다양하게 발생되는 역기능을 완전히 제거할 수는 없다. 최대한 침해와 위협을 완화하는 국가와 기업, 그리고 개인의 노력과 현명한 대처를 필요로 한다.

누구나 스마트폰과 인터넷 등 정보통신기술을 활용하는 상황에서 이용자 각자가 자신의 영역을 지켜야 한다. 그렇지 못하면 자신이나 주변인이 직접 피해를 당할 수도 있다. 또한 해킹이나 금융사기, 권리침해나 개인정보 유출 등 다양한 유형의 각종 사이버공격에 대한 교두부로 악용될 수도 있다.

본 책자가 4차 산업혁명과 더불어 건전한 사이버공간과 안전한 정보통신기술 환경을 조성할 수 있는 정보통신망 정책에 도움이 되길 기대한다. 저자는 현장에서 사이버범죄 등을 수사한 실무자로서 해킹이나 기망행위 등 사이버공간에서 발생되는 각종 부작용에 의한 피해를 당하지 않았으면 하는 간절한 마음도 표출했다. 정보통신망을 이용한 범죄의 특성상 발생된 피해에 대한 복구는 매우 어렵고, 피해 회복 또한 쉽지 않기 때문이다.

현재의 부족한 내용과 정책안 등은 향후 지속적으로 관련 내용의 연구와 자료를 수집해 정보통신기술의 안전을 구현할 수 있는 알찬 칼럼을 게재하겠다. 아울러 사이버범죄 수사 및 정보통신기술의 역기능과 보안을 연구했던 실무자의 의견을 존중하는 정책안도 입안되길 기대한다.

끝으로 본 책자가 출간될 수 있도록 추천해주신 경희대학교 정완, 동국대학교 주해종, 서울과기대 차재상 교수님을 비롯한 다수의 전문가들과 함께 수사 했던 경찰청 동료들, 그리고 저의 사랑하는 소중한 가족들과 아시아타임즈의 강현직 주필님을 비롯한 다수의 언론사 기자들, 또한 본 저서를 완성해 빛을 보게 해주신 정일출판사 이병덕 대표이사 등 관계자분들께도 깊은 감사를 드린다.

2019. 12. 저자.

사이버
보안

1. 지식정보화 사회와 정보보호의 중요성

현대 사회는 인터넷 등 정보통신망의 보급 확대로 사이버공간 활동이 고도화되면서 나날이 확장되는 지식정보화 사회로 발전하고 있다. 정보의 축적과 처리, 전송능력이 증대되면서 정보가치가 물질이나 에너지 이상으로 중요하게 유통되는 사회가 지식정보화 사회이다. 지식정보화 사회에서는 기존의 오프라인 상에서 이루어졌던 업무와 서비스 등이 온라인으로 이동하면서 다양한 사회변화를 유도하고 있다.

세계 최고의 정보화 선진국인 국내의 정보통신환경도 빠른 성장과 함께 다양한 변화가 나타나고 있다. 혁신적 기술과 아이디어를 보유한 인터넷 기반의 스타트 업(Start-Up) 기업들도 창업되고 있다. 정보화기술 수준이 높고, 다양한 정보들이 제공되는 등 국내의 정보화 시스템에 의존하는 비중도 높다. 이처럼 지식정보화 사회가 급속히 확대되면서 더욱 중요한 것은 정보보호이다.

확장되는 인터넷 통신망은 해커 등의 공격 대상이 되어 시스템의 불법 침입으로 인한 정보 유출과 정보의 변경이나 훼손 등 정보통신망이 침해

될 수 있다. 인터넷을 이용하여 저장되거나 유통되는 정보에 대하여 악의적인 목적으로 접근하는 불법적인 탈취나 변조 등의 행위에 대한 대응책은 매우 중요하다. 이런 정보화 요인들은 정보보호의 필요성을 더욱 증가시키고 있어 완벽한 정보보호 활동이 절실하다.

정보통신망의 확대로 개방형 정보는 정보의 접근과 변조가 용이해 졌다. 정보통신기술(ICT)의 발달로 정보에 대한 의존도도 증가해 문제 발생 시 심각한 위험수준에 이를 수 있다. 사물인터넷(IoT) 등 초연결 현상은 지능화 기술과 접목되어 심각한 사이버공격 위협도 예상된다. 개인정보 활용도 급증으로 인해 개인 사생활과 생명도 위협받을 수 있다. 정보자산 가치가 증대됨에 따라 해킹 등 다양한 유형의 공격도 증가하고 있다.

정보호보는 '기밀성(Confidentiality)'과 '무결성(Integrity)', 그리고 '가용성(Availabilit)'이라는 3가지 보안요소가 필히 지켜져야 한다. 이 세 가지 보안요소는 반드시 보호되어야 하는 매우 중요한 보안요소이다.

인가된 사용자만 정보에 접근할 수 있는 기밀성은 자물쇠와 같다. 키를 소유한 자만이 창고 자물통을 열 수 있는 것과 같이 허가되지 않은 사람(비인가자)의 정보에 대한 접근을 차단하는 보안요소이다. 방화벽이나 암호, 패스워드와 같이 정보에 접근할 수 없는 사람은 정보에 접근하지 못하도록 제한하는 것이다.

정보의 정확성을 보장하는 무결성은 정보를 보호하고, 항상 정상상태를 유지하여야 한다. 무결성은 정밀성과 정확성, 완전성과 유효성을 의미하기도 한다. 정보의 파괴나 변조, 훼손에 대비하여 별도의 매체에 미리 복사(Copy)해두는 경우 등을 들 수 있다. 정보가 권한이 없는 사람에 의해서 변조되거나 훼손되지 않아야 한다.

가용성은 시스템이 장애 없이 정상으로 운영되어야 한다. 정보시스템인 서버나 네트워크 등이 정상적으로 요청된 서비스를 수행할 수 있는 능력이 정보보호 기술의 가용성이다. 가용성은 정보의 접근이나 열람 권한을 가진 사람이 원할 때 정보를 이용할 수 있어야 한다.

모든 업무 시스템이 컴퓨터 등 정보통신망 시스템을 통하여 진행되는 현재의 정보화 환경은 정보보호가 매우 중요하다. 정보의 누출이나 훼손, 변경은 기업이나 정부의 신용과 업무에 치명적인 위협을 가할 수 있다. 정보화 수준이 높은 기업과 조직은 정보호보에 더 많은 노력과 투자를 해야 한다.

정부에서는 보안업체 등 기업이 완벽한 소프트웨어를 개발할 수 있는 정보보호 환경을 제공해야 한다. 글로벌 환경에 앞서 나가기 위해서는 정보화 수준 향상으로 경쟁력을 높여야 한다. 그리고 더욱 중요한 것은 세계 최고의 정보화 선진국 위상에 걸맞는 정보보호 능력을 갖추는 것이다. 정보자산 가치 보호를 위한 정보보호는 완벽해야 한다.

2. 삶을 바꾸는 사물인터넷과 보안

4차 산업혁명의 핵심기술인 사물인터넷(IoT: Internet of Things)이 정보통신기술의 핵심 산업으로 급부상하고 있다. 2018년 국내의 사물인터넷 시장 규모는 업계 추산 8조2천억원에 달하며, 오는 2022년에는 22조 9천억원을 넘을 것으로 예상된다. 글로벌 사물인터넷 시장 규모도 연평균 12.8% 성장세가 관측되어 1,225조원까지 확대될 전망이다.[1] 최근에는 5G 네트워크 서비스로 IoT 서비스 확산에 큰 역할을 할 것으로 기대된다.

우리 주변에 있는 모든 사물들이 인터넷으로 연결되는 것이 IoT이다. 사람과 사람, 사람과 사물, 사물과 사물이 인터넷을 통해 상호간에 소통할 수 있는 기술이다. 시간과 장소의 제약 없이 연결되는 통신환경은 IoT 환경을 획기적으로 변화시키고 있다. 이런 통신 환경이 우리 생활에 적용되면서 다양한 경제적 가치와 효용성 및 편의성이 증대되고 있다.

그러나 한편으로는 IoT의 취약한 보안 위협도 현실로 나타나고 있어 염려스럽다. 스마트 홈(Smart Home) 장치들은 생활의 편리함을 제공하지만 보안 취약으로 인해 노출되는 개인정보와 사생활 침해 등의 위험성은 한층 높아진다. 스마트폰으로 원격조종하는 IoT 기기가 범죄에 악용될 가능성도 높다. 바로 해킹의 위험성이다. 냉장고, TV 등 가전제품부터 자동차, 의료기기 등 무선 인터넷기술을 응용한 기기는 해킹에 취약하다는 지적이다.

집 안의 모든 장치를 연결해 제어하는 스마트 홈의 보안 취약사례를 살펴보자. 가전제품을 비롯한 수도, 전기, 냉난방 등 에너지 장치와 도어록, CCTV 등 보안기기 등을 통신망으로 연결하여 제어하는 시스템이 스마트 홈이다. 이런 시스템을 갖춘 CCTV는 해킹 프로그램으로 쉽게 무력화할 수 있다. 스마트폰으로 연결된 도어록은 해당 앱에 악성코드를 감염시켜 관리자 권한 획득으로 출입문을 열수 있다.

모든 IoT 제품은 해킹의 대상이 될 수 있다. IoT 기술자체가 무선 인터넷을 기반으로 구현되기 때문이다. 보안 측면에서도 하나의 경로만 지키면 되는 유선과는 달리 3차원 구조로 이루어진 무선은 모든 공간을 지켜야 보안이 가능하다.

2018년 11월 반려동물용 IP 카메라를 해킹해 사생활을 엿보고 불법 촬영한 일당이 검거됐다. 반려동물 사이트를 해킹해 2,912대의 카메라에 접속했고, 3만9,706회에 걸쳐 여성의 나체와 성관계 장면 등을 녹화했다.[2]

미국에서도 2016년 10월 해커가 수천 개의 가정용 라우터 등 기기에 공장 출고 시 암호로 설정된 IoT 기기에 악성 프로그램을 설치하여 인터넷 서비스 회사인 DYN을 공격했다. 이 공격으로 미국 동부지역의 주요 사이트 1,200여개가 불통됐다.[3]

IoT 기기들을 이용한 보안 위협이 일반 사용자들의 삶까지 직접적으로 위협할 수 있다. 보안에 취약한 무선인터넷의 구조적 취약점은 많은 IoT 기기들을 공격에 노출시키고 있다. 기기 패스워드 설정[4]과 통신의 암호화,[5] 그리고 접근제어 설정[6]과 펌웨어(Firmware) 업데이트[7] 등 보안에 대한 사용자들의 인식도 매우 낮다.

개인은 자신이 소유한 IoT 기기에 대한 보안관리가 중요하다. 생활주변에 있는 IoT 관리방법을 알아야 하는 자발적 보안의식을 가져야 한다. 스마트 기술을 연구하고, 개발하는 기업은 완벽한 보안방안까지 연구해야 한다. 보안이 해결되지 않은 기술은 상용을 불허하는 정책도 필요하다.

IoT는 우리에게 편리한 삶을 제공한다. 그러나 보안문제가 해결되지 못한다면 불안한 삶을 초래한다. IoT의 편리함을 누리기 위해서는 해킹에 대한 염려가 없도록 사용자 스스로가 보안을 습관화해야 한다. IoT 기기의 보안 취약성을 이유로 편리함 등 그 혜택을 포기할 수는 없다.

3. 정보통신기술 융합과 융합보안

2019년부터 인공지능(AI)과 사물인터넷(IoT) 등 신기술을 적용한 제품들이 공공조달시장에 진출하게 되었다. 정부에서 4차 산업혁명 시대를 맞아 신기술을 적용한 복합물품의 공공조달시장 진입지원을 위해 복합품명 분류제도[8]를 시행한 것이다.

이와 같은 정보통신기술 융합에 의한 새로운 요소기술 응용으로 사이버보안 위협은 날로 증가되고 있다. 자동차와 건강, 홈(Home) 등 다양한 인공지능과 사물인터넷 서비스가 일상화됨에 따라 사이버위협이 현실세계로 확산되기 때문이다. 나날이 비중이 높아지고, 중요시되는 사이버보안 영역도 계속 확장될 수밖에 없다.

사람과 물류 이동의 편리함을 제공하는 스마트한 무인 자율주행 차량은 무인기능 오동작으로 인한 교통사고도 예상된다. 일반화되고 있는 심장박동과 운동량 등 생체정보를 획득하여 개인건강을 증진하는 스마트 헬스케어(Smart HealthCare)도 심장박동기 전류공급 조작에 의한 인명사고도 우려된다.

가전기기 원격제어와 홈 CCTV 서비스 등 주거환경 통합제어 시스템은 생활 편의와 안전성을 높여 준다. 그러나 스마트 TV 등 스마트 기기의 악성코드 감염으로 카메라가 원격조정 당해 사생활의 비밀이 침해되거나 가전기기의 오작동도 발생될 수 있다.

정보통신기술(ICT)의 가속화된 융합과 복합은 기존 ICT가 갖는 보안위협이 非 ICT 산업으로 나타나고 있다. 그에 따라 물리적 보안과 정보 보안이 융합된 '융합보안(Convergence Security)'[20]이 정보보호의 새로운 영역으로 확장되고 있다. 내부와 외부로부터 도전받는 각종 정보침해에 따른 대응은 물론 물리적 보안장비와 각종 재난과 재해 상황에 대한 관제까지 포함하는 융합보안은 매우 중요하다.

의료보안은 안전한 의료행위를 보장하고, 개인정보 유출을 예방하며, 스마트 가전보안은 기기의 취약점을 해결하여 편리한 이용을 보장한다. 시설보안은 시설 침해로부터 위협을 제지하고, 물류보안은 안전한 유통체계를 확보한다. 스마트 카(Car)는 사고 없이 주행하는 등 그 역할과 편리성은 더욱 향상되고 있다.

사이버보안 위협을 대비해야 하는 ICT 융합사회에서는 사이버위협 정보를 수집하여 분석하고, 공유하는 시스템 이용도 필요하다. 여러 산업분야에 걸쳐 광범위하게 발생되는 침해사고에 대응하기 위한 '사이버위협 정보 분석·공유시스템(C-TAS: Cyber Threat Analysis & Sharing)'이 있다. 과학기술정보통신부와 한국인터넷진흥원에서 서비스하는 C-TAS를 분석해 본다.

먼저 이 시스템은 침해사고 정보, 공격 시도 IP와 악성 IP, 악성코드와 도메인, 악성취약점 정보 등 침해사고 전·후 발생된 위협 및 사고정보 등을 수집한다. 그 후 수집된 위협정보를 유형별로 분류하여 체계적으로 저장하는 것이 1단계 '위협정보 수집'이다.

수집된 위협정보의 유효성과 평판, 그리고 검증 등은 2단계인 '위협정보 종합분석'이다. 이 분석은 위협요소를 탐지하고, 이상 징후 발견 시 위협을 알리면서 개별정보들 간의 연관성과 분석을 통해 사이버공격에 대응하는 것이다.

그리고 3단계인 '위협정보 공유'는 각종 사이버위협 정보를 빅데이터(Big Data) 기반으로 통합 저장하고, 관리하여 실시간 공유하므로 침해사고 사전예방과 피해확산을 최소화 할 수 있다. C-TAS는 기업 등 이용기관에 위협 IP나 악성코드 정보를 제공하고, 기업 등에서는 이들 정보를 활용하여 사이버위협에 대응하여 공격을 사전에 차단할 수 있다. 메일이나 블로그, 카페를 통한 악성코드나 파일 업로드 행위도 탐지하여 대응이 가능하다.

현재 ICT 환경은 지속되는 지능형 지속 위협(APT) 공격과 랜섬웨어, 악성코드, IoT 기기 해킹과 DDoS 공격 등으로 사이버위협은 증가되고 있다. 사이버위협은 날로 지능화·고도화되고, 사이버범죄 집단도 전문화·조직화되고 있다. 증가되는 사이버위협으로부터 위협정보를 공유하여 상호 협력하고, 위협에 대한 신속한 차단과 조치는 매우 중요하다. 융합보안이 중요한 이유가 바로 여기에 있다.

4. 사이버전쟁은 시작되었다

미국과 이란의 '사이버전쟁'이 시작된 것으로 보인다. 미국은 이란이

2019. 6. 20. 이란의 美 무인정찰기 글로벌호크 격추에 대한 보복으로 이란 정보당국과 이란 정예군 이슬람혁명수비대(IRGC)의 컴퓨터 시스템을 겨냥한 사이버공격을 감행한 것으로 전해졌다. 美 사이버사령부의 공격으로 이란의 미사일 발사시스템이 무력화 되었다고 AP통신(Associated Press)은 보도했다.

이란도 최근(2019년 7월 기준) 미국 정부와 석유·가스 등 에너지 관련 기업들을 겨냥해 여러 차례 해킹을 시도한 정황이 나오고 있다. 2019. 6. 21. 월스트리트저널(WSJ)은 美 백악관 대통령 행정실에서 일반메일을 가장한 바이러스 메일이 발견됐다고 보도했다. 해당메일을 열고 파일을 다운로드하면 컴퓨터에 바이러스가 심어진다.

미국과 이란의 사이버전쟁은 오래전부터 진행되었다. 2010년 오바마 정부에선 이란 핵연료시설 컴퓨터에 스턱스넷(Stuxnet)[10]이라는 바이러스 공격을 했다. 이 공격으로 이란 핵연료 시설의 10%에 해당하는 약 1000개의 원심분리기를 오작동으로 파괴하고, 가동 능력도 30% 감소시켰다. 이란은 1년에 걸쳐 원심분리기가 파괴되고, 방사성 물질이 뿜어져 나오는 원인을 찾았다.

이란은 이에 대한 보복으로 2012년 사우디아라비아 국영 석유화학회사이자 정유사인 아람코(ARAMCO)를 공격했다. 이 공격으로 아람코는 1개월간 계약서 처리와 물자 관리를 수기로 처리하면서 석유수출도 중단됐다. 또한 미국 은행 소유 컴퓨터 3만5000대가 해킹공격으로 전력과 인터넷이 차단되고, 데이터가 삭제되는 피해를 당했다. 2016년에는 이란 해커들이 미국 뉴욕시의 댐 시설에 원격제어를 시도하는 사이버공격도 있었다.

2019년 1월에는 이란이 배후로 의심되는 사이버 공격그룹이 엔지니어링 산업을 대상으로 지능형 지속 위협(APT) 공격을 펼치고 있다는 보도가 있었다. 이 공격은 미국, 사우디아라비아, 한국 등에 본사를 둔 군사, 상용 항공부문의 조직과 석유화학 생산관련 부문 등 여러 산업조직을 표적으로 삼고 있다.

1998년 미 국방부와 국가 주요연구소 등의 민감한 정보가 대량으로 탈취된 '달밤의 미로(Moonlight Maze)'[11] 공격이 러시아 소행이라는 의심이 제기됐다. 2003년 록히드마틴과 미국항공우주국(NASA) 등 주요 군수산업체 및 연구소의 민감한 정보들도 탈취됐다. 이 공격은 중국 광둥성 거주로 여겨지는 해커 집단인 '타이탄 레인(Titan Rain)'[12]과 관련된다는 추측이다.

2007년 4월 27일 에스토니아 공화국이 디도스(DDoS) 공격을 받았다. 대통령궁부터 의회, 정부기관, 은행, 이동통신 네트워크 등 에스토니아 국가 시스템 전체가 약 3주간 마비되는 사태가 발생했다. 이 공격의 배후는 러시아 정부라는 설이 파다했다. 2014년 말에는 미국 정부가 소니 픽처스 엔터테인먼트 해킹의 배후로 북한을 지목하고, 비례적 대응[13]을 공언한 후에 북한 인터넷망이 불통되었다. 이 공격은 미국의 보복공격일 가능성에 무게가 쏠렸다.

2015. 12. 23. 우크라이나 키보브레네르고 발전소 해킹에 의한 대규모 정전사태가 발생했다. 이 공격은 사이버공격으로 인한 최초의 정전 사고로 기록됐다. 국내에서도 2014년 한국수력원자력 해킹으로 원자력발전소 도면이 유출되었다. 배후로는 특정 국가의 지원을 받는 조직(Kimsuky)[14]으로 알려졌다. 지난해에는 평창 동계올림픽을 향한 사이버공격도 있었다.[15]

2000년대 중반 이후 지역과 국가를 가리지 않는 사회기반시설에 대한 사이버공격이 본격화됐다. 이들 공격은 국가 간 사이버전쟁으로 의심되고 있으나 공격자에 대한 정보가 공개되는 사례는 드물다. 사이버 상에서 공격 주체를 밝히는 것은 어렵다. 공격이 항상 비밀리에 진행되고, 주요 국가들의 사이버전력이 베일에 싸여 있기 때문이다.

사회기반시설은 국가기본을 이루는 주요시설이다. 보안사고가 발생하면 지금까지 겪지 못했던 사회혼란과 불안을 가져올 수 있다. 폐쇄망은 절대로 뚫리지 않을 것이라는 확신은 버려야 한다. 서버와 네트워크, 그리고 네트워크의 말단에 접속된 IT 기기인 엔드포인트[1] 등 다양한 부분에 보안시스템을 구축해야 한다. 그래야만 우리에게 가해질지 모르는 사이버전쟁의 불안은 감소될 것이다.

5. 사이버보안과 영화 기생충

현재(2019년 6월 기준) 대한민국의 정보통신망 등을 침입하기 위한 해킹 시도가 1일 1백만건(패킷. Packet) 이상에 이른다는 보고가 있다. 이와 같은 대량의 패킷 공격이 세계 최고의 정보통신환경을 위협하고 있다. 5G가 상용화 되는 등 IT 강국인 한국은 중국을 비롯한 북한 등 세계의 해커들이 흥미를 느끼는 환경이다.

우리가 외국에서 인터넷 이용 시 속도가 느려 답답함을 느낀 경험은 누구나 갖고 있을 것이다. 그러나 한국은 빠른 것을 원하는 우리의 특성상 영향인지 몰라도 막힘없는 인터넷 서비스를 제공하고 있다. 컴퓨터 등 사이버보안 방어막을 뚫기 좋아하는 해커들이 활동하기에는 아주 적합한 인프라(Infra)를 갖추고 있다.

필자는 2019. 5. 30. 개봉된 신계급주의 사회의 가족희비극을 그린 '기생충'이란 영화를 관람했다. 이 영화는 제72회 칸영화제에서 한국영화 최초로 황금종려상을 수상한 우수한 작품이다. 4년 이상을 지하벙커에 숨어 지내는 '근세', 그리고 생일축제 중 살인을 한 '기택'도 지하벙커에 숨어 지내게 된다. 이들은 주인 모르게 음식을 섭취하는 등 불만 켜면 없어지는 '바퀴벌레'와 숙주를 공격하는 '기생충'의 이미지로 씁쓸함을 느끼게

했다.

현재 사용 중인 컴퓨터에는 지하벙커에서 주인도 모르게 생활하는 영화 기생충과 같이 우리가 인지하지 못하는 각종 악성코드가 숨어 있을 가능성이 매우 높다. 세계적으로 발생되는 악성코드는 새로운 형태로 나타나거나 기존 악성코드의 진화로 다양한 변종이 활동하기 때문이다.

예전에는 오토바이를 타고 은행을 방문하거나 주변을 배회하면 감시대상이 되었다. 그러나 현재에는 마스크를 착용하거나 오토바이 헬멧을 쓰고 은행을 방문해도 주변인들의 관심이 적다. CCTV 설치 등 정보통신과 미세먼지 등 환경의 변화로 경계를 늦춰 사람들의 인식도 변한 것이다.

사이버보안에도 하인리히 법칙(Heinrich's Law)[17]이 적용된다. 경미한 사고가 대형 사고로 이어지듯이 사이버공격도 반드시 징후가 있다. 컴퓨터가 늦어지면 사이버공격 등 뭔가의 시작으로 봐야 한다. 경미한 사고와 다수의 징후를 무시하면 대형사고로 이어질 수 있다.

국내 원자력안전을 책임지는 한국원자력안전재단이 해킹을 당하고도 4년간 발견하지 못하는 등 유입 경로조차 파악하지 못했다는 지적이 있다. 미국은 드론이 격추된 2019. 5. 20. 이란 미사일 시스템 등을 겨냥한 사이버공격을 감행한 것으로 전해졌다. 이란도 미국 정부와 석유·가스 등 에너지 관련 기업 상대 해킹을 시도한 것으로 나타났다. 세계는 지금 눈에 보이지 않는 사이버전쟁 중이라고 해도 과언은 아니다.

현재의 인터넷은 다양한 기술적인 방법으로 구축이 매우 잘되어 있어 사람의 생명까지 위협할 수 있다. 국가에 대한 사이버공격은 1주일만 지속되면 국가기능이 마비된다. 컴퓨터보안은 이상이 없다 해도 이상이 있다고 접근해야 한다. 사이버공격을 막을 수 있는 방법은 '의심'과 '관심'이 중요하다. 보안은 잘해 놓아도 오래 가지 못하며, 후에는 귀찮아서 해이해지게 된다.

환자가 몸이 아파 병원에 갔으나 의사도 처방을 할 수 없는 병이다. 의사는 비타민을 신약으로 소개하여 복용하도록 하여 환자에게 자신감을 심어준다. 바로 플라시보 효과(Placebo Effect)[18]다. 그러나 사이버보안에서는 이와 같은 처방을 할 수 없다. 사이버보안은 지속적인 의심과 관심으로 숨겨진 악성코드를 찾아야 한다. 그래야만 기생충과 바퀴벌레와 같은 악성코드는 제거될 것이다.

6. 사이버위협과 사이버보안의 중요성

2019년 3월 말에는 국내 굴지의 선단소속 일부 선박이 사이버 인질범인 '랜섬웨어(Ransom Ware)'에 감염돼 메인컴퓨터가 잠기는 피해가 발생되었다. 경찰청을 사칭한 '첨부' 파일을 열어 감염이 된 것으로 전해졌으며, 감염된 컴퓨터는 완전 복원이 불가능해 손실된 자료는 다시 작성한 것으로 알려졌다. 자동차 운반선과 벌크선을 포함 90여척의 선박을 운영하는 국내 일류선사의 랜섬웨어 감염은 국내 유명기업이 사이버보안에 여전히 취약하다는 것을 보여준 것이다.[19]

인터넷이 확대되면서 사이버보안의 중요성은 날로 그 비중이 커지고 있다. 전 세계의 PC를 연결하는 인터넷은 경제와 사회의 핵심 인프라다. 국가와 사회에 큰 피해를 발생시키는 인터넷공격 도구들은 다양하고, 공격방법도 배우기 쉽다. 해커들이 사용하는 대표적인 수법이 악성코드와 분산 서비스 거부 공격(DDoS)이다.

악성코드는 전염병을 일으키는 병원균과 같이 특정 PC를 감염시켜 공격자의 의도대로 다른 시스템을 공격하거나 자신의 정보가 노출되는 등 피해가 심각하다. 다수의 PC를 동원하여 일시에 특정 서버에 접속하여 정상적인 서비스를 할 수 없도록 과부하를 발생시키는 공격이 DDoS다. 이 공격은 도메인 네임 서버(Domain Name Server)를 공격하여 인터넷 전체를 마비시키고, 특정 웹 서버를 공격하는 등 유형도 다양하다.

2015년을 기점으로 랜섬웨어라는 사이버위협이 급증하고 있다. 특정 컴퓨터나 서버를 공격하여 데이터를 암호화하고서 이를 해제해 주는 조건으로 막대한 보상금액을 요구하는 사이버공격이 랜섬웨어다. 2017년 영국 병원과 독일 철도시스템을 마비시킨 '워너크라이(WannaCry)'[20]는 매우 유명하다. 이후 유럽연합은 사이버공격을 기업의 가장 큰 위협으로 지정했다.

국내도 한국인터넷진흥원(KISA)의 랜섬웨어 분석 현황에 의하면 2016년 644건, 2017년 2,053건, 2018년 2,188건으로 나타나고 있다. 피해사례는 2017년에 발생된 '인터넷나야아' 사태가 대표적이다. 서버 153대가 랜섬웨어에 감염되어 웹사이트 3,400여개 서비스가 마비된 것이다. 이 웹호스팅 업체는 해커 측에 13억 원을 지불하는 조건으로 합의를 했고, 복구가 시급한 일부 업체는 개별적으로 해커가 요구하는 금액을 지불한 것으로 알려졌다.

랜섬웨어 피해는 실태를 파악하는데 한계가 있다. 회복이 불가능한 손실을 입어 노출되는 경우를 제외하고는 당사자나 업체가 피해를 숨기는 경우도 많을 수 있다. 피해를 당하더라도 기업의 이미지 실추를 우려하고, 신고를 하더라도 손실이 보전되지 않기 때문이다.

랜섬웨어 피해를 당하지 않기 위해서는 모든 소프트웨어와 백신은 항상 최신 버전으로 업데이트하고, 출처가 불명하지 않은 이메일과 링크, URL은 실행하지 않는다. 웹하드 등 파일공유 사이트를 통한 다운로드나 실행에 주의하고, 중요 자료는 정기적인 백업이 필수이다.

최근(2019년 6월 기준)에는 대기업을 겨냥한 랜섬웨어 공격을 대비해야 한다는 우려가 크다. 미국·프랑스·노르웨이 등 해외 업체가 잇달아 피해를 입었기 때문이다. 기업의 보안시스템은 전문팀을 꾸려 대응할 수 있지만 메일을 통해 업무담당자에게 직접 전달되는 랜섬웨어는 막기 어려

운 게 현실이다. 랜섬웨어 등 사이버보안 위협에 대비하는 높은 보안의
식과 예산에 많은 투자를 해야 하며, 기업 운영자의 사이버보안에 대한
중요성 각인도 필요하다.

큰 도전을 받고 있는 국내의 사이버보안은 보안관련 각종 정책이나 법
률, 기술의 발전을 필요로 한다. 정부는 해커 정부나 조직, 그룹 등 사이
버위협으로부터 개인과 기업을 보호해야 한다. 사이버테러 등 공격기술
을 공유하고, 주요 IT 보안업체를 지원하면서 관리하여 안전한 소프트웨
어 개발을 보장해야 한다. 현재는 정부와 기업체 보안담당 부서의 적극
적인 사이버보안 위협 대비책이 요구되는 상황이다.

7. 국가 사이버안보 전략을 환영한다

현재 우리는 세계 최고 수준의 정보통신기술과 인프라를 구축한 정보화
선진국에서 다양하고, 편리한 사이버공간을 이용한 서비스를 받고 있다.
그러나 날로 확장되는 사이버공간으로 인해 사이버범죄와 해킹 등 각종
사이버위협의 급증으로 우리의 일상생활도 위협받고 있다. 4차 산업혁
명의 요소기술이 응용된 다양한 정보통신 기기와 네트워크의 연결은 사
이버공간의 복잡도를 급격히 증가시켜 사이버공간의 안전한 관리를 어
렵게 하고 있다.

우리나라는 2003. 1. 25. 발생한 인터넷 대란[21]으로 인해 사이버안전에
대한 국가차원의 체계적인 대응체계 구축의 필요성이 대두되었다. 당시
국내 사이버위협에 대응하고자 국가안전보장회의(NSC) 주관으로 '국가
사이버테러 대응체계 구축 기본계획'을 수립하였다. 현재는 국가 등 공
공부문은 국정원의 '국가사이버안전센터', 민간부문은 한국인터넷진흥
원의 '인터넷침해대응센터', 국방부문은 '사이버사령부'가 각각 사이버위

기 대응 업무를 분야별로 구분하여 수행하고 있다.

국내 사이버테러 대응체계는 국가안전보장회의의 사이버안전조정회의를 중심으로 국가정보원에 총괄 수행기능을 부여하고 있다. 국가정보원의 국가사이버안전센터는 공공·민간·국방 등 각 분야의 사이버위협 정보를 종합하여 분석하고, 전파하는 국가 보안관제 업무의 컨트롤타워 역할을 수행하고 있다.

2019년 3월 청와대 국가안보실에서는 정보통신기술의 발전 등 사이버공간의 확장 등으로 인해 국가 사이버안보와 관련한 기본계획을 2019년부터 2022까지 수립하여 시행한다고 발표했다. '국가 사이버안보 전략'은 국가의 사이버안보를 확보하기 위한 비전과 목표가 담겨 있으며, 구체적인 계획과 시행방안은 곧 추진할 '국가 사이버안보 기본계획'과 '국가 사이버안보 시행계획'에 포함될 것으로 보인다.

국가안보실의 전략안에는 국가 핵심 인프라의 안전성을 강화해 어떠한 사이버공격에도 국민 생활의 기반이 되는 서비스는 중단 없이 제공한다는 계획이다. 사이버위협을 사전에 효율적으로 차단하고, 사고발생 시 신속히 능동적으로 대응할 수 있도록 선제적이며, 포괄적인 역량확충에 힘써 사이버공격 대응역량 강화도 포함되었다. 정부가 개인과 기업, 정부 간의 상호신뢰와 협력을 바탕으로 민·관·군 영역을 포괄하는 미래지향적인 사이버안보 수행체계를 확립해 신뢰와 협력기반 거버넌스(Governance) 정립도 발표했다.

사이버보안 산업 성장기반을 구축하기 위한 국가 사이버안보의 기반역량이 되는 기술·인력·산업의 경쟁력 확보를 위한 제도개선과 지원확대 등 보안 산업 혁신생태계 조성도 기대된다. 사이버위협에 대응하기 위해서는 국제협력과 공조도 중요하다. 사이버안보의 국제협력을 선도하기 위해 국제적인 파트너십을 강화하고, 국제협약 가입 등을 통해 양·다자 간 실질적인 협력방안 모색과 공조체계 구축도 환영한다.

정부는 국민이 사이버보안의 중요성을 인식하고, 실천할 수 있도록 사이버보안 기본수칙을 개발하여 보급해야 한다. 사회 분야별 맞춤형 사이버윤리와 보안교육 프로그램을 개발하고, 이를 실천하는 사이버보안 문화 정착도 요구된다. 사이버안보 전문 인력과 관련 예산도 지속적으로 확충하여 선진국 수준으로 향상시켜야 한다.

이와 같은 안전한 사이버공간을 보장하기 위해서는 속히 구체적인 계획과 시행방안 도출이 요구된다. "정부는 조직적 사이버위협을 신속히 탐지하고, 차단해 국가 주요기능이 안정적으로 운영되게 하는 것은 물론, 사이버안보 인력양성과 관련 산업발전에 지속적인 힘을 기울여 나갈 것이다"라는 다짐도 속도를 내야 한다. [22]

아울러 안전한 사이버공간을 침해하는 위협에 대한 수사도 매우 중요하기에 이에 대한 적극적인 지원과 정책도 요구된다. 그래야만 국민의 일상과 기업의 경제활동이 날로 확장되는 사이버공간의 위협으로부터 안전을 보장받을 수 있을 것이다.

8. 홀수 해에 우려되는 사이버보안 관제의 문제점

4차 산업혁명이라는 새로운 패러다임이 사회 전반에 큰 영향을 끼치고 있다. 날로 고도화되는 정보통신기술은 빅데이터와 인공지능(AI), 소프트웨어 등과 결합하여 현대인의 사회 전 분야에 활용되어 새로운 '지능정보사회'[23]를 창출하고 있다.

지능정보사회를 보호하기 위한 보안은 매우 중요하다. 날로 지능화되는 사이버상의 해킹이나 디도스(DDoS) 공격 등 각종 위협으로부터 정보를 보호하기 위한 다양한 활동이 보안이다. 허락되지 않은 접근이나 정보수정과 유출, 훼손, 파괴 등 사이버상의 위협으로부터 정보를 보호하는 것이다.

사이버공간에서 정보보호를 위한 보안정책을 수립하고, 위협에 대한 예방책과 시스템에 대한 접근 및 운영통제는 매우 중요하다. 해킹이나 바이러스 등 외부 침입 시는 신속히 대응하고, 손상된 시스템을 복구하는 등의 다양한 활동이 필요하다.

사이버상의 위협으로부터 정보통신망 등 정보를 보호하기 위한 일련의 모든 활동이 '보안관제(Security Monitoring)'[24]이다. 중앙행정기관과 지방자치단체의 소속기관, 공공기관과 민간기업 등 정보통신망 서비스를 제공하는 전 영역이 보안관제 대상이다.

2019년은 보안관계자들이 두려워하는 홀수 해다. 홀수 해에 대형 사이버테러 등 사이버공격이 발생했기 때문이다. 2009. 7. 7. DDoS 공격은 3일간 한국과 미국이 사이버공격을 당했다. 청와대와 백악관 등 정부기관과 금융기관, 포털사이트 등 35개 주요 홈페이지가 마비되었다.

2011. 3. 4. DDoS 공격도 3일간 공격자가 좀비PC 10만여 대를 동원하여 국회와 행정안전부, 통일부 등 20개 정부기관 홈페이지를 마비시켰다. 은행과 증권사, 포털사이트 등 20개 민간 홈페이지를 공격한 사이버테러였다.

같은 해 4. 12.에는 농협전산망이 마비되는 테러를 당했다. 공격자가 농협 협력업체 직원의 노트북을 악성코드에 감염시켜 농협전산센터에서 운영 중인 서버 273대의 자료를 파괴하여 금융업무가 마비되었다.

2013. 3. 20. 사이버테러는 방송사와 금융전산망을 공격했다. KBS, MBC, YTN 등 방송사와 농협과 신한은행 등 금융기관의 전산망에 동시다발적으로 악성코드가 유포되었다. 이 테러로 서버와 컴퓨터, 현금자동인출기(ATM) 등 총 48,748대의 정보가 삭제되어 혼란이 컸다.

같은 해 6. 25.에는 청와대와 국무조정실 등 정부기관 홈페이지에 대한 해킹이 발생되었다. 정당과 중·소 언론기관 등에서 운영하는 전산시스템도 동시에 사이버공격을 당했다.

2015년 8월에는 대학병원 전산망에 대한 해킹이 발생되었다. 국내 정보통신 보안업체 제품의 취약점을 이용하여 대학병원 전산망에 침입한 것이다. 그 후 장악한 서버를 이용하여 사이버테러를 준비했다.

2017년 5월에는 전 세계가 워너크라이(WannaCry) 등 사이버인질범인 랜섬웨어로 공포에 떨어야 했다. 전 세계의 수많은 기업과 공공기관 컴퓨터가 랜섬웨어라는 인질범에 잡힌 것이다.

다양한 유형의 사이버테러로부터 사이버안전을 위한 보안관제는 매우 중요하다. 출입통제 시스템이나 CCTV 등 개별적으로 운영되고, 관리되던 물리적 보안영역과 정보통신 통합관제시스템을 하나의 관리범위 안으로 통합하는 융합보안도 연구해야 한다.

정보유출과 침해사고를 예방하고, 차단하기 위해서는 보안 관리의 체계성 확보도 필요하다. 사후 침입과정을 추적하여 유사한 피해를 예방할 수 있기 때문이다.

보이지 않는 곳에서 묵묵히 일하는 보안관계자들의 역할은 매우 중요하다. 사이버안전을 위한 이들의 전문성을 인정해 주는 사회적 배려도 필요하다. 그래야만 든든한 보안은 실천되고, 빈틈없는 관제는 이루어질 것이다.

9. 되돌아보는 2018년 사이버공격

4차 산업혁명이란 단어가 식상하게 들릴 만큼 정보통신기술은 우리생활 깊숙이 침투했다. 시간과 장소를 초월하여 각종 검색이나 길 찾기부터 금융과 보안인증에 이르기까지 일상생활의 편리함을 다양하게 누리고 있다. 그러나 이런 다양한 편리함으로 인해 사이버안전과 관련한 각종 사이버공격도 나타나고 있다.

사이버공간을 표적으로 한 우회공격과 탐지를 어렵게 하는 진화된 사이버공격은 위협적이다. 가상통화 채굴 관련 악성코드와 소셜네트워크 해킹 등 다양한 유형의 사이버공격도 등장했다. 컴퓨터 등 정보통신시스템에 저장된 정보를 절취하기 위한 침투나 피싱도 계속되고 있다.

사물인터넷(IoT)과 소프트웨어(S/W) 등 사이버공간 확대로 인한 공격 대상도 광범위해졌다. 매년 진화하는 사이버공격을 예상하고, 방어하기 위해서는 작년 사이버공격 유형을 살펴볼 필요가 있다. 한국인터넷진흥원 등 보안업체로 구성된 '사이버위협 인텔리전스 네트워크'[25]의 분석을 인용한다.

2018년에는 개인들 간 파일을 공유하는 토렌트(Torrent) 등을 이용한 다양한 경로로 가상통화를 몰래 채굴하는 악성코드 크립토재킹(cryptojacking)[26]이 1,000건 이상 탐지되었다. 기업서버에 악성코드를 감염시키고, 백신의 업데이트를 방해하여 감염사실 발견을 어렵게 한 것이다.

SNS(Social Network Services)인 인스타그램이나 카카오톡의 연예인 계정해킹과 지인을 사칭한 송금 유도도 많았다. 페이스북 해킹으로 이용자 5천만 명 계정이 위험에 노출되었다.[27] '무료 항공권 드려요'라는 등 SNS를 이용한 다양한 이벤트 피싱도 진화했다.

PC나 노트북 등 엔드포인트(Endpoint) 취약점을 겨냥한 공격도 증가했다. 필요할 때 불러내어 사용하는 오피스 매크로와 같은 일반 S/W의 정상기능을 악성코드 감염기법으로 활용했다. 프로그램 인증서 도용과 정상 S/W의 업데이트 기능을 이용한 악성코드 유포와 CPU(중앙처리장치)의 취약점을 이용한 공격 코드도 공개되어 큰 위협이다.

청와대를 사칭한 이메일이 발송되는 등 특정인의 정보를 노리는 지능화된 스피어피싱(Spear Phishing)과 방어체계를 피해 지속적, 지능적으로 공격하는 지능적 지속 위협공격(APT)도 증가했다. 진화된 피싱은 가상화폐나 부동산, 증시 등 민감한 사회이슈를 이용해 공격했다.

사물인터넷을 겨냥한 신종 사이버위협도 나타났다. 집안에 설치된 IP 카메라가 해킹되어 자신도 모르게 사생활이 노출되고, 음성인식(AI) 스피커 등 스마트홈 기기 사용증가에 따른 사이버위협도 증가한 것이다. 스마트카나 교통시스템, 전력망 등 도시인프라도 사이버공격 대상이 될 수 있다.

소프트웨어 공급망 관련 사이버공격도 위협적이다. 소프트웨어 개발업체 대상 사이버공격으로 백신이 무력화 되는 등 서비스도 중단되었다. 쇼핑몰 업체의 S/W 취약점을 악용한 해킹이나 소프트웨어 코드서명 인증서가 해킹되는 사고도 발생됐다.

악성행위 탐지를 우회하는 진화된 공격기법도 출현했다. 공격흔적을 지우고, 악성기능을 하나의 덩어리로 모듈화 한 악성코드가 발견된 것이다. 백신탐지를 우회하거나 탐지와 분석이 매우 어려운 랜섬웨어도 발견되어 큰 피해가 예상된다.

2018년에는 7.7. 디도스나 3. 20. 사이버테러와 같이 사회에 큰 혼란을 주는 공격은 없었다. 하지만 금년에도 자신을 숨기고, 탐지나 발견을 곤란하게 하는 우회적인 기법 등으로 진화한 사이버공격은 꾸준할 것이다. 인공지능이나 사물인터넷의 공격수위도 높아질 수 있다. 끊임없는 공격자들과 방어자들 간의 창과 방패 싸움이 우려된다.

10. 2019년에 경계해야 할 7대 사이버공격

2018. 12. 5. 한국인터넷진흥원(KISA)은 '2019년 주목해야 할 7대 사이버공격 전망'을 발표했다. 2014년부터 KISA와 안랩, 이스트시큐리티,

엔에스에이치씨(NSHC), 하우리, 잉카인터넷, 빛스캔 등 국내 보안업체로 구성돼 운영 중인 '사이버위협 인텔리전스 네트워크(Cyber Threat Intelligence Network)' 협의체의 공격 전망을 담고 있다.

협의체는 금년 사이버공격은 모바일기기 공격 크립토재킹, 사회관계망서비스(SNS) 이용 표적 공격, 보안 취약 인터넷 단말기 겨냥공격, 지능화된 스피어피싱과 지능형 지속 위협 공격, 사물인터넷 겨냥 신종 사이버위협, 소프트웨어 공급망 대상 사이버공격, 악성행위 탐지 우회공격 기법이 심화할 것으로 전망했다.

웹사이트를 공격해 채굴 프로그램코드를 심어 놓고, 여기에 접속한 사람들의 PC를 암호화폐 채굴에 활용하는 이른바 '크립토재킹(Cryptojacking)'이 모바일기기나 사물인터넷(IoT) 등 다양한 경로로 확산될 수 있다. 크립토재킹은 2016년에는 3건이 발생됐지만, 2018년 10월까지 1,188건이나 탐지됐기 때문이다. IoT 취약점 대응 건수도 2015년 156건에서 2016년 358건, 2017년 867건으로 해마다 증가추세이다.

다량의 악성코드를 유포하고자 유명인의 SNS 계정을 해킹하거나, 지인을 사칭해 SNS 메신저를 보내는 표적 공격도 활발해질 것이다. 보안에 취약한 클라우드(Cloud)도 공격대상이 되는 등 해커들이 공격할 수 있는 목표가 다양해지고 있다.

그리고 보안에 취약한 PC, 노트북, 서버용 컴퓨터와 같은 네트워크 말단에 접속된 IT기기인 인터넷 단말기(Endpoint)도 보안 관리자를 고민하게 만드는 주요 요소로 나타났다. 초기 비밀번호 변경 미흡으로 보안에 취약한 단말기들이 공격의 시작점 또는 해킹통로로 활용될 수 있기 때문이다.

공격대상인 개인들이나 회사를 상대로 민감한 사회이슈를 이용한 스피어피싱(Spear Phishing)과 소프트웨어(SW) 공격망을 악용한 해킹시도도 경계대상이다. 공격목표인 내부직원의 PC를 장악하고, 그 PC를 통해 내부서버나 데이터베이스에 접근한 뒤 기밀정보 등을 탈취하거나 파괴하는 지능형 지속 위협(APT: Advanced Persistent Threat) 공격도 여전할 것이다.

연산능력이 있는 IoT 기기들은 인터넷에 상시 연결돼 있어 공격자에게 매력적인 대상이고, 악성코드 유포의 숙주로 악용되는 경우도 늘어날 수 있다. 5세대 이동통신(5G)과 전 세계적인 연결성이 확대되고 있는 인공지능의 한 분야인 머신러닝(Machine Learning) 등으로 인한 사이버보안 측면에서 지켜야 할 범위도 매우 넓어질 것이다.

인공지능(AI) 기술을 활용해 교묘하게 악성행위 탐지를 우회하는 지능화된 보안위협의 증가도 예상된다. 사이버위협 환경에는 정체불명의 공격들이 시도될 가능성이 있어 공격자와 방어자 간 쫓고, 쫓기는 사이버공격은 더욱 심화 될 것이다.

"빠르게 진화하는 사이버위협에 능동적으로 대응할 수 있도록 인공지능 기반의 빅데이터센터를 구축하는 등 침해사고 대응역량을 강화하고, 민간분야와 위협정보를 공유하는 허브역할을 단단히 하겠다"는 한국인터넷진흥원(KISA)의 다짐을 환영한다.

소셜네트워크(SNS) 서비스와 IP 카메라 등 IoT 기기들의 안전한 초기 비밀번호 설정과 최신 보안 업데이트, 취약점 점검 등 기본적인 보안 관리를 더욱 철저히 하여 해킹공격을 당하지 않기 위한 국민과 기업의 노력도 필요하다.

사용자들은 디지털 시민의식을 갖고서 책임감 있는 보안을 실현하고, 관리자들도 사이버공격에 대응하기 위한 적극적인 보안취약점 점검 등 다각적인 보안대책을 필요로 한다.

11. 보안강화가 최선인 해킹 피해예방

대한민국은 10명 중 9명이 스마트폰을 사용하는 등 세계 최고의 정보통신기술(ICT) 강국이다. 그러나 인터넷 사용이 확산되고, 관련 기술이 나날이 발전하면서 생활은 편리해졌지만 해킹 등의 역기능 문제도 심각하다.

최근(2018년 12월 기준)에는 특정 사이트에서 만명이상의 개인정보를 탈취해 200대 이상의 IP 카메라로 피해 여성들의 사생활을 엿보는가 하면, 2016년에는 버스정보 안내시스템에 음란한 동영상이 70분간 송출되기도 했다. 작년과 금년에는 암호화폐 거래소 사고와 개인정보 유출 등 사회 이목을 집중시킨 굵직한 사건들도 발생하였다. 이 모든 사건의 원인은 외부 공격에 의한 해킹이었다.

2014년 한국수력원자력 사건 등 다수는 내부 직원에게 악성코드가 포함된 이메일을 전송해 PC를 감염시키는 방법이 사용되었다. 2017년 5월에는 전 세계에서 악성코드 워너크라이(WannaCry) 감염으로 다양한 문서파일(doc, ppt, hwp 등)이 암호화되는 피해를 입었다.

해킹은 정상적인 동작을 방해하거나 불법적으로 자료 변조와 파괴, 유출, 열람, 불법 침입 등의 피해를 발생시킨다. 시스템과 서비스설정의 취약점 공격, 프로그램 시스템과 프로토콜의 취약점 공격, 사회공학적 공격(Social Engineeing),[28] 지능형 지속 위협(APT) 공격, 분산 서비스 거부(DDoS) 공격 등 유형도 다양하다.

해킹하면 또 빠질 수 없는 것이 바로 악성코드이다. Malicious(악의적인)와 Software의 합성어인 멀웨어(Malware)는 악의적인 목적을 위해 작성된 실행 가능한 코드이다. 기능에 따라 바이러스, 웜, 백도어, 트로이목마 등 다양하며, 정보유출, 네트워크 트래픽 발생, 시스템성능 저하, 원격제어 등의 악의적인 행위를 실행한다.

해커가 악성코드(봇)를 감염시켜 놓은 컴퓨터 네트워크인 봇넷 (Botnet)[29]은 컴퓨터를 좀비 집단처럼 원격 조종하여 금융 사기나 신분 도용, 스팸 발송, 디도스 공격 등의 기능을 수행한다. 해커는 한 개의 봇 넷으로 하루에도 수억 건의 범죄를 저지를 수 있으나, 감염된 좀비 PC 사용자는 감염되었다는 사실조차 모르기도 한다.

2017년 한국인터넷진흥원에서 발표한 악성코드를 감염시키는 은닉사이트 유형으로는 금융정보를 탈취하는 파밍 등이 54%로 가장 높았다. 다운로더, 드롭퍼, 랜섬웨어, 백도어, 원격제어 등이 다음 순으로 나타났다.

해킹을 당하지 않기 위해서는 출처가 불분명한 프로그램을 설치하거나 인터넷 주소를 클릭하는 것을 경계해야 한다. 백신프로그램은 항상 최신 버전으로 업데이트하고, 실시간 메뉴를 활성화하여 신종 악성코드 감염 을 예방하는 것이 중요하다. 비밀번호는 주기적으로 !, @, # 등 특수문자를 포함하여 8자리 이상 변경 설정해야 한다.

중요한 자료는 별도의 외장하드나 USB 메모리에 저장하는 것이 안전하다. 특히 랜섬웨어에 감염되면 자료의 암호화뿐 아니라 탈취, 삭제 등이 될 수 있으니 별도의 저장이 필요하다. 경찰청에서 무료로 배포하는 백신인 '사이버캅'[30]은 휴대전화에 출처를 알 수 없는 URL을 포함한 문자나 카카오톡으로 수신된 악성코드를 탐지하고, 사기 예방정보도 제공한다.

현재도 기술발전에 따른 사이버위협은 지속적으로 나타나고 있다. 해킹을 통해 단순 개인정보 탈취에서 국가 간의 사이버전까지 소리 없는 사이버전쟁을 하고 있다. 해킹은 보안강화가 최선이다. 철저한 대비만이 안전한 인터넷 공간을 만든다는 것을 일상화해야 한다.

12. 국민생활 안전과 사이버공간 안전 확보

현재의 우리 대한민국은 정보통신기술(ICT)의 발달로 오프라인 생활의 많은 부분이 온라인과 결합된 현실 상황에서 생활하고 있다. 이로 인한 사이버 공간을 이용한 각종 범죄 등 역기능도 다양하게 발생되면서 그 형태도 날로 진화하고 있다. 위와 같은 다양한 역기능 환경에서 사이버 공간에 대한 안전 확보는 국민생활 안전으로 귀결된다.

인터넷을 이용한 사기, 개인정보 침해, 도박, 음란물 등 오프라인 범죄가 사이버공간으로의 전이현상이 지속적으로 증가하고 있다. 사이버 금융 범죄에 대한 집중단속 및 금융감독원 등 유관기관과의 협업과 예방효과로 피싱, 파밍, 스미싱 등 고전적인 사이버범죄는 억제되었다. 그러나 위와 같은 단속으로 인하여 메신저피싱, 몸캠피싱 등이 사회적 문제로 대두되면서 풍선효과(Balloon effect)[31]로 나타나고 있다.

2017년 6월 일반국민 1,000명 상대 사이버안전도를 조사한바, 사이버금융범죄 55.1%, 해킹 23.1%, 음란물 등 불법정보 9.9% 순으로 심각성을 인식하고 있다. 또한 최근에는 불법촬영 유포 범죄를 계기로 여성들의 불안감이 고조되면서 수사기관의 적극적인 수사 및 피해자에 대한 세심한 배려를 요구하는 목소리도 높아지고 있다.

악성코드, 피싱사이트 등 전기통신 취약점을 이용하여 서민들에게 경제적 피해를 가하는 사이버금융범죄 조직의 척결도 필요하다. 계정도용을 통한 악성 이메일 공격, 랜섬웨어 유포, 해킹, 디도스, 악성프로그램 등의 사이버범죄는 조직화와 전문화되는 경향으로 적극 대응해야 한다.

왜곡된 성관념을 조장하고, 강력 범죄로 이어질 수 있는 음란물(불법촬영물)은 엄정하게 대처하여 건전한 사회질서를 유지해야 한다. 경제적 부담을 감소할 목적으로 온라인 저가 구매심리를 악용한 직거래사기 등 인터넷 사기도 지속적으로 발생하고 있다.

해킹, 악성코드, 내부자 등에 의해 유출된 개인정보는 파밍, 스미싱 등 다양한 범죄에 악용되어 추가로 재산피해를 야기하는 경향이다. 도박중독으로 인한 가정경제 파탄과 세금탈루 등을 야기하는 사이버도박에 대해 사회문제 해결차원의 대응도 필요하다.

이에 경찰에서는 사이버공간 안전 확보를 위해 위와 같은 유형의 사이버범죄를 특별 단속 중이다. 피해금 등에 대하여 자발적 환급을 조력(助力)하고, 개인과 금융정보의 최초 유출처를 추적하여 회수하는 등 범죄피해자의 인권보호 강화와 피해자 중심의 경찰활동을 하고 있다.

또한 범죄용 금융계좌의 신속한 지급정지와 운영 중인 범죄 사이트 및 악성코드 원유포자의 추적과 차단으로 피해확산 방지도 필수다. 범죄조직을 와해하기 위해 「형법」의 '범죄단체조직죄'[32]를 적용하고, 협력자와 조력자 등을 공범으로 처벌하며, 국제공조를 강화해 해외사범 검거도 적극적이다.

범의를 무력화하기 위해서는 범죄은닉 수익금을 추적하여 압수 및 몰수보전을 확행하고, 범죄수익 등 탈세 혐의자를 국세청에 통보하며, 경미범죄자 등은 즉결심판을 청구하여 경각심을 제고하는 등 다양하게 활동 중이다. 사이버공간의 개방적인 특성을 감안하여 개인정보유출로 인한 보복범죄 등 2차 피해방지를 위한 신중한 경찰활동도 병행하고 있다.

현재와 같은 세계최고의 정보통신기술(ICT) 환경에서 갖가지 형태로 발생되는 사이버범죄를 원천적으로 차단한다는 것은 거의 불가능하다. 그러나 각 개개인 한사람이 ICT 사회의 구성원으로서 사이버범죄의 가해자가 되지 않겠다는 건전한 윤리 의식만 있으면 사기, 개인정보침해, 도박, 음란물 등의 범죄피해는 경감할 것이다.

아울러 안전한 사이버공간을 저해하는 범죄자들에 대하여는 강력한 단속과 중한 처벌로 빗장을 채워야 할 것이다. 그래야만 사이버공간에 대한 안전한 국민생활이 확보될 것이다.

13. 전쟁터라는 경각심을 가져야 할 사이버공간

포털사이트 야후가 2014년 해킹을 당해 5억명의 개인정보가 유출된 것으로 나타났다. 이는 정보유출 사상 최대 규모다. 이는 특정국가의 지원을 받는(State-Sponsored) 해커의 소행으로 추정되며, 러시아·중국·북한 등이 거론되고 있다.

러시아 해킹조직으로 추정되는 DC리스크는 이날 백악관 참모의 메일을 해킹한 대량의 자료를 공개했다. 자료에는 미국 퍼스트레이디인 미셸 오바마의 여권사진도 들어 있다. 2016년 6월에는 세계 최정상급 실력을 가진 러시아 정부 해커들이 미국 민주당전국위원회(DNC) 전산망에 침투해 대선후보인 도널드 트럼프 관련 자료를 탈취했다.

국내에서도 북한 121사이버 부대가 러시아 핵잠수함 도면을 통째로 빼내 '핵잠수함 개발을 추진 중'이라는 주장이 제기됐다. 북한 해킹조직은 외교·안보 관련 부처 공무원 등 90명의 이메일 계정에 접근한 것으로 나타났다. 최근(2016년 11월 기준)의 인터파크 개인정보 해킹도 북한 정찰총국 해커들의 '스피어(작살형)피싱'으로 강하게 의심됐다.

최근까지 전장의 범위는 주로 지상 및 해상·공중에 국한됐었다. 그러나 지금과 같은 정보통신기술 사회에서는 사이버공간도 전쟁터가 될 수 있다. 2016. 6. 14. 월스트리트저널(WSJ)은 북대서양조약기구(NATO) 회원국 국방부 장관들이 '사이버공간을 전쟁영역으로 공식 인정했다'고 보도했다. 오늘날 전투는 육·해·공뿐만 아니라 컴퓨터 네트워크상에서도 벌어진다는 것을 공식화한 것이다.

사이버공간은 전투기나 전함 같은 무기 이상의 의미를 지닌다. 중국 인민해방신문은 2015년 4월에 "사이버영토가 물리적 영토와 마찬가지로 적극적으로 방어돼야 한다"며, "인터넷을 장악하는 자가 사상전에서 우위를 점령하게 되고, 국가안보의 '생명줄'과 정보시대의 발전을 좌우 한다"고 논평했다.

현대사회는 인터넷으로 연결돼 상호 의존성이 크기 때문에 사이버공격으로 인한 피해는 상상을 초월한다. 사이버공간은 육지·바다·영공·우주에 이어 제5의 영역이 됐다. 각국 정부는 사이버공격에 따른 피해가 상상을 초월한다는 것을 알기 때문에 스스로 해커가 되어 대비하고 있다. 사이버 무기는 핵무기와는 달리 물리적 형태가 없고, 어디에서든 생산될 수 있기 때문에 어떻게 통제할지 감을 잡을 수 없다.

현재 북한은 엘리트층조차 무너지고 있고, 주요 인사들이 탈북·망명하는 등 심각한 균열조짐을 보이면서 체제동요 가능성이 커지고 있다. 이런 가운데 내부동요를 차단하고, 추가탈북을 방지하면서 우리 사회의 혼란을 조장하기 위해 사이버테러를 포함해 각종 테러를 자행할 가능성이 높아지고 있다.

북한은 전 세계가 만류함에도 불구하고 2016. 9. 9. 제5차 핵실험[33]을 강행, 국제사회에 맞서고 있다. 역대 가장 강한 국제사회의 제재에도 불구하고 8월 잠수함 발사 탄도미사일(SLBM)을 발사하는 등 한 치 앞을 볼 수 없는 북한의 행보에 세계안보가 요동치고 있다.

1990년대 초반부터 사이버전사를 체계적으로 양성해온 북한은 현재 6,000여명의 사이버 전문 인력을 운용하는 세계 최고수준의 사이버전 역량을 보유한 것으로 알려졌다. 사이버전은 재래식 전쟁이나 핵전쟁보다 무서운 전쟁이 될 수 있다. 사전에 아무런 예고 없이 전력망·통신망·교통망·금융망, 그리고 송유관과 가스관, 상·하수도 등 주요 국가기반시설을 순식간에 초토화시킬 수 있다.

사이버전쟁에 승리하기 위해서는 과감한 투자와 혁신이 이루어져야 하고, 북의 사이버공격에 대해 우리도 즉각적으로 타격해야 한다. 특히 사이버보안 시스템의 대대적 점검·확충과 동시에 기관·종사자들의 사이버테러 행위에 대한 보안교육 의무화도 필요하다.

사이버테러를 근본적으로 막는다는 것은 쉽지 않다. 따라서 전방위 사이버 테러에 대한 선제적 대응책과 국가적 차원의 보안인식 제고가 필요하다. 계속 새롭게 개발되는 악성코드에 대응하는 기업들의 꾸준한 정보보안 확대도 절실하다.

14. 선제 대응이 필요한 北 사이버도발

북한이 최근(2016년 3월 기준) 정부 주요인사 수십 명의 스마트폰을 해킹해 통화내역과 문자 메시지, 음성통화 내용까지 절취한 것은 우리나라와 국민의 안위와 직결되는 심각한 도발이다. 해킹한 자료가 유출되면 2차, 3차 공격으로 이어질 수도 있다. 이는 2016년 초의 4차 핵 도발[34]에 이어 우리나라를 마비시키고, 교란시키려는 또 다른 도발이다.

북한은 우리 국민 2,000만명 이상이 인터넷 뱅킹과 신용카드 결제 등에 사용하는 금융 보안망에 침투해 전산망 장악을 시도한바 있고, 지금도 하려하고 있다. 또 악성바이러스를 심는 방식으로 수 만대의 좀비 PC를 만들어 국내 주요기관 전산망을 공격하려 하는 것으로 파악하고 있다.

북한이 국가 주요 기반시설의 제어시스템을 해킹해 장비 오·작동을 유발하면 극심한 사회혼란과 대규모 인명과 재산피해를 발생시킬 수 있다.[35]

정부는 이번 공격이 2013년 언론사 및 금융사 전산망을 파괴한 '3·20 사이버도발'과 같은 사이버도발의 준비단계로 보고 있다. 당시 공격은 북한 정찰총국이 주도한 것으로 밝혀졌다. 이 때문에 정찰총국이 사이버도발 전선 확대에 나선 것으로 보인다.

북한은 2010. 3. 26. 천안함 침몰과 2010. 11. 23. 연평도 도발을 주도한 북한의 대표적 강경파인 김영철이 이끌었던 정찰총국 산하에 전자정찰국과 사이버전 지도국을 두고 사이버도발 전담부대로 운영하고 있다. 정찰총국에 배치된 최정예 해커만 6,800여명에 달한다. 현재 양성하고 있는 인력까지 합하면 3만명에 달한다는 관측도 나온다. 규모로 보면 미국(30만명), 중국(7만명)에 이어 세계 3위 수준이다.

해커들은 기술국에 속해 공작원 양성·침투하는 작전국, 무장공비 남파·요인 암살하는 정찰국, 해외정보 수집·대남 테러를 담당하는 해외정보국과의 협업을 통해 공격력을 배가시키고 있다. 2013년 언론·금융기관 전산망 마비, 2014년 한국수력원자력 사이버공격 및 2014년 미국 소니픽처스를 해킹하는 등 최근 수년간 국내·외에서 발생한 굵직한 사이버테러 조직으로 지목돼 세계적 논란이 됐다.

김정은이 사이버테러 역량강화 지시를 내리고 난 다음에 북한은 우리나라에 계속해서 국가 주요한 시설의 정보를 수집하는 정황이 속속 밝혀지고 있다. 북한이 2015년 6만여 대의 좀비PC를 만든데 이어, 2016년 1월에만 120여국에 1만여 대의 좀비PC를 새로 만든 것으로 나타났다. 북한은 사이버테러의 경로추적을 차단하기 위해 중국 등 해외거점을 통한 사이버공격에도 공을 들이고 있는 것이다.

인터넷 등 정보통신망은 국가와 사회의 기본 틀이다. 세계는 이와 같은 기본 틀을 흔드는 총성 없는 사이버도발과 전쟁 중이다. 남북한은 더욱 심각한 것으로 판단된다. 최근 대한민국을 겨눈 해킹공격이 하루 100만 건이 넘는다고 한다. 주로 북한발로 추정되는 공격은 더 강해질 것이다. 정부는 전문연구기관 등과 협력해 보안대책을 마련하는 한편 전 중앙부처가 사이버위협 정보를 실시간 공유하는 등 적극적인 대응을 하고 있다. 사이버도발 대응에 대해서는 과감한 혁신이 이뤄져야 한다. 북의 사이버도발에 대해 우리도 즉각적으로 타격할 수 있어야 한다. 특히 사이버보안 시스템의 대대적 점검과 확충, 그리고 국가기관 뿐 아니라 개개인의 사이버침해 행위에 대한 보안교육 의무화도 필요하다.

사이버도발을 근본적으로 막는다는 것은 쉽지 않은 현실이다. 전방위 사이버도발에 대한 선제적 대응책이 긴요하며, 국가적 차원의 보안인식 제고가 필요하다. 정부기관을 대상으로 한 사이버도발은 주요 정보가 유출될 우려가 크기 때문에 철저히 대비해야 한다. 의심스런 URL이나 알 수 없는 출처의 앱은 받지 않는 개인의 보안의식도 현재까지 드러난 북한 해킹 시도에 당하지 않는 방법이다. 계속 새롭게 개발되는 악성코드에 대응하는 기업들의 꾸준한 정보보안 확대도 절실하다.

15. 경계해야 할 北의 대남 사이버테러

2016년 1월 북한의 4차 핵실험 직후 청와대 등 정부중요기관을 사칭한 이메일이 대량유포 되어 당국이 긴급대응에 나섰다. 경찰과 국가사이버안전센터는 우리 군의 대북확성기 방송 재개와 유엔 안보리의 대북제재 결의 추진에 대항해 전면적인 사이버 테러를 준비 중일 가능성이 크다는 전망도 제기됐다.

북한은 지난 2009년 5월 2차 핵실험 뒤엔 7·7 디도스공격으로 주요 정부기관·포털·은행사이트·외국기관 등 무려 35개 사이트를 일거에 무력화시켰다. 지난 2013년 2월 3차 핵실험 뒤에는 KBS 등 주요 방송사와 금융 전산망이 일제히 마비되는 사상 초유의 혼란을 겪은 3·20 사이버테러를 가했다. 또한 3월에 이어 두 번째로 국가의 심장부인 청와대 홈페이지 비롯한 언론사 서버 등 총 69곳을 해킹한 6·25 사이버공격으로 더욱 심각한 테러 양상을 보여주었다.

북한은 2013년 국내 방송사 및 은행 전산망, 2014년 서울메트로 및 코레일 전산망을 해킹하고, 11월에는 북한 김정은 위원장 암살을 소재로 한 영화 '더 인터뷰(The Interview)'의 개봉을 앞두고 제작사인 미국 소니 영화사가 해킹 공격을 받았다.

북한 정찰총국은 IT 해킹과 관련하여 6개 조직 1,700여 명이 있으며, 이를 지원하는 17개 조직 5,100여 명이 활동하는 것으로 알려졌다. 또한 북한의 IT 인력들이 중국, 베트남, 라오스 등 외국에서 외화벌이 수단으로 근무를 하면서 한국수력원자력과 코레일을 계속 공격한 것으로 밝혀졌다.

현재도 국가 간 해커들의 해킹전쟁이 사이버공간에서 드러나지 않게 전개되고 있다. 해커들은 범죄 수준을 넘어 사이버공격을 주도하는 조직으로 진화하여 국가기관에 대해 보이지 않게 공격을 진행하고 있다.

사이버공격은 자신들의 능력과 존재를 과시하는 성향을 넘어 국가 간 또는 공익을 해하는 무서운 존재이다. 인터넷 등 정보통신망은 국가와 사회의 기본 틀이다. 세계는 이와 같은 기본 틀을 흔드는 총성 없는 사이버전쟁 중이며, 남과 북한도 예외는 아니다.

북의 4차 핵실험 도발 이후 사이버테러 등 북한의 기습도발 가능성이 커진데다 이슬람국가(IS)의 전 세계적 민간인 대상 테러 등 대외적 요인까지 겹치면서 가중되는 국내 불안은 크다. 대통령의 대국민담화와 같이 북한은 사이버테러를 언제든지 감행할 우려가 있다.

바른과학기술사회실현을 위한 국민연합은 과학기술 10대 뉴스의 첫째로 컴퓨터 망을 이용해 군사시설과 금융 등 주요 시설을 마비시켜 국가적 재난을 초래할 정보화시대의 '사이버 테러 발생의 현실화'를 꼽았다.[36]

사이버전쟁은 총탄이나 대포를 쏘는 재래식 전쟁이나 핵전쟁보다 무서운 전쟁이 될 수 있다. 사전에 아무런 예고 없이 전력망, 통신망, 교통망, 금융망, 송유관과 가스관, 상·하수도 등 주요 국가 기반시설을 순식간에 초토화할 수 있다.

사이버공격 대응방안에 대해서는 과감한 혁신이 이루어져야 하고, 북의 사이버공격에 대하여는 우리도 즉각적으로 타격할 수 있는 체계를 확립해야 한다. 특히 사이버보안 시스템의 대대적 점검 및 확충과 동시에 기관 뿐 아니라 종사자 개개인의 사이버침해 행위에 대한 보안교육 의무화도 필요하다.

사이버테러를 근본적으로 막는다는 것은 쉽지 않은 현실이다. 전방위 사이버테러에 대한 선제적 대응책이 긴요하며, 국가적 차원의 보안인식 제고가 필요하다. 정부기관을 대상으로 한 사이버테러는 주요 정보가 유출될 우려가 크기 때문에 철저히 대비해야 한다. 계속 새롭게 개발되는 악성코드에 대응하는 기업들의 꾸준한 정보보안 확대도 절실하다.

16. 적극적인 양성이 필요한 화이트해커

미래창조과학부는 국내외 해킹 방어대회에서 좋은 성적을 거둔 젊은 해커들을 국방부 사이버사령부와 경찰 사이버수사대 인력으로 뽑는 방안을 지난해 11월 발표했다. 이는 2015년 3월에 발표한 'K-ICT 전략'[37]에 따른 후속조치로 해마다 증가하는 북한 등 외부의 해킹위협에 대처하기 위한 민·관·군 합동보안 대책의 일환이다.

군 사이버사령부는 2015년 정보보호 특기병 60명을 추가 선발했고, 경찰도 지난달에 보안 업무를 맡을 의무경찰 14명을 처음으로 선발했다. 한국정보기술연구원(KITRI)에서 진행하는 '차세대 보안 리더' 교육과정을 이수했거나, 정보보호 동아리에서 활동한 경력이 있는 보안 특기생이 중심이 됐다.

북한은 2013년 국내 방송사 및 은행전산망, 2014년 서울메트로와 코레일 전산망을 해킹하고, 11월에는 북한 김정은 위원장 암살을 소재로 한 영화 '더 인터뷰'의 개봉을 앞두고 제작사인 미국 소니 영화사가 해킹 공격을 받았다.

미국도 사이버사령부 규모를 계속 확장해 사이버훈련을 하고 있으며, 이스라엘의 '유닛 8200'이라는 사이버부대도 미국과 견줄 만한 수준으로 화이트해커를 양성하고 있다. 중국 역시 30만 명 이상의 고급 기술을 보유한 해커를 양성해 적국의 급소를 사이버전으로 타격하는 '점혈전략(點穴戰略)'[38]을 수행 중이다.

현재도 국가 간 해커들의 해킹전쟁이 사이버공간에서 드러나지 않게 전개되고 있다. 해커들은 범죄 수준을 넘어 사이버범죄를 주도하는 조직으로 진화해 국가기관에 대해 보이지 않게 사이버 공격을 진행하고 있다. 사이버공격은 자신들의 능력과 존재를 과시하는 성향을 넘어 국가 간 또는 공익을 해하는 무서운 존재이다.

IT업계에서 가장 뛰어난 보안 지식과 전문 기술력을 가진 화이트해커는 외국에서는 고급인력으로 대접받고 있다. 국내도 지난해 8월 초 'DEFKOR'팀이 1993년부터 시작된 세계 최고 권위의 해킹방어대회인 '데프콘(DEFCON CTF)'[39]에서 우승을 했다. 이번 우승은 지난 2012년부터 미래부가 역점적으로 추진한 '차세대 보안리더 양성프로그램(BoB)'[40]을 통해 정부와 산·학·연의 인재 양성 노력의 결실이다.

한국인터넷진흥원(KISA)과 한국정보기술연구원도 매년 정보보안 인력 2000여명을 대상으로 교육을 실시하고, 실전형 사이버보안 훈련장(Security-GYM)도 만들기로 했다. 주니어 화이트해커의 수능걱정 없는 대학진학(정보보호 특성화대학 지정 등) 정책의 확산 검토도 적극 필요하다.

한수원 해킹이나 국정원 해킹사태 등과 같은 보안이슈가 발생할 때마다 해커에 대한 관심이 모아지고 있다. 하지만 아직까지 해커에 대한 사회적인 대우나 인식은 부진하다. 특히 사물인터넷(Internet of Things) 시장이 확대되면서 정보보안에 대한 불안감이 높아지고 있지만 보안솔루션에만 의지하다 보니 지속적인 보안문제가 발생할 수밖에 없다.

때문에 '창과 방패' 역할을 하는 해커기술 양성에 적극 투자해야 한다. 진짜 화이트해커로의 실력을 마음껏 발휘할 수 있도록 정부에서 발 벗고 나서야 한다. 향후 BoB와 같은 양질의 프로그램을 적극 지원하는 정책이 필요하다.

국내의 척박한 정보보호 산업을 미래성장 동력으로 양성하기 위해 전문 양성 프로그램을 통해 정보보호 전문인력 및 화이트해커 육성도 필요하다. 소리 없는 사이버전쟁에 대응하기 위한 화이트 해커육성 및 활용을 위한 정부 정책의 성공을 기대한다.

17. 국민이 불안한 6·25 사이버테러

현대는 정보화 사회다. 인터넷 등 정보통신망은 국가와 사회의 기본틀이다. 때문에 기본틀을 흔드는 사이버테러에 대한 우려가 커지고 있다. 북한의 소행으로 밝혀진 3·20 사이버테러가 발생했을 때에도 주요 방송사는 물론 금융사 등의 전산망이 일제히 마비되는 사태를 겪어야 했다.

우리는 2013년 3월에 이어 6월 25일에 발생한 사이버테러로 국가 심장부인 청와대 홈페이지를 비롯해 언론사 서버 등 총 69곳이 해킹을 당했다. 2013. 7. 1.에도 대규모 테러로 정부 및 언론사 사이트 10곳이 동시에 해킹공격을 받기도 했다. 정부는 배후로 북한을 지목했고, 최근엔 국내 정보기술(IT) 업체대표가 북한 해커와 정찰총국에 서버 접속권한을 넘긴 것으로 드러나 충격을 주고 있다.

북한을 비롯한 특정 세력의 사이버공격은 어제 오늘의 일이 아니다. 2009년 7·7 북한발 디도스 공격은 주요 정부기관·포털·은행사이트 등 무려 35개 사이트를 일거에 무력화시켰다. 2011년 3·3 디도스 공격과 4월 농협전산망 공격, 2012년 중앙일보 서버해킹이 잇따라 발생해 주기도 짧아지고 있다. 사이버테러는 갈수록 전방위적으로 지속화하는 양상을 띠고 있다.

시공을 초월한 사이버전쟁은 이미 국제사회의 주요이슈로 자리 잡고 있다. 세기의 회담으로 불린, 버락 오바마 미국 대통령과 시진핑 중국 국가 주석의 2013년 6월 미국 캘리포니아의 회담에서도 '사이버안보'는 주된 논의 주제였다. 실제 미국과 중국은 사이버테러 대응이 곧 국가안보란 인식 아래 예산을 집중투입하고 있다.

경찰청은 2013. 6. 25.부터 27일까지 대한상공회의소 국제회의장에서 '안전한 사이버공간을 위한 대응전략'이란 공식 의제로 '2013 국제사이버범죄대응 심포지엄'[11]을 개최했다. 인터폴 등 2개 국제기구, 30개국 대표단, 4개 국제 IT기업을 비롯해 약 500여명이 참석해 열띤 토론을 했다.

이번 심포지엄에서는 테러에 대한 국가적 대응의 필요성과 국가 간의 공조를 위한 수사팀 인원확보가 강조됐다. 아울러 한국의 IT기술 및 수사력 지원 등 역량 발휘와 사이버범죄의 인식 중요도 향상방안도 논의됐다. 때문에 IT 강국으로서의 역량 발휘를 위한 정부, 민간, 학계 등의 적극적인 대응방안이 절실하다.

지난 2월 3차 핵실험[12] 이후 도발 위협수위를 높여온 북한은 테러 가능성을 공공연히 언급해 왔다. 이후 잇단 사이버테러로 우려는 현실이 됐다. 북한의 사이버전 수행능력은 미국의 중앙정보부(CIA)와 맞먹는다는 평가를 받고 있다.

사이버테러로 인해 국가안보에 중대한 위험이 초래되고, 국민의 재산과 국가의 이익에 막대한 손해가 발생할 수 있다. '소 잃고 외양간 고치기'가 되지 않기 위해선 사이버테러를 사전에 예방하고, 발생 시 신속하게 적극적으로 대처해야 한다.

물론 사이버테러를 근본적으로 막는다는 것은 쉽지 않은 현실이다. 전방위 사이버테러에 대한 선제적 대응책이 긴요하다. 특히 정부기관을 대상으로 한 사이버테러는 주요정보가 유출될 우려가 크기 때문에 대비를 철저히 해야 한다. 계속 새롭게 개발되는 악성코드에 대응하는 기업들의 꾸준한 정보보안 강화 노력도 절실하다.

사이버
성폭력

1. 카카오톡 등 SNS 이용 불법촬영물과 허위사실 유포

최근(2019년 3월 기준) 국내 사용자 점유율이 높은 카카오톡이나 페이스북 등 소셜네트워크서비스(SNS)를 통해 불법촬영물 및 등장인물들에 대한 허위사실을 유포하는 광고가 무분별하게 유포되고 있다. 이들 광고는 최근 사회적으로 이슈가 되는 내용을 바탕으로 이용자를 끌어들이는 내용을 올려 음란물이나 도박사이트로 유도하고 있다.

페이스북에는 서울 강남 클럽 '버닝썬'과 동영상 플랫폼인 유튜브에는 유튜버 '양예원'의 비공개 촬영회에서 유출된 자료를 공개한다는 광고가 버젓이 노출되고 있다. 카카오톡에는 유명 연예인을 정준영의 불법촬영 피해자로 지목하는 허위사실도 유포되었다.

2019. 3. 21. 카카오톡 채팅방에 성관계 동영상을 몰래 촬영하고, 유포한 혐의로 가수 정준영과 버닝썬 클럽 VIP룸 화장실에서 여성을 성추행하는 장면을 촬영한 혐의로 클럽에서 고객 간의 만남을 주선하는 영업사원(MD: Merchandiser)이 구속되었다.

2018년에는 불법촬영물 등 사이버성폭력이 사회적으로 큰 관심을 불러왔다. 불법촬영물과 관련하여서는 「성폭력범죄의 처벌 등에 관한 특례법」이 2018년 12월 18일 개정되어 즉시 시행하는 등 사회적 파장도 컸다.

불법촬영물의 비동의 촬영죄는 5년 이하의 징역 또는 3천만원 이하의 벌금으로 상향되었고, 동의 촬영 후에 비동의 유포도 비동의 촬영과 같은 형량에 해당한다. 영리 목적 비동의 유포는 벌금형이 없어 7년 이하의 징역형이라는 중한 처벌을 받는다. 또한 자신의 신체 촬영물을 동의 없이 유포한 경우도 5년 이하의 징역 또는 3천만원 이하의 벌금형이다. 개정 전에는 불법촬영 객체를 '타인의 신체'에 국한하였으나, 개정 후에는 객체를 '사람의 신체'로 확대한 것이다.

유포객체에 '촬영물' 外 촬영물의 '복제물'도 추가하여 5년 이하의 징역이나 3천만원 이하의 벌금에 처해진다. 이 전에는 성관계 동영상 파일을 컴퓨터로 재생한 뒤 모니터에 나타난 영상을 촬영할 경우에는 처벌이 불가하였다(대법 2018. 8. 30. 선고). 이는 2018년의 사이버성폭력 관련 사회현상을 반영한 매우 신속한 법률 개정으로 판단된다.

SNS 등 정보유통 매체에 허위의 사실을 유포하면 「정보통신망 이용촉진 및 정보보호 등에 관한 법률」에 의거 7년 이하의 징역 또는 5천만원 이하의 벌금에 처해진다. 단순 게시글이나 댓글로 모욕하거나 조롱하면 「형법」 제311조(모욕)에 의거 1년 이하의 징역 또는 200만원 이하의 벌금형을 받을 수 있다. 합성된 영상음란물도 음란물 유포이고, 영상물 객체(피해자)가 허위이면 명예훼손에 해당한다.

불법촬영물이나 허위사실을 단순하게 단체 카톡방에 올리거나 다른 사람에게 전송하는 행위도 처벌대상이다. 카카오톡 단체 대화방에서 '동영상을 올려보라'고 적극 동조한 자는 교사 및 방조범으로 처벌받을 수 있다.[43]

현재 경찰에서는 불법촬영물 등 음란물과 가짜뉴스를 포함한 허위사실을 공유하거나 전달하는 유포행위에 대하여 강력한 단속을 하고 있다.

인터넷을 이용한 2차 피해 확산 우려가 있기 때문이다.

대한민국은 10명 중 9명이 스마트폰을 이용하는 세계 최고의 정보화 선진국이다. 언제, 어디서나 편리하게 카카오톡이나 페이스북 등 SNS 이용이 일상화되었다. 카카오측도 채팅방 이름이나 닉네임에 대한 적극적인 금칙어 적용으로 유해한 목적의 채팅방이 구성되지 않도록 해야 한다.

불법촬영물을 단순 시청하거나 스마트폰이나 PC에 저장한 경우에는 현행법상 처벌 조항이 없다. 때문에 아동·청소년이용음란물과 같이 소지만으로도 처벌[44]이 가능하도록 법률 개정의 검토도 요구된다. 누구나 사이버성폭력이나 명예를 훼손당하는 피해자가 될 수 있음도 경계해야 한다.

2. 중한 처벌 대상인 성적영상물 유포는 근절되어야 한다

2018년에 국내에서 가장 큰 사회적 관심을 일으켰던 사건 중 하나는 '리벤지 포르노(Revenge Porno)'와 같은 '불법촬영물' 등 사이버 성폭력이다. 헤어진 연인에게 보복하기 위해 성적인 사진이나 영상콘텐츠를 유포하는 리벤지 포르노는 보복의 '리벤지'와 연출된 성관계인 '포르노'의 합성어로 2017년 8월 여가부에서는 이를 '(개인 간) 성적영상물'이란 대체 용어로 통칭하였다(이하 '성적영상물'로 표기함).

연예인 등 유명인들을 상대로 이와 같은 피해가 급증하자 여성계를 중심으로 대책 마련 촉구 및 가해자에 대한 강한 처벌을 요구하는 목소리가 높아졌다. 또한 유포영역에 한계가 없고, 전파성이 강한 사이버공간의 특성상 2차 피해를 염려하는 시각들도 높다.

그 일환으로 처벌이 강화된 「성폭력범죄의 처벌 등에 관한 특례법」 개정안이 2018. 12. 18.부터 시행 중이다. 위법 제14조(카메라 등을 이용한 촬영)는 '자신의 신체를 촬영한 영상물이 본인의 의사에 반하여 유포된 경우에도 성폭력으로 처벌할 수 있도록 하는 것'을 골자로 하고 있다.

성적 욕망 또는 수치심을 유발할 수 있는 신체를 당사자 의사에 반해 카메라 등 기계장치로 촬영한 경우 형량이 '5년 이하의 징역 또는 삼천만원 이하의 벌금'으로 강화되었다. 동의하에 촬영한 영상물이라고 하더라도 당사자의 의사에 반해 유포한 경우도 동일하다.

개정안은 '촬영물의 유포'가 피해자의 의사에 반한 것이라면 모두 '5년 이하의 징역 또는 삼천만원 이하의 벌금'에 처하도록 가중되었다. 또한 '다른 사람의 신체' 촬영이 아닌 '사람의 신체'를 촬영한 영상물과 복제물의 유포도 처벌된다. 스스로 자신의 신체를 촬영한 촬영물을 동의 없이 유포하거나 복제물의 유포 등도 '5년 이하의 징역 또는 3천만원 이하의 벌금'에 처해질 수 있다.

특히 영리를 목적으로 불법촬영물을 유포한 경우에는 '7년 이하의 징역 또는 삼천만원 이하의 벌금' 이었으나, '7년 이하의 징역형'으로 개정되어 웹하드 운영자나 헤비업로더(Heavy Uploader)[15]들의 중한 처벌이 예상된다.

이 외에도 피해자의 피해회복을 위한 불법촬영물의 유통차단과 삭제조치를 의무화했다. 「전기통신사업법」은 포털사이트나 웹하드, SNS 서비스 등에 불법유통물이 유통됨을 명백히 인식한 경우에는 지체 없이 해당 정보의 삭제와 접속차단 등 유통방지에 필요한 조치를 취하도록 강제하고 있다.[46]

「정보통신망 이용촉진 및 정보보호 등에 관한 법률」도 불법촬영물에 대한 삭제와 차단요청을 중앙행정기관의 장뿐만 아니라 수사기관의 장도 할 수 있도록 개정했다.[47]

경찰은 2018. 8. 13. 부터 11. 20. 까지 실시한 『사이버성폭력 사범 특별단속 100일 계획』을 추진하여 3,660명(구속 133)을 검거했다. 그리고 2019년 1월부터는 『웹하드 카르텔 근절을 위한 집중단속』으로 성적영상물 등 음란물 유통을 집중 단속중이다. 경찰의 이번 단속으로 중한 처벌 대상인 성적영상물 등의 유포가 근절되길 기대한다.

성적영상물 또는 불법촬영물을 유포하거나 이를 빌미로 협박을 일삼는 피의자들에게는 강한처벌로 경각심을 심어주어야 한다. 영혼의 살인을 동반하는 사회적 살인인 디지털성범죄는 반드시 없어져야 한다. 호기심으로 타인의 신체를 촬영하는 행위가 중한 범죄행위이고, 성적영상물과 불법촬영물을 유포하는 행위가 사회적 살인이 될 수 있다는 인식이 필요하다.

3. 웹하드 카르텔을 단속해야 하는 이유

2018. 12. 27. 직장 내 괴롭힘 발생 사실을 신고한 근로자에게 불리한 처우를 금지하는 일명 「양진호방지법(근로기준법)」이 국회 본회의를 통과했다. 2018년 10월 직원에게 폭언과 폭행, 그리고 동물 죽이기 강요 등 엽기적인 행동으로 대중의 공분을 산 양진호는 국내 웹하드 1, 2위를 차지하는 '위디스크'와 '파일노리'의 실소유주였다.

양진호는 웹하드에 리벤지 포르노(Revenge Porno) 등을 포함한 일반인 성행위 영상을 게시하여 이득을 취해왔고, 직업적으로 영상을 올리는 헤비업로더(Heavy Uploader)까지 활용했다. 심지어 음란물을 감시하는 필터링 업체와 영상을 지워주는 디지털 장의사(Digital Undertaker)까지도 한통속으로 밝혀졌다.

숙박 애플리케이션 '여기어때'를 운영하면서 악화로 양화를 구축한 심명섭 '위드이노베이션' 대표도 음란물 유통 방조혐의로 검거됐다. 음란물 427만건을 유통해 52억원의 수익을 올린 혐의이다. 웹하드 '애플파일'과 '예스파일'을 운영하는 '뱅크미디어'의 지분 전량은 '위드이노베이션'의 모태가 되는 '위드웹'이 소유하고 있는 것으로도 알려졌다.

경찰은 2018. 8. 13.부터 11. 20.까지 『사이버성폭력 사범 특별단속 100일 계획』에 의거 전체 52개 웹하드 중 40개 사이트의 운영자 53명(구속 6)과 헤비업로더 347명(구속 11)을 검거했다.

위와 같은 특별단속으로 웹하드 카르텔의 실체를 밝히고, 주요 웹하드 운영자를 구속하는 성과를 거두었다. 그러나 음란물 유통으로 돈을 벌 수 있는 수익구조가 존재하는 한 웹하드 업체는 언제든지 음란물 유통을 재개할 가능성이 있다. 따라서 경찰은 그 일환으로 2019년 새해부터 3개월 간 『웹하드 카르텔 근절을 위한 집중단속』을 실시한다.

웹하드 업체들은 헤비업로더 및 업로더 프로그래머 등과 결탁하여 수익을 공유하고, 음란물을 전문적으로 유통해 온 것으로 경찰 조사결과 확인됐다. 특히 「전기통신사업법」상 웹하드 업체가 필수적으로 해야 하는 '필터링 조치' 등으로는 음란물 유통을 막기에 역부족인 이유다. 또한 일부 업체에서는 경찰의 수사를 조직적으로 방해하거나, 단속 정보를 공유하면서 단속에 대비한 정황도 포착되었다.

업체들은 경찰의 단속이 강화될 때 불법촬영물이나 음란물 유통을 자제하였다가 단속과 여론이 잠잠해지면 다시 유통을 반복하고 있다. 이번 단속은 웹하드 업계의 음란물 유통을 완전히 차단하는 것을 목표로 경찰청, 과학기술정보통신부, 방송통신위원회, 방송통신심의위원회, 여성가족부, 국세청 등 관계기관과 합동으로 음란물 유통이 근절될 때까지 지속될 예정이다.

경찰은 관계기관과 긴밀한 협업으로 형사처벌 뿐 아니라 과태료 부과와 등록 취소 등의 행정처분과 불법 수입에 대한 적극적인 환수조치 등 종합적인 제재로의 확대가 웹하드의 불법행위를 효과적으로 억제할 수 있을 것으로 보고 있다. 이와 더불어 관련 법령에 따른 적극적인 음란물 삭제와 차단, 그리고 게시판 폐쇄가 병행된다면 웹하드 내 음란물 유포를 원천적으로 근절하는 것도 가능할 것으로 기대된다.

당 수사팀도 웹하드 업체를 수사한 바 있다. 시시각각 업로드 되는 각종 음란물 유통에 놀라움을 금할 수 없었다. 웹하드는 문서나 파일을 저장하고, 열람하거나 편집하면서 다수인과 파일을 공유할 수 있는 순기능으로 다시 태어나야 한다. 그래야만 세계 최고의 정보통신기술 강국이라는 위상을 유지하고, 마약과 다름없는 음란물 중독에 기인한 각종 성범죄 발생도 예방할 수 있을 것이다.

4. 사이버 성폭력의 문제점

대한민국은 세계 최고의 정보통신기술(ICT) 강국이다. 그러나 햇볕에는 그림자가 생기듯이 위와 같은 정보화로 인한 역기능도 만만치 않다. 일상생활에서도 쉽게 발생될 수 있는 '사이버 성폭력'이 바로 그것이다.

'사이버 성폭력'이란 인터넷과 같은 사이버공간이나 정보통신망을 이용하여 일반인으로 하여금 성적 불쾌감을 일으키게 하거나 성적의미가 내포된 일체의 부적절한 말이나 행위를 하는 것을 말한다. 피해자의 의사에 반하는 일체의 성적 접촉행위와 성적의미가 내포된 언행이나 행동을 하는 실체의 성희롱과는 신체적 접촉시도 없이도 성적착취가 가능하다는 점에서 차이가 있다.

일방적인 접촉이 시도될 뿐 아니라 익명성이 보장된 인터넷 매체가 이용되므로 가해 당사자에게 책임성이 결여되기 쉽다. 또한 오프라인과는 달리 영역에 한계가 없어 폭발적인 전파력과 지속성을 띄고, 가해자의 범행 의도를 파악하기 어렵다는 특징도 있다.

사이버 성폭력의 원인은 상대방에 대한 배려심의 결여와 가해자의 폭력적인 성향에 있다. 더 나아가 왜곡된 성문화와 성의 상품화, 그리고 사회적 의미의 성인 젠더(Gender)의 일환으로 보는 등 다양하다.

위와 같은 사이버 성폭력을 예방하기 위해서는 인터넷 실명제실시를 검토하고, Cyber Clean 캠페인 전개도 요구된다. 아울러 형사적인 관점에서는 유포시의 파급력 등을 감안하여 구속하고, 사이버 성폭력물 유포에 가담한 웹하드 업체에 대한 범죄수익금의 적극적인 몰수 및 집행을 위한 법률개정도 필요하다.

그리고 랜덤(Random)채팅 앱[48] 존속의 실질적인 동력이 되고 있는 랜덤채팅 앱 광고주에 대한 법적제재와 유포자 상대 삭제 비용에 대한 징벌적 손해배상에 의한 구상금 청구 등 사이버 성폭력 근절에 대한 전략적 검토도 요구된다.

또한 「성폭력특례법」 상의 카메라 이용 촬영죄의 법정형 개정도 환영한다. 비동의 촬영은 5년이하 징역, 1천만원 이하 벌금에, 비동의 유포는 3년 이하 징역, 500만원 이하 벌금에 처해진다. 그러나 신뢰 관계에 반하는 유포행위자의 죄질에 비추어 볼 때 법정형에 차이를 둘 정당한 근거가 없어 보인다. 때문에 비동의 유포자에 대해서도 비동의 촬영자와 동일한 법정형으로 개정함은 타당하다.

피해자들은 자신의 얼굴이 나온 성관계 동영상 등 불법촬영물이 인터넷에 떠돌아다닐 것이라는 불안감과 가족 혹은 지인들이 그 영상을 보게될 것이라는 두려움으로 불면증과 공황장애, 호흡곤란 등의 급성 스트레스 장애 증상을 보이는 경우가 매우 많다.

불법촬영물은 고의적인 것 외에도 소지자의 부주의에 의해 분실되거나, 도난으로 인터넷에 유포되는 경우도 상당하며, 그 파급력은 오프라인상의 성폭력범죄와 비교할 수 없을 만큼 크다. 이것이 불법촬영물 존재 확인 시 신속한 압수수색을 통해 증거물 확보가 우선시 되어야 하는 이유이다.

심각성을 인식하고, 지금이라도 법률개정 및 사회적인 인식변화를 통해 가해자를 엄단하지 않는다면 가해자는 자신의 목적을 달성하기 위해 해외 서버를 이용하는 등 추가 범행을 도모할 수도 있다. 그리고 우발적 혹은 의도적으로 당사자와 그 지인, 가족 등에게 불법촬영물을 전송하여 피해자에게 치명적인 피해를 입힐 가능성도 높다.

사이버 성폭력 사건은 피해자의 인생을 송두리째 흔드는 살인행위이다. 인터넷을 기반으로 한 불법촬영물이나 개인 간 성적영상물 유포로 피해자가 입게 될 고통이 평생 동안 지속될 수 있음을 감안하여 구속수사 및 장기실형 선고를 원칙으로 삼아 일반 예방효과를 도모할 수 있기를 기대한다.

5. 경계해야 할 그루밍 성폭력

2016년 정보통신정책연구원의 자료에 의하면 국내 학생들의 휴대폰 보급률은 초등학생 저학년(1~3학년) 45.9%, 고학년(4~6학년) 77.0%, 중학생 95.3%, 고등학생 94.7%로 나타났다. 위와 같이 높은 휴대폰 보급률이 아동·청소년들을 성폭력범죄의 피해자가 되게 하는데 영향을 미친 것으로 보인다.

2018년 인천의 한 교회 목회자가 평소 쌓아온 친분과 신뢰를 이용하여 10대 여성 신도들을 성폭행한 사건이 발생했다. 충남 논산의 한 고등학교 여교사가 제자 2명과 부적절한 관계를 맺었다는 의혹도 제기되었다. 이 사건들은 대표적인 '그루밍(길들이기. Grooming) 성폭력'으로써 사회적 파장을 일으키고 있다.

그루밍 성폭력은 가해자가 피해자와 친분을 쌓아 심리적으로 지배한 후 성적으로 가해행위를 하거나, 우월한 지위에 있는 가해자가 연령, 경제적, 지적 측면 등에서 취약한 위치에 있는 아동·청소년 등과 심리적 유대

관계를 형성한 뒤 성적으로 착취하는 행위이다.

음란한 사진을 전송하거나 신체 특정부위 촬영사진 전송요구, 웹캠을 통한 성적 대화 및 녹화 등의 수법으로 실질적인 신체접촉이 없는 성 착취도 발생한다. 앙톡이나 즐톡 등 채팅 앱이나 페이스북이나 카카오톡 등 사회관계망서비스(SNS)의 다양한 온라인 통로에서 발생 되며, 조건만남 등 오프라인 형태도 있다.

대상은 미성년 아동이나 가출청소년, 해체된 가정의 청소년 등 보호 계층이며, 가해자는 교사나 보호자 또는 친한 이웃 등으로 연령이나 경제적, 지적, 심리적, 관계적 영역이라는 특징이 있다. 가해자는 우월한 지위이고, 피해자는 취약한 지위이다. 특히 성에 대한 인식이 낮은 아동이나 청소년이 주 피해자이다.

그루밍 단계는 과도한 칭찬과 배려, 그리고 격한 감정적 동조로 친절을 베풀고, 신뢰를 쌓아 접근한다. 만남 불응과 성적요구 불응에 대한 폭로 예고와 공범자라는 죄책감을 부여하여 강요하면서 위협한다. 물리적 강제력과 지적, 도덕적, 심리적 강제력을 행사하기도 한다.

그러나 현재 위와 같은 형태로 발생되는 그루밍 성폭력은 피해 아동·청소년 등에 대한 협박이나 폭행 또는 위계나 위력에 의한 강제성 등이 없다면 가해자에 대해 처벌이 불가능하다는 전문가들의 의견이다. 단 13세 미만과 성관계를 가졌을 경우에는 피해 아동이 동의를 했다 하더라도 의제강간으로 처벌이 가능하다.

때문에 위와 같은 그루밍 성폭력은 신종형사 범죄로 입법화해야 한다는 주장이 강하다. 즉 아동·청소년을 대상으로 성적의미가 내포된 사진을 요구하거나 성적 대화를 시도하는 행위를 범죄화해 성적 접촉 이전단계인 온라인 그루밍 단계에서의 처벌규정이 필요하다.

영국은 성적접촉 행위로 나아가기 전 단계인 그루밍 행위에 대해서도 처벌하고 있다. 2017년 4월 제정된 이 법률은 성적인 행위가 발생되기 전단계도 범죄 행위로 간주하였다. 미국도 아동에게 특별한 사유 없이 선물이나 돈을 주는 행위 등에 대해 그루밍 성범죄가 발생할 우려가 있는 상황으로 보고 처벌하고 있다.

온라인이든 오프라인이든 18세 미만 미성년자에 대한 성범죄는 반드시 근절되어야 한다. 특히 온라인에서는 지위와 계층에 상관없이 누구나 그루밍 성폭력의 대상이 될 수 있음을 인식하고, 경각심을 불러일으킬 주의와 당부가 필요하다.

6. 디지털성범죄는 영혼의 살인을 동반한 사회적 살인이다

세계경제포럼(WEF: World Economic Forum)은 2018년도 대한민국의 국가경쟁력 제1위를 정보통신기술(ICT)로 평가했다. 정보통신기술의 집합체인 우수한 성능의 스마트폰과 카메라 등 디지털 영상 매체의 손쉬운 접근으로 언제, 어디서나 좋은 화질의 영상을 촬영하고, 보관 및 관리가 용이하게 된 것이다.

그러나 위와 같은 디지털 영상 매체로 인한 사회적 역기능도 심각하다. 바로 카메라 등 영상장비를 이용한 '디지털성범죄(Digital Sex Crimes)'가 바로 그것이다. 현재 대한민국 사회는 이 디지털성범죄에 흔들리고 있다.

디지털성범죄는 카메라 등의 촬영 매체를 이용하여 상대방의 동의 없이 신체를 촬영하거나, 동의 받은 촬영물이라고 하더라도 무단으로 유포, 유포 협박, 저장, 전시하는 행위이다. 더불어 디지털 공간, 미디어, SNS 등에서의 성적 언어 희롱과 이미지 전송 등 성적 괴롭힘을 가하는 행위를 포괄한다.

2018년 '인기 연예인 숙소 몰카'와 '유명 유튜버 비공개 촬영회' 사건이 잇따라 발생해 디지털성범죄가 사회적 이슈로 떠올랐다. 2018년 5월경 발생한 홍익대 누드모델 불법 촬영사건 이후 불법 촬영범죄를 규탄하는 여성들의 시위도 계속되고 있다.

무엇보다 시급한 것은 피해자가 주로 여성인 디지털성범죄 분야에 대한 사회적 인식의 전환이다. 일부 남성들이 경찰의 디지털성범죄 영상물 단속과 관련하여 성인의 볼거리 차단이라며 반발하고 있는 것만 봐도 알 수 있다.

경찰청 등 정부 기관에서는 2018. 10. 19.부터 DNS(도메인네임시스템) 차단 방식을 적용하여 외국에 서버를 둔 디지털성범죄 영상물이 유통되는 음란사이트 150곳의 접속을 차단했다. 차단 후 음란사이트 접속자 수가 절반 이상 줄고, 자신의 게시물을 삭제하는 회원 수도 늘었다는 언론보도이다. 자신이 수사대상이 될 수 있음을 인지한 것이다. 이로써 일단 정부의 음란사이트 차단 조치는 시행 초기에 성과를 내고 있는 것으로 보여 진다.

현재 경찰청에서는 인간의 존엄을 파괴할 수 있는 불법촬영물 등 디지털성범죄 유포행위를 단속하고, 공급을 차단하여 건전한 사이버공간을 조성하기 위한 노력을 기울이고 있다. 유포행위로 인한 범죄수익을 추적하여 환수하고, 유통플랫폼(Distribution Platform) 수사를 통해 디지털성범죄 영상물 유통구조를 원천차단하고 있으며, 해외기반 유통플랫폼도 국제공조 수사를 통해 운영자를 검거하고 해당 사이트도 폐쇄하고 있다.

그러나 이러한 경찰의 단속만으로는 분명한 한계가 있다. 때문에 관련 정부부처의 디지털성범죄 영상물의 위험성 홍보 및 적극적인 차단조치, 중한 처벌을 위한 관련법 재·개정이 뒤따라야 한다. 즉 디지털 성범죄자들에게는 과감한 빗장을 채우는 제도가 필요한 것이다.

성폭력을 '영혼의 살인'이라고 하나, 디지털성범죄는 영혼의 살인을 동반한 '사회적 살인'이다. 낮은 범죄의식과 무한한 사이버공간이라는 특성으로 인해 디지털성범죄 영상물은 예측할 수 없을 만큼 빠르게 확산되고, 피해자들의 고통은 심화된다. 따라서 사회적 인식의 전환 및 엄중한 처벌만이 디지털성범죄 발생을 방지하고, 피해자들이 일상으로 복귀할 수 있는 길일 것이다.

7. 속칭 듣는 야동 제작·유포도 범죄행위이다

유튜브 등 온라인 사이트상에서 검색이 가능한 콘텐츠의 일종인 '자율 감각 쾌락 반응(ASMR: Autonomous Sensory Meridian Response)'[49] 이 인기를 끌고 있다. 그러나 피부에 와 닿지 않는 어려운 단어인 자율 감각 쾌락 반응(이하 'ASMR'으로 표기)을 통한 음란물 유포도 다양한 형태로 나타나고 있다.

ASMR은 시각적·청각적·촉각적·후각적 또는 인지적 자극에 반응하여 형언하기 어려운 심리적 안정감이나 쾌감 따위의 감각적 경험을 일컫는다. 즉 뇌에 직접적인 자극을 가하는 각종 소리 자료를 제공하여 심리적 안정을 유도하는 음향 콘텐츠이다.

이 ASMR은 주로 심리적 안정감이나 숙면을 취하기 위한 비교적 넓은 음폭의 백색소음(White Noise)이나 말소리 등 일상에서 접할 수 있는 소재를 녹음한 영상을 뜻한다. 파도 소리, 바람이 부는 소리, 연필로 글씨를 쓰는 소리, 바스락거리는 소리 등 그 소재도 다양하다.

이런 음향을 심리적 안정을 위해 찾거나 전시하는 것은 문제 될 것이 없다. 그러나 문제는 성관계 상황을 묘사하는 남성과 여성의 신음소리 등이 담긴 음란한 음향인 일명 '19금 ASMR'이다.

유튜브(YouTube)에서 수험생 등 젊은 층에게 큰 인기를 끌고 있는 ASMR 중에는 다소 선정적이거나 외설적인 내용의 콘텐츠를 쏟아내는 다양한 형태의 유튜버들이 많다. 이런 콘텐츠를 청소년들도 한 번의 클릭으로 접할 수 있다.

성관계 영상인 일명 '포르노물(Pornography)'과는 달리 성관계 상황을 재현하고, 연상시키는 콘텐츠임에도 청소년들이 아무런 제약 없이 접속할 수 있어 심각성을 더하고 있다. 이런 '19금 ASMR'을 제작 또는 배포·전송하는 행위는 현행법상 처벌을 받을 수 있는 법률위반 행위이다.

「정보통신망 이용촉진 및 정보보호 등에 관한 법률」 제74조 제1항 제2호는 "음란한 부호·문언·음향·화상 또는 영상을 배포·판매·임대하거나 공공연하게 전시한 자"를 처벌하고 있다. 즉 일반음란물의 형태로서 '부호·문언·음향·화상·영상'을 규정한 것이다.

판례도 음란물의 형태에 달리 제한을 두지 않고, 그 성질에 대해서만 '노골적인 성적부위·행위의 적나라한 표현'에 해당한다고 보고 있다(대법원 2007도3815). 따라서 ASMR이 노골적인 방법에 의하여 성적 부위나 행위를 적나라하게 표현 또는 묘사한 내용일 경우에는 '음향'의 형태라도 현행법상 '음란물'에 해당함이 타당하다.

아울러 온라인상에서 불특정·다수 이용자가 별다른 제한 없이 콘텐츠를 접할 수 있는 상태라면 '공연한 전시'에 해당된다(대법원 2001도1335). 때문에 음란한 ASMR의 인터넷 사이트상 게시행위는 음란물전시에 해당되어 위 법 제74조 제1항에 의거 1년 이하의 징역 또는 1천만원 이하의 벌금형에 처해질 수 있는 범죄행위이다.

유튜브 등 인터넷 사이트에서 다양한 콘텐츠가 생산되는 것은 바람직한 현상이다. 하지만 내일을 꿈꾸는 우리의 청소년들에게 악영향을 줄 수 있는 듣는 야동과 같은 콘텐츠는 보다 명확한 범위와 기준 하에 강력히 제재할 필요가 있다. 그것이 우리 청소년들에게 건강하고, 밝은 미래를 약속하는 길일 것이다.

8. 척결되어야 할 아동·청소년 이용음란물

대법원은 2018. 9. 19. 여고생에게 돈을 주겠다고 유혹해 스스로 자기 신체를 대상으로 음란동영상을 찍도록 한 피고인에게 중형을 선고했다. 피고인의 행위가 아동·청소년이용음란물 '제작'에 해당한다는 원심형인 징역 2년 6개월과 성폭력 치료프로그램 80시간 이수를 확정했다(2018도9340).

피고인은 2017년 7월 당시 18세인 피해 학생으로 하여금 음란행위 영상 6개를 촬영하게 하여 이를 전송받았다. 그리고 자신이 가지고 있던 음란사진 3장을 학생에게 전송하고, 초등학생 동생의 음란동영상을 촬영하도록 협박했다가 미수에 그친 혐의이다.

유엔마약범죄사무소(UNODC)의 2013년 자료에 의하면 아동·청소년이용음란물은 국제적으로 음란성과 관계없이 대부분의 국가(67%)에서 'Child Pornography'라는 용어를 사용하고 있다. 국내에서도 개념상 음란성을 요구하지 않은 '아동·청소년이용음란물'로 표기하고 있다.

국제인권조약인 UN 아동권리협약 선택 의정서는 아동의 생존과 보호, 발달, 참여의 권리 등을 규정하고 있으며, 아동매매, 아동매춘, 아동 포르노그래피를 금지하고 있다. 유럽평의회(Council of Europe)의 사이버범죄방지협약에도 아동포르노의 제작, 제공, 배포, 전송, 획득, 소지를 금하고 있다. [50]

더 나아가 위 협약에는 성적으로 노골적인 행위를 실연하는 미성년자의 영상 및 미성년자가 실연하는 것처럼 행위 하는 자의 영상, 미성년자가 실연하는 것처럼 보여주는 사실적 영상도 아동포르노물에 포함하고 있다. 국내에서는 아동·청소년대상 성범죄의 처벌과 절차에 관한 특례를 규정하는 「아동·청소년의 성보호에 관한 법률」 제2조제5호에 '아동·청소년이용음란물'을 정의하고 있다.

아동·청소년 또는 아동·청소년으로 명백히 인식될 수 있는 사람이나 표현물에 성교나 유사성교 행위, 신체 전부 또는 일부를 접촉하거나 노출 행위로서 일반인의 성적 수치심과 혐오감을 유발하는 행위, 자위행위를 하거나 그 밖의 성적 행위를 하는 내용을 표현하는 것으로서 필름·비디오물·게임물 또는 컴퓨터나 그 밖의 통신매체를 통한 화상·영상 등의 형태로 된 것을 말한다.

위 법 제11조에 의거 제작·수입 또는 수출한 자는 무기징역 또는 5년 이상의 유기징역, 영리를 목적으로 판매·대여·배포·제공하거나 이를 목적으로 소지·운반하거나 공연히 전시 또는 상영한 자는 10년 이하의 유기징역에 처해진다. 또한 이를 배포·제공하거나 공연히 전시 한 자는 7년 이하의 징역 또는 5천만원 이하의 벌금에 해당한다.

아동·청소년이용음란물을 제작할 것이라는 정황을 알면서 제작자에게 알선한 자는 3년 이상의 유기징역형, 아동·청소년이용음란물임을 알면서 이를 소지한 자는 1년 이하의 징역 또는 2천만원 이하의 벌금에 처해질 수 있다.

1990년대 초반에는 음란물이 음화에서 비디오테이프나 CD로 표출되었으나, 정보통신기술 발달로 2017년에는 성매매사이트 홍보에 비트코인이 이용되는 등 끊임없이 진화하고 있다. 경찰이 유통경로에 대한 지속적인 모니터링을 하면서 음란물의 유통을 근본적으로 차단할 수 있는 방안을 추진하고 있지만 그보다 중요한 것은 사람들의 인식이다.

아동과 청소년을 성인들의 욕망의 대상으로 그린 아동·청소년이용음란물은 잘못된 것이며, 있어서는 안 된다는 확실한 메시지를 사회가 심어 줘야 한다. 도덕적이지 않은 것에는 사회가 강력한 빗장을 채워야 한다. 그것이 우리의 아이들을 악마의 손에서 구해내고, 음란물 피해 당사자들이 평생 지게 될 정신적 고통의 멍에를 차단하는 길이다.

9. 불법촬영물 유포는 없어야 한다

최근(2018년 9월 기준) 인터넷을 이용하여 각종 파일을 저장하고, 내려받을 수 있는 웹하드 및 음란사이트 등에 불법촬영물 유포가 사회문제화되고 있다. 위와 같은 불법촬영물 유포는 불법촬영 성영상물과 아동음란물 유포 등 정보통신망을 이용한 사이버 성폭력 범죄로 발생된다.

특히 한번 유포되면 개인과 개인이 직접 연결되어 파일을 공유하는 P2P(Peer to Peer), 웹하드, 음란사이트 등을 통해 공유하므로 영구적인 삭제가 어렵다. 목숨을 끊어도 '유작'으로 부활되는 사라지지 않은 불법 영상물은 그 폐해가 심각하다. 2018년 8월 말에는 '웹하드·디지털성범죄 특별수사' 청와대 청원이 20만명을 돌파했다.

인간의 영혼마저 파괴할 수 있는 불법 영상물의 촬영 및 유포 등의 디지털성범죄(Digital Sex Crimes)는 2012년 2,400건에서 2017년에는 6,470건으로 급증되는 추세이다. 촬영 또는 유포 등의 적발되지 않은 범죄행위가 상당함을 예상하면 그 수치는 훨씬 높을 것이다.

현재 경찰청에서는 인간의 존엄을 파괴할 수 있는 불법촬영물 유포행위를 단속하고, 공급을 차단하여 건전한 사이버공간을 조성하고 있다. 유포행위로 인한 범죄수익을 추적하여 환수하고, 유통플랫폼(Distribution Platform) 수사를 통해 불법촬영물 유통구조를 원천차단 중이다. 해외기반 유통플랫폼도 국제공조 수사를 통해 운영자를 검거하고, 해당 사이트도 폐쇄하고 있다.

웹하드나 음란사이트, 커뮤니티사이트 등 불법촬영물 유통플랫폼, 그리고 유통플랫폼과 유착된 불법촬영물을 마구 올리는 헤비업로더(Heavy Uploader)와 불법촬영물 등을 정리해주는 디지털장의사(Digital Undertaker)[51] 등의 유통카르텔(Cartel)도 집중 단속대상이다.

불법촬영물을 게시하거나 판매, 교환, 임대, 제공 형태의 유포행위와 이를 박제(캡처)하거나 게시 등 재유포행위도 대상이다. 불법 촬영과 관련한 편취와 갈취행위, 그리고 편취와 갈취를 조장하는 행위도 포함된다.

피해자 동의 없이 찍은 불법촬영물을 유포한 경우에는 「성폭력범죄의 처벌 등에 관한 특례법」 제14조(카메라 등 이용한 촬영)에 의거 5년 이하의 징역 또는 일천만원 이하의 벌금에 처해진다. 또한 피해자가 촬영에 동의했더라도, 촬영물을 유포한 경우에는 3년 이하 징역 또는 500만원 이하의 벌금형을 받을 수 있다.

영리목적으로 정보통신망 등을 이용하여 피해자 의사에 반해 불법촬영물을 유포한 행위는 위 같은법에 의거 7년 이하 징역 또는 삼천만원 이하 벌금의 중형에 처해질 수도 있다.

경찰청은 불법영상 촬영이나 유포행위에 대해서도 범죄신고 보상금을 지급하고 있으며, 불법촬영 범죄가 의심된다면 112나 여성긴급전화(1366), 또는 사이버경찰청(cyberbureau.police.go.kr), 스마트 국민제보앱으로 신고하면 된다.

불법촬영물은 단순한 재미나 장난이 아니라 피해자가 분명히 존재하는 '범죄 영상'이고, 이의 유포나 재유포는 범죄자 신상이 공개될 수 있는 중대한 성범죄이다. 이와 같은 범죄예방을 위해서는 불법영상물을 웹하드 등에서 내려 받지 않아야 하고, 또한 시청도 하지 않아야 하며, 유포행위는 명백한 범죄임을 명심해야 한다.

불법촬영물 유포는 피해자의 성적자기 결정권을 침해하고, 영혼마저 파괴하는 매우 중한 범죄행위이다. 이는 인간 존엄성에 대한 사이버테러이기에 불법촬영물 유포행위자들에 대한 강력한 단속과 중한 처벌로 빗장을 채워야 한다.

10. 불법촬영물은 인간존엄에 대한 테러다

최근(2018년 7월 기준) 불법촬영 및 유포행위에 대한 국민들의 불안과 분노가 대규모 시위형태로 표출되는 등 정부의 강력한 대책을 요구하는 목소리가 높아지고 있다. 2018년 5월 답변요건을 충족한 청와대 국민청원 11건 중 4건이 불법촬영물 촬영 및 유포범죄에 대한 엄정한 대응을 촉구하는 내용이다.

불법촬영물 유포 등 대여성 악성범죄는 해마다 꾸준히 증가추세이다. 불법촬영 적발건수는 2013년 4,823건에서 2017년에는 6,470건으로 연평균 7.6% 증가하고 있어 사회적 이슈이다. 옛날에 살인, 강도, 밀수나 방화 같은 강력범죄가 있었다면 이제는 몰래카메라(Hidden Camera) 범죄나 가정폭력, 데이트폭력 등이 증가한 것이다.

예전에는 일반카메라 또는 변형카메라를 이용해 타인의 신체를 촬영하는 범죄가 주를 이루었다면 요즘은 스마트폰 카메라를 이용한 몰래카메라 범죄 등 불법촬영물이 기승을 부리고 있다. 무엇보다 촬영한 영상을 인터넷에 유포함으로써 피해자는 더욱 큰 상처를 받게 된다. 정부는 이를 인간의 영혼마저 파괴할 수 있는 디지털 성범죄(Digital Sex Crimes)로 규정하고, 강력하게 대처하고 있다.

2018. 6. 15. 행정안전부와 경찰청 등 5개 부처가 대국민 메시지를 발표했다. 불법촬영 범죄로 고통 받는 여성들의 공포와 분노에 깊이 공감하여 불법촬영이 완전히 근절될 수 있도록 모든 수단과 자원을 동원하고 있다.

단속 주체인 경찰에서는 불법촬영물(일반음란물 포함)에 대하여는 광범위하고, 일상적인 유포의 통로가 되고 있는 '공급망'을 집중 단속중이다. 특히 아동·청소년 이용 음란물(아동음란물)에 대하여는 판매·배포·소지 사범에 대한 공급자 및 수요자를 전방위로 단속하고 있다.

美 국토안보수사청(HSI) 등 해외 수사기관과 공조를 통한 초국가적으로 단속하고, 위장형 카메라 불법유통행위 단속도 병행중이다. 여성가족부의 '디지털성범죄 피해자 지원센터'[52] 및 방송통신심의위원회의 '디지털성범죄 대응팀'[53]과 연계하여 피해자 보호 및 신속한 차단과 삭제도 하고 있다.

불법으로 촬영하거나 유포 등의 불법촬영물 범죄 증가를 막기 위해서는 강력한 처벌도 필요하다. 대법원 자료에 의하면 몰래카메라 범죄자들의 재판결과 벌금형, 집행유예 등으로 풀려난 비율이 90%에 이른다고 한다. 좀 더 강력한 형사처벌을 하여 몰래카메라 범죄자들에 대한 강력한 빗장을 채워야 한다.

타인의 신체를 의도적으로 촬영하고, 이를 인터넷에 유포 또는 협박하는 행위는 명백한 범죄이다. 그리고 촬영물을 유포 또는 유포 협박뿐만 아니라 사이버 괴롭힘과 합성사진 등도 디지털범죄에 해당한다. 만약 내가 다른 사람에게 피해를 주는 행동을 하고 있다면 스스로 자제하여 꼭 법을 통해서가 아닌 의식전환으로 깨끗한 사회를 구현해야 한다.

몰래카메라 등에 의한 불법촬영을 하거나 촬영된 영상의 유포사범은 타인의 성적자기결정권 침해행위가 얼마나 큰 범죄인지 인식의 전환도 필요하다. 몰래카메라는 신체 접촉은 없지만 명백한 성범죄이고, 인간의 존엄성에 대한 사이버테러이기에 불법촬영물 등 유포행위자들에 대한 강력한 단속과 중한 처벌이 필요한 이유다.

11. 중한 처벌이 필요한 몰래카메라 촬영 범죄

최근(2018년 7월 기준) 홍대 누드모델 몰래카메라(이하 몰카) 사건을 규탄하는 집회는 정부가 '몰카와의 전쟁'을 촉진시키는 촉매제가 되었다.

각종 몰카 영상이 인터넷 커뮤니티를 통해 퍼지면서 여성들 사이에 '몰카 공포'가 커지고 있는 상황에서 '언제, 어디서나' 몰카 범죄의 피해자가 될 수 있다는 불안감과 함께 확산되는 세태에 대한 분노가 표출됐다.

실제로 몰카 범죄는 증가추세다. 경찰청의 '카메라 등을 이용한 촬영 범죄 현황'에 따르면 2012년 2,400건이었던 몰카 범죄는 2015년 7,623건으로 증가했다. 2016년에는 5,185건, 2017년에는 6,470건으로 나타났다. 피해자의 수치심과 자괴감으로 미신고 된 음성 수치도 상당할 것으로 예상이 된다.

정부는 2018. 6. 15. '불법촬영 범죄를 근절하고, 안전한 사회를 만들기 위한 특별 메시지'[54]를 발표했다. 정부가 디지털 성범죄 피해의 심각성을 어떤 현안보다 중대하게 인식하고, 비장한 각오로 정책을 추진하겠다는 각오를 밝힌 것이다.

물통형 카메라, 단추형 카메라 등 누구나 손쉽게 구입해 불법 촬영에 악용할 수 있는 변형카메라에 대한 등록제를 도입하고, 인공지능, 빅데이터를 활용한 불법영상 실시간 차단기술도 개발하고 있다. 해외 사이트에 불법 영상물을 유포하는 자도 해외 수사기관과 적극 공조해 필히 처벌하겠다고 밝혔다.

또한 특별재원 50억을 지자체에 지원해 '몰카' 탐지기를 대량 확보하고, 범죄우려가 높은 지역의 공중화장실부터 상시 점검을 펼칠 예정이다. 초·중·고교에도 불법 촬영 탐지장비를 보급하는 한편 예방교육에도 힘쓸 예정이다. 대학도 탐지장비를 자체적으로 확보해 상시적으로 점검하는 체계를 갖추기로 했다.

몰카 촬영은 「성폭력범죄의 처벌 등에 관한 특례법」 제14조에 명시된 범죄 행위로, 5년 이하의 징역 또는 일천만원 이하의 벌금에 처해진다.[55] 촬영한 사진이나 영상을 판매·제공하면 같은 법의 통신매체를 이용한 음란행위[56] 또는 「정보통신망 이용촉진 및 정보보호 등에 관한 법률」을 위반한 명예훼손이나 음란한 영상 배포 등으로 징역형이나 벌금형을 받을 수 있다. 성범죄 알림 사이트를 통해 주소, 나이가 공개되는 수모도 겪을 수 있다.

그럼에도 한층 더 치밀해진 몰카가 판을 치고 있다. 초소형 카메라와 SNS의 발달로 촬영에서 유포까지 걸리는 시간은 점점 단축되고 있다. 몰카 범죄가 성행하는 시설물 관계자는 몰카 탐지기를 설치하는 등의 노력을 해야 한다. 경찰은 성범죄 특별단속을 강화하고 있으며, 무관용 원칙을 적용해 단 한차례만 촬영해도 형사처벌을 하고 있다.

피해자 주변에 가해자가 있어도 몰래 신고할 수 있는 '112 긴급신고 앱'[57]의 활용을 권장한다. 타인의 성적자기결정권을 침해하는 게 얼마나 큰 범죄인지 인식의 전환도 필요하다. 몰카는 신체접촉은 없지만 명백한 성범죄이기에 몰카 범죄자들에 대한 처벌 수위도 높아져야 한다.

12. 은밀해진 독버섯 사이버 유해물

정보통신기술(ICT)의 발달로 인해 우리생활은 극도로 편리해졌다. 첨단 인터넷 환경과 스마트폰 등 정보통신기기의 신기술 개발로 그 편리성과 효율성은 더욱 확대될 것이다. 그러나 이런 정보통신기술 발달은 순기능만 제공하는 것이 아니라 그에 못지않은 다양한 역기능도 나타나고 있다. 바로 음란물 유포 등 사이버범죄다.

해외에 서버를 둔 음란사이트 등 차단은 2015년 3만7,000여 건에서 2016년에는 89% 급증한 7만3,000여 건으로 나타났다. 텀블러(Tumblr) 등 블로그, SNS에서도 음란물이 넘치고 있다.

인터넷을 통한 음란물의 유포 방식은 갈수록 다양화·은밀화되고 있으며, 단속을 피하기 위해 해외서버를 이용하는 등 지속적인 확산 추세다. 특히 아동음란물은 사회적 약자인 아동·청소년에 대한 성적학대와 착취의 대표적 범행으로 왜곡된 성인식과 비정상적 가치관을 조장할 수 있다. 때문에 경찰에서는 100대 국정과제의 하나인 사회적 약자 보호를 위해 SNS, 채팅앱 모니터링을 통한 아동음란물 단속강화와 제작·유통하는 행위를 집중 단속해 근절하고 있다.

특히 음란물의 주인공이 아동이나 청소년이라면 음란물 유포자와 소지자는 「아동·청소년의 성보호에 관한 법률」에 의거 처벌을 받으며, 정보통신망을 이용해 이름 등 신상이 공개되거나 취업이 제한될 수도 있다. 일반음란물은 게시자만 처벌하지만 아동 음란물은 소지만 해도 처벌이 되는 중한 범죄행위다.

이 법은 아동·청소년을 대상으로 성범죄를 저지른 행위자에 대한 처벌을 규정하고 있으며, 범죄의 대상이 성인이 아닌 아동과 청소년이기 때문에 중한 처벌을 받는다.

아동·청소년음란물 제작·판매·배포·소지·상영행위, 포털·카페 등을 통한 개인간 또는 다자간 음란물의 배포·전시행위가 단속대상이다. 또한 웹하드, P2P 등 전기통신역무를 이용한 음란물 배포행위, 스마트폰·태블릿PC를 이용한 음란물 배포·전시행위 등 정보통신매체 전반에 대한 근본적인 단속이다.

포르노 등 음란물은 단 한편도 합법적으로 제작할 수 없는 국내임에도 많은 음란물이 제작·유포되고 있다. 대부분 일반인들이 디지털카메라 및 스마트폰, 화상채팅으로 촬영한 비영리 콘텐츠로써 ICT 강국이라는 화려한 수식어 뒤에 숨은 부끄러운 맨얼굴이다.

경찰의 단속은 인터넷상 음란물 범람에 따른 왜곡된 성 가치관의 형성으로 아동 청소년 상대 반인륜적 무차별적 성범죄 발생을 예방하고, 살인 및 사체유기까지 이어지는 아동·청소년에 대한 성범죄를 줄이는 효과가 예상된다. 음란물을 실시간 감지해서 자동으로 차단하는 인공지능(AI)

신기술도 적극 활용할 필요도 있다.

경찰은 유통경로에 대한 지속적인 모니터링을 하면서 해외 음란물의 국내 유입을 근본적으로 차단하고자 노력하고 있지만 가장 중요한 것은 사람들의 인식이다. 아동과 청소년을 성인의 욕망 대상으로 그린 아동음란물은 크게 잘못된 것이며, 있어서는 안 된다는 확실한 메시지를 사회가 심어줘야 한다.

도덕적이지 않은 것에는 사회가 강력한 빗장을 채워야만 우리의 아이들을 악마의 손에서 구해내는 길이다. 또한 인터넷과 스마트폰 이용확대로 청소년의 성인물 이용이 보편화되면서 매우 우려되는 정신건강을 건전하게 되살려야 한다.

건전한 사이버공간을 조성하기 위해서는 네티즌들의 윤리의식이 큰 문제로 지적된다. 때문에 어렸을 때부터 인터넷 윤리교육을 강화해 안전한 사이버공간을 조성하는 노력도 필요하다.

13. 워터파크 몰카! 당신이 피해자라면

최근(2015년 8월 기준) 국내의 한 워터파크 샤워실 등에서 촬영된 '몰래카메라(이하 몰카)' 영상이 인터넷 커뮤니티를 통해 퍼지면서 여성들 사이에 '몰카 공포'[58]가 커지고 있다. 언제, 어디서나 몰카 범죄의 피해자가 될 수 있다는 불안감과 함께 몰카가 확산되는 세태에 대한 분노도 커지고 있다.

다행히 불특정 다수 여성들의 신체를 무방비로 촬영한 '워터파크 몰카녀'는 경찰의 영상분석과 통신수사에 의해 「성폭력범죄의 처벌 등에 관한 특례법」 위반 등 혐의로 체포됐다. 이 사건은 수사 초기 어려움을 겪기도 했으나 국민들에게 경악을 끼친 대규모 피해사건을 속히 해결하겠다는 모든 수사팀의 의지와 경찰관들의 지원 아래 신속한 검거가 가능했다.

몰카를 이용해 여성의 신체를 촬영하는 범죄는 5년 사이 무려 6배나 증가했다. 갈수록 촬영장비가 교묘해지면서 지난 2009년에는 807건이었던 몰카 사범 적발건수는 지난해 4,800건으로 급증했다. 피해자가 몰카에 찍혔는지를 알지 못하는 경우가 많은 점을 감안하면 실제 몰카 범죄는 이보다 많을 것으로 추정된다. 개인의 사생활이 무방비로 노출되면서 이에 따른 불안감은 점점 커지고 있다.

몰카 범죄는 워터파크, 해수욕장, 노상, 화장실까지 때와 장소를 가리지 않고 기승을 부린다. 카메라가 작아지고 종류가 다양해지면서 수법은 점점 더 교묘해지고 있다. 몰래 찍은 영상 등은 소셜네트워크서비스(SNS)를 통해 순식간에 전세계로 퍼진다.

동영상의 화질도 좋기 때문에 피해자의 신분이 노출될 위험도 크다. 눈에 보이지도 않는 몰카 공포로 2차 피해도 급증하고 있다. 급속히 확산되는 동영상 배포를 막는 일조차 속수무책이다.

2015. 8. 19. 동료 여성의 책상 밑에 소형카메라를 설치해 실시간으로 훔쳐본 혐의로 경기도의 한 시설공단 직원이 경찰 조사를 받았다. 앞서 17일에는 보행하는 여성들을 뒤쫓아 다니며 5분간 몰카 130여장을 찍은 남성이 체포됐다.

이미 시중에 나온 몰카 종류는 100가지가 넘으며, 최근에는 스마트폰 간이 충전기 모양의 몰카까지 나왔다. 매년 신제품이 2~3개씩 출시되고, 각종 생활용품에 접목되는 등 점점 교묘해지고 있다. 가격도 10만원에서 50만원까지 천차만별이다.

몰카 촬영은 「성폭력범죄의 처벌 등에 관한 특례법」 제14조에 명시된 범죄 행위로 5년 이하의 징역 또는 일천만원 이하의 벌금에 처해진다. 촬영한 사진이나 영상을 판매·제공하면 같은 법의 통신매체를 이용한 음란행위 또는 「정보통신망 이용촉진 및 정보보호 등에 관한 법률」을 위반한 명예훼손 및 음란한 영상 배포 등으로 징역형이나 벌금형을 받을 수 있다. 성범죄 알림 사이트를 통해 주소, 나이가 공개되는 수모도 겪을 수 있다.

그럼에도 한층 더 치밀해진 몰카가 판을 치고 있다. 초소형 카메라와 SNS의 발달로 촬영에서 유포까지 걸리는 시간은 점점 단축되고 있다. 몰카 범죄가 성행하는 시설물 관계자는 몰카 탐지기를 설치하는 등의 노력을 해야 한다. 경찰은 휴가철을 맞아 성범죄 특별단속을 강화하고 있으며, 무관용 원칙을 적용해 단 한차례만 촬영해도 형사처벌을 하고 있다.

피해자 주변에 가해자가 있어도 몰래 신고할 수 있는 '112 긴급신고 앱' 활용을 권장한다. 타인의 성적자기결정권을 침해하는 게 얼마나 큰 범죄인지 인식의 전환도 필요하다. 또 몰카는 신체 접촉은 없지만 명백한 성범죄로, 몰카 범죄자들에 대한 처벌 수위도 높아져야 한다.

14. 아동음란물을 보는 사람들에게

2014년 1월 법무부가 한국형사정책연구원에 의뢰해 성폭력범죄수형자 288명(13세 미만이 87명)과 일반인 170명을 대상으로 조사해 발표한 '아동음란물과 성범죄의 상관관계연구' 보고서를 발표했다. 이 보고서에 따르면 "성범죄 범행직전(최대 7일전)에 아동 음란물을 본적이 있다"고 답한 아동 성범죄자는 16%로 일반성범죄자(7%)보다 2배 이상으로 많았다.

또 성범죄자들은 일반인에 비해 평소 아동·폭력 음란물을 집중적으로 찾아보는 '고사용군'이 많은 것으로 나타났다. 성범죄자들은 아동음란물을 보려고 PC방이나 유료 성인사이트를 적극 이용했다. 최근에는 스마트폰의 보급 확장으로 아동음란물을 비롯한 일반 음란물의 접속도 시간과 장소의 구분 없이 가능하다.

2013년 3월 「아동·청소년의 성보호에 관한 법률」이 개정되면서 우리나라도 아동음란물 유통에 대한 엄격한 기준이 마련됐다. 판매·대여·배포하거나 이를 전시·상영할 경우 7년 이하의 징역을 받는다. 단순히 갖고 있기만 해도 이천만원 이하의 벌금을 받는다. 물론 아동음란물인지 모르고 실수로 다운받았다가 곧바로 삭제한 경우는 제외한다.

아동음란물을 규정하는 내용도 엄격해졌다. 아동이나 청소년이 등장하는 경우뿐 아니라 출연자가 교복을 착용하여 아동이나 청소년으로 명백히 인식된 내용도 해당된다(그러나 현재(책 편집 시)에는 등장인물이 아동·청소년 또는 아동·청소년으로 명백히 인식될 수 있는 아동이나 청소년으로 이해되는 경우로 엄격히 제한하고 있다).

경찰은 2013년 5~10월 인터넷 음란물에 대한 집중단속을 펼쳤다. 총 6,417명을 검거했으며, 이중 27.3%(1758명)가 아동음란물 때문에 검거되었다. 1758명 중 500여 명은 영리목적으로 제작·배포한 사람들이었고, 나머지는 다운로드해 소지한 사람들이었다.

아동·청소년이용 음란물을 제작하거나 판매·대여·배포·소지 등에는 강력한 빗장을 채워야 한다. 강력한 단속과 중한 처벌로 뿌리를 뽑아야 한다.

사이버
금융사기

1. 날로 지능화하는 불법사금융 피해 막아야

대한민국은 정보통신기술(ICT) 강국답게 가상화폐 투자를 가장한 보이스피싱을 비롯해 다양한 유형의 불법사금융 피해가 발생하고 있다. 경기불황으로 인한 미등록 대부나 불법 대부광고, 대출사기 등 수법도 날로 진화해 고도화되었다.

2019. 10. 11. 금융감독원 보도자료에 의하면 불법사금융 피해 제보 및 문의는 매년 10만건을 초과한 것으로 나타났다. 2016년 11.8만건, 2017년 10만건, 2018년 12.5만건이나 된다. 특히 2018년에는 전년 대비 25%나 증가했다.

불법사금융 유형은 법정이자율 초과, 미등록 대부, 불법 채권추심, 불법대부광고, 대출사기, 보이스피싱, 불법 중개수수료 등 다양하다. 불법사금융 피해를 당하지 않기 위해서는 유형별 기본개념 숙지가 중요하다.대부이자율은 2019년 6월 현재 등록대부업자에게 적용되는 최고 이자율은 연 24%이다. 2002년 이전에는 최고 이자율 제한이 없어 과거에 대출된 자금은 계약당시 이자율을 확인해야 한다.

대부(중개)업을 하는 자는 관할 지방자치단체나 금융위원회에 등록하여야 하며, 등록 여부는 금융감독원 서민금융1332 홈페이지(http://www.fss.or.kr/s1332)에서 확인할 수 있다. 불법채권 추심은 채권추심자가 주말이나 공휴일 심야시간(PM 9시~익일 AM 8시)에는 제한하는 등 준수하여야 할 사항은「채권의 공정한 추심에 관한 법률」에 상세히 규정되어 있다. 불법 채권추심은 추심자가 위반행위를 부인하는 경우가 많아 통화내역이나 사진, 목격자 진술 등 증거확보가 필수다.

대부업에 대한 광고는 대부업자나 여신금융회사만 할 수 있어 미등록대부업자의 광고는 불법이다. 전단지나 문자, 펙스, SNS 등을 통한 대부광고 중 상호 및 등록번호를 도용하거나 필수 표시사항을 포함하지 않은 광고도 있다. 광고에 사용된 전화번호는 등록사항이고, 미등록 전화번호 사용은 법위반이다.

대출사기는 금융회사 등을 사칭한 사기범이 휴대폰 등을 통해 대출상담이나 대출알선을 미끼로 피해자에게 접근해 금전을 편취하는 수법이다. 신용등급 조정이나 대출수수료, 기존대출 상환 등 비용을 대포계좌로 이체 받아 잠적해 피해금 회수도 쉽지 않다.

보이스피싱은 전화로 상대방을 기망해 신용카드 정보나 계좌정보 등을 불법적으로 알아내어 이를 악용하는 금융범죄이다. 전화금융사기 또는 전기통신금융사기라고도 하는 이 범죄수법은 꾸준히 진화해 발생되며, 비교적 고액인 피해금이 해외로 송금되는 금융범죄이다.

SNS 등 메신저를 이용한 메신저피싱, SNS로 소액결제를 유도하거나, 스마트폰에 악성코드를 심어 결제정보를 편취하는 스미싱, PC에 가짜사이트로 유도하는 악성코드를 심어 정상적인 주소로 접속해도 가짜사이트로 연결해 보안카드번호나 비밀번호 등을 입력하게 하는 파밍도 있다.

금융회사의 정상 홈페이지에 접속해도 별도의 개인정보 입력을 요구해 정보를 탈취하는 메모리해킹, 이메일을 해킹하거나 악성코드를 첨부한 이메일을 전송해 정보를 빼가는 스피어피싱, 스마트폰 채팅앱으로 화상

채팅(몸캠)을 유도해 피해자의 음란행위를 녹화해 이를 지인에게 유포하겠다면서 금전을 갈취하는 몸캠피싱 등 다양한 유형의 피싱 사기도 발생되고 있다.

위와 같은 불법사금융이나 피싱 등으로 사기범에게 속아 금원을 이체했을 경우에는 신속하게 피해금 지급정지를 요청해야 한다. 피해금이 입금된 계좌가 지급정지 되면 사기범이 해당 계좌로부터 금원인출이 불가능해 피해회복이 용이하다. 불법사금융 등 각종 금융사기에 이용되는 대포통장은 어떠한 경우에도 제공을 해서는 안된다. 대포통장이 범죄에 이용되면 형사처벌을 포함한 민사와 금융기관 거래제한을 받는다.

금융기관의 책임강화도 절실하다. 금융사기나 사고로 발생된 금융회사별 피해규모를 공개하여 고객들로 하여금 피해 정보를 알고서 안전하고, 사고가 적은 금융회사를 이용할 권리를 제공해야 한다. OTP와 공인인증서 사용을 강조하면서 국민에게 책임을 전가시키는 금융거래 방식의 재고도 필요하다.

2. 사기 등 지능범죄 증가 원인과 대책

경찰청이 발간한 2018 범죄통계에 의하면 2018년 발생한 전체 범죄 발생건수는 158만751건으로 집계됐다. 이는 2017년 166만2,341건보다 약 4.9% 감소했다. 발생건수는 2014년 177만8,966건에서 2015년 186만1,657건으로 늘었다가 2016년부터 2018년까지 3년 연속 감소했다.

강력이나 폭력, 절도범죄 등은 전년 대비 감소했으나 사기 등 지능범죄 발생건수는 34만4,698건으로 전년 30만2,466건보다 약 14% 증가했다. 특히 금융사기 등 사기범죄 발생건수는 27만29건으로 집계됐다. 이는 2017년 23만1,489건보다 16.6% 이상 증가했다. 2015년부터 해마다 감소했던 사기범죄가 4년 만에 다시 증가한 것이다.

전체 범죄발생 건수는 해마다 줄고 있는 가운데 사기와 같은 지능범죄는 두 자릿수 이상 급증했다. 이 같은 지능범죄 급증은 경기불황으로 인한 서민을 대상으로 한 대출사기 등 전화금융사기와 소액 금융사기 등의 증가에 따른 것으로 분석된다. SNS와 인터넷을 이용한 사기 및 각종 피싱범죄 등 금융사기도 계속 증가하고 있다.

사기수법이 지능화하고, 고도화되면서 상대적으로 강도나 살인 등 강력범죄는 해마다 감소하고 있다. 요즘은 신용카드나 폰뱅킹(Phone Banking) 등 결제수단의 발전으로 예전처럼 현금 지참도 흔치 않다. 발생된 강도나 절도범 등은 CCTV나 블랙박스 등 정보통신매체를 이용한 수사기법 개발로 거의 검거되고 있다.

경찰은 증가하는 지능범죄를 수사하기 위해 지능범죄수사팀을 운영하고 있다. 지능범죄는 금융범죄를 비롯한 공무원 비리나 선거사범, 기업비리 등 각종 형사 법률에 근거한 다양한 내용의 범죄를 수사하고 있다. 피해자 또는 관련기관이나 단체 등의 고소와 고발, 첩보 등에 의해 수사관이 스스로 범죄를 인지하는 등 범죄수사 단서도 다양하다.

지능범죄는 범죄자의 두뇌를 위법행위로 돌려 범죄를 계획하고, 실행하는 지적범죄이며, 일명 화이트칼라범죄(White Collar Crime)라고도 한다. 횡령과 배임, 증수뢰, 탈세 등 경제법규 위반과 각종 인허가, 보험범죄 등 형법을 포함한 특별법의 의무와 금지행위위반 등 다양한 범죄가 포함된다. 최근에 많이 발생하는 컴퓨터 등 정보통신망을 이용한 금융사기 범죄도 이 분류에 해당된다.

2019년 10월 현재 대한민국의 법률은 1,454건이다. 형사처벌이 가능한 법률 중 경찰에서는 지능범죄 등 범죄유형별로 구분하여 매년 범죄통계를 집계하고 있다. 경찰청의 범죄통계 죄명분류는 '지능범죄' 등 대분류 15개, 지능범죄 중 '중수뢰' 등 중분류 39개, 중분류 중 '뇌물수수' 등 소분류 467개로 분류하고 있다. 이 중 상당수 범죄유형을 지능범죄수사팀에서 수사하고 있다.

다중을 대상으로 한 투자 사기나 다단계 등 경제범죄는 국가경제를 혼란시키고, 정치와 사회, 행정에 대한 불신을 초래하는 등 그 해악성도 크다. 주로 일반국민이 피해자인 지능범죄자는 살인이나 강도와 달리 죄악감도 적게 느낀다. 서울 강남의 '버닝썬' 사건과 같은 대형 지능범죄 사건은 많은 수사력이 투입되며, 수사기간도 장기간 소요된다.

이런 지능범죄는 사건처리에 있어서 때로는 법률위반 행위판단(위법과 합법의 구별)이 어려워 형사절차의 다툼이 발생되거나, 범죄를 입증할 증거인멸로 소추가 어려울 수도 있다. 종래 범죄는 빈곤이나 정신장해를 포함한 주변 환경 등이 범죄원인으로 지목되기도 했다. 그러나 현대와 같은 복잡한 사회구조에서는 다양한 법률위반 행위가 범죄로 나타나고 있다. 특히 세계 최고로 발생률이 높은 금융범죄 등 사기는 피해회복이 더디거나 이루어지지 않을 수도 있다.

범죄는 나를 피해가지 않으며, 누구나 범죄의 표적이 될 수 있다. 범죄피해자 보호와 신속한 피해회복은 관련법률 제정과 개정 등 정책적 문제로 짚어 봐야 한다. 범죄를 예방하고, 수사하기 위한 조직신설과 인력증가에 따른 국가예산 투입 등은 절대적으로 필요하다. 발생이 두 자릿수로 증가는 지능범죄는 정보화 등 사회 환경에 편승해 계속 증가가 예상되기에 경계해야 한다. 그러나 무엇보다 중요한 것은 내 자신이 범죄피해자나 범죄자가 되지 않는 것이다.

3. 서민을 불안, 불신, 불행하게 만드는 사기범죄

경찰청의 '2018 범죄통계'에 의하면 지난해 사기범죄 발생건수는 27만

29건으로 전년(23만1,489건)보다 16.6% 증가했으며, 검거건수도 20만 2,300건으로 전년(18만3,974건)보다 10% 늘어난 것으로 나타났다. 매년 전체범죄는 감소하고 있으나 사기범죄는 증가하고 있는 것이다.

일상생활 곳곳에서 발생하는 사기범죄는 국민의 삶을 피폐화시키고, 사회 불안감을 조성하여 사회통합을 저해하고 있다. 전화금융사기를 비롯한 피싱사기와 인터넷 물품사기, 취업이나 전세계약을 빙자한 생활사기, 그리고 불법사금융과 보험사기가 포함된 금융사기가 이에 해당한다.

불특정 다수의 국민들을 대상으로 막대한 피해를 입히는 대표적인 서민경제 침해범죄인 전화금융사기나 메신저 피싱 등 피싱사기는 서민경제의 근간을 위협하고 있다. 2006년 최초 발생한 전화금융사기는 2019년 상반기 기준 19만7천여건이 발생되었으며, 피해금도 약 2조원에 이른다는 통계이다.

우리 주변에서 일상적으로 행해지는 온라인 거래나 취업, 전세계약 등에서 사회적 약자들의 곤궁함을 악용해 발생하는 생활사기는 국가 시스템에 대한 사회적 신뢰를 저해한다. 통계청은 2019년 1분기 온라인쇼핑 규모가 전년 대비 17.5% 상승한 31조 4,351억원으로 발표했다. 이에 편승해 인터넷사기 발생건수도 2019년도 상반기 기준 전년 동기 53,706건보다 21.5% 상승한 65,238건이 발생했다.

최근 취업여건이 어려운 가운데 구직자를 대상으로 한 취업사기 범죄증가도 우려된다. 취업포탈사이트의 설문조사결과 26%의 구직자가 취업사기 피해를 경험한 것으로 나타났다. 서민들이 전 재산을 잃고, 피해회복 또한 어려워 개인 뿐 아니라 지역 내 사회문제로까지 비화되는 전세사기도 경계해야 한다. 건물주로부터 월세계약을 위임받고도 전세계약을 체결해 세입자 199명을 상대로 보증금 100억원을 편취한 공인중개사 등이 경찰에 검거되기도 했다.

신용이 낮은 자나 청소년 등 경제적 약자들을 대상으로 한 유사수신과 대부업 등 불법 사금융은 경제 질서를 훼손하는 금융사기이다. 조직적 범행으로 다수의 피해자들에게 막대한 경제적 손실을 가져오는 불법사금융도 근절되어야 한다.

보험금 누수로 인한 사회적 비용증가와 금융시스템의 불신을 야기하는 보험사기는 대표적인 금융범죄이다. 선량한 다수의 국민들에게 경제적 부담을 야기하는 보험사기 발생건수는 2019년 상반기에 1,585건이 발생하여 전년(1,458건) 대비 8.7% 상승했다. 2015년 보험연구원은 2014년 보험사기 규모는 4.5조원으로 추정했다. 이는 1가구당 23만원의 보험료를 추가로 부담하게 한 것이다. 최근에도 당 수사팀에서는 실손 보험 지급요건에 맞게 진료내역을 조작해 환자부담금을 줄여주는 방법으로 환자를 유치한 병원장과 허위 진료내역서를 보험사에 제출하여 보험금을 편취한 사범을 단속하기도 했다.

현재 경찰은 피싱사기와 생활사기, 그리고 금융사기 등을 강력 단속하고 있다. 경찰은 이 범죄유형이 서민을 불안하고, 불신하며, 불행하게 만드는 '서민 3不' 사기범죄로 규정하고, 건전한 거래행위와 사회 구성원 간 신뢰를 회복하여 서민경제 및 거래안전을 위해 수사력을 투입한 것이다. 사기범죄로 인한 피해는 피해금 회수가 우선이다. 2019. 8. 20. 개정되어 시행되는 「부패재산몰수법」은 전화금융사기나 유사수신, 불법다단계에 의한 범죄수익도 포함된다. 적극적인 몰수와 추징보전으로 피해자에 대한 구제도 극대화해야 한다.

사기범죄의 근본적인 근절을 위해서는 금융이나 통신 분야 등 범죄 이용 수단에 대해 강한 규제가 요구된다. 전화금융사기 피해예방을 위해서는 100만원 이상 이체 시 적용하는 지연 인출시간을 현행 30분에서 1시간 이상으로 늘리고, 해외 IP 사용시 '해외'에서 발신 되었다는 메시지를 전화에 현출하는 공학적 조치도 필요하다.

인터넷 사기는 「통신사기피해환급법」을 개정해 피해금 지급정지로 환급이 가능해야 한다. 불법사금융은 불법대부계약에 대해서는 원금이나 이자 지급의무를 면제해 주는 방법으로 피해자를 보호해야 한다. 메신저피싱으로 사용된 상품권은 판매업체와 협조하여 사용처나 실사용자 추적이 가능해야 하는 등 법률이나 제도개선도 필요하다.

사기 등 다양한 지능범죄는 경제 불황과 스마트폰의 대중화, 그리고 인터넷 등 정보통신기술 발전으로 진화했다. 사기범죄는 개개인이 경각심을 갖고서 범죄 피해자가 되지 않도록 주의함이 최선이다. 범인을 검거해도 피해회복을 담보할 수 없는 것이 현실이다.

4. 휴가철 인터넷사기 예방

2019. 7. 3. 통계청이 발표한 '2019년 5월 온라인 쇼핑 동향'에 따르면 5월 온라인 쇼핑 거래액은 11조2,637억원으로 나타났다. 이 수치는 1년 전보다 19.8%(1조8,586억원) 증가해 2001년 1월 집계 이후 역대 최고치다. 온라인 쇼핑 거래액이 11조원을 넘어선 것은 3월 11조2,202억원에 이어 두 번째다.

모바일 쇼핑 거래액도 7조1,450억원으로 전년 대비 25.9% 증가했으며, 온라인쇼핑 거래액 중 모바일쇼핑 거래액 비중은 63.4%로 나타났다. 통계청은 이와 같은 증가원인을 1인 가구 증가와 여름 성수용품인 에어컨과 선풍기, 그리고 실내 공기를 순환시키는 서큘레이터(Air Circulator) 등 냉방 가전제품 구입의 증가로 분석했다.[59]

이 같은 온라인 쇼핑 금액의 향상은 인터넷을 이용한 개인과 개인 간 거래(P2P: Peer to Peer)의 활성화로 공유경제(Sharing Economy)[60]를 촉발시켰다. 현명한 소비자들을 중심으로 사용하지 않는 물건을 교환하는 중고거래부터 숙박집 등을 공유하는 서비스까지 온라인 시장이 다변화했다. 인터넷을 이용한 물품 구매는 신속하고, 편리하기 때문에 거래 규모는 계속 확대되고 있다.

그러나 공유경제로 인한 역기능도 만만치 않다. 바로 '인터넷사기'다. 인터넷사기는 건당 피해액은 적지만 전체 사이버범죄의 70% 이상을 차지하고 있다. 기존에는 중고나라와 같은 거래사이트가 주류였지만 최근에는 카카오톡이나 페이스북 등 SNS를 이용한 거래도 활발해지면서 사기꾼의 활동무대도 넓어졌다.

더위를 피하고자 휴가 등을 준비하면서 워터파크 입장권이나 숙박권, 여행 물품을 구매하기 위한 인터넷 거래가 증가하고 있다. 물놀이 용품과 캠핑장비 등 휴가철 상품을 타켓(target)으로 한 사기도 염려된다.

특히 인터넷을 이용하여 좀 더 알뜰한 휴가 준비를 할 때 화면 뒤에 숨은 인터넷 사기꾼의 표적을 경계해야 한다. 이들은 정상가격보다 10% 정도 저렴한 가격으로 입장권이나 숙박권 등 판매 글을 올리면서 구매를 희망하는 피해자에게 '여행사 확보물량, 회원 특가예매, 선착순'이라면서 구매를 현혹한다.

사기 피해를 당하지 않기 위해서는 거래 前 경찰청에서 무료로 제공하는 '사이버 캅(Cyber Cop)' 앱을 통한 조회가 필요하다. 이 앱을 통해 최근 3개월간 3회 이상 인터넷 사기로 경찰에 신고 된 전화번호와 계좌번호를 확인할 수 있다.

가급적 낮 시간에 사람들이 많은 곳에서 직접 만나 거래하면 불필요한 분쟁이나 위험 발생을 줄일 수 있다. 직거래가 어려우면 거래 시 구매자가 보낸 물품 대금을 보관하고 있다가 구매자가 해당 물품을 정상적으로 인수 후에 판매자에게 구매 대금을 지불하는 에스크로(escrow) 서비스 이용도 필요하다. 이 결제대금예치 서비스도 상대방이 가짜 URL을 발송해 물품 대금과 개인정보를 빼돌리는 경우도 있어 주의해야 한다.

사기를 당했다면 신속히 신고를 하여 제2의 피해를 예방해야 한다. 입금 받은 자의 계좌번호(금융기관 명 포함)와 예금주 성명이 나타난 거래이체 내역자료, 그리고 판매자와의 주고받은 대화 내용 등 피해관련 입증자료를 준비해 경찰서를 방문하거나 경찰청 사이버안전국(cyberbureau.police.go.kr) 홈페이지에 신고하면 된다.

인터넷을 이용한 범죄는 익명성과 광역성으로 인해 전국적으로 다수의 피해자가 동시 다발적으로 발생한다. 일단 발생한 피해는 회복이 거의 불가능한 특징이 있다. 때문에 인터넷을 이용한 거래는 해당 사이트나 거래 제안자에 대한 최대한의 자료를 확인하는 등 피해 예방이 필요하다.

 즐겁고, 편안한 휴가를 보내기 위해서는 거래 전에 한번 더 구매물품에 대하여 사실여부를 살펴보는 등 간단한 원칙만 확인하면 황당한 피해는 예방할 수 있다. 인터넷사기 근절은 우리의 재산을 보호하고, 온라인 상거래의 도덕성을 확보해 사회적 신뢰를 단단히 하는 동력이 될 것이다.

5. 똑똑해지는 메신저피싱 등으로부터 곳간을 지키자

카카오톡 등 소셜네트워크서비스(SNS)를 이용한 메신저사기가 진화하여 피해도 대중화되고, 형태도 다양하다. 최근에는 카카오톡 등 메신저에서 지인을 사칭하면서 '편의점에서 문화 상품권을 구입해 보내 달라'는 수법의 사이버금융사기가 자주 발생되고 있다.

범인은 수사기관의 추적을 피하기 위해 계좌이체 대신 도서구매나 공연관람 등에 사용되는 문화상품권의 고유번호(PIN번호)를 요청하여 이를 현금화하는 수법을 사용하고 있다. PIN번호는 문화상품권에 기재된 18자리 수로 이뤄진 코드로 복권과 같이 긁음으로써 노출되고, ㈜한국문화진흥 홈페이지 등에서 충전 시 현금과 동일한 가치를 보유한다.

범인은 피해자들이 편의점에서 구입한 문화상품권의 고유번호를 카카오톡 등 메신저로 전송 받은 직후 이를 제3자에게 되팔아 현금화하는 수법을 사용하여 수사기관의 추적도 쉽지 않다. 범인들이 해외 서버로 접근하고, 편취한 문화상품권을 게임머니 등으로 전환하는 등 일명 '돈세탁' 수법도 사용하고 있다.

SNS를 서비스하는 포털 계정을 해킹한 범인은 해킹당한 자의 메신저 계정을 생성한다. 그 후 부모 등 지인들에게 '휴대폰 액정이 깨져 AS 맡겨서 통화가 어렵다'는 등의 핑계를 대고 '컴퓨터로 SNS를 하고 있다'면서 편의점 등에서 문화상품권 대리구매를 요청한다. 그럼 이를 진실로 믿은 지인들이 구매한 문화상품권 핀번호를 촬영하여 전송 받는 수법이다.

'메신저피싱'은 문화상품권 구매를 요청하는 자녀 등 피도용인의 프로필과 사진, 이름까지 전부 동일하게 사칭하므로 가족들은 쉽게 피해를 당하고 있다. 이런 메신저피싱은 대출을 희망하는 대출사기에도 이용된다. 대출을 희망하는 피해자들에게 거래실적으로 신용등급을 향상해야 한다면서 문화상품권 핀번호를 요구하는 사례도 발생되고 있다.

문화상품권 등 메신저를 이용한 피싱 범죄는 주로 보통 50대 이상의 피해자들이 편의점에서 문화상품권을 대량 구매하여 발생된다. 때문에 구매를 부탁받은 구매자나 편의점 등의 판매자도 대량 구매시에는 메신저피싱 사기를 의심해야 한다.

모바일 메신저업체 측에서는 피싱 범죄를 예방하기 위해 해외 접촉 시 '해외접속 계정'이라는 경고 메시지를 표기하는 서비스도 하고 있다. 하지만 대부분의 피해자들은 이를 무시해 피해가 발생하고 있다. 전화로 돈 등 금원 이체를 요구하면 무조건 보이스피싱 범죄이듯이 모바일을 이용한 메신저에서 문화상품권 등 금전을 요구하는 행위도 피싱 범죄로 의심해야 한다. 문화상품권 등 재물 이체를 요구하는 메신저피싱은 명의자에게 전화 한 통화만 해보면 피해를 예방할 수 있다.

개인정보(Private data)와 낚시(Fishing)의 합성어인 피싱 범죄(Phishing Crime)는 전화금융사기부터 SNS를 이용한 메신저피싱 사기까지 다양한 형태로 발생되고 있다. 최근의 피싱 공격은 정보통신기술의 발달에 따라 빠른 속도로 진화하면서 공격대상별 맞춤형 악성코드로 나타나고 있다. 바로 스피어피싱(Spear Phishing) 공격과 지능형 지속 위협(Advanced Persistent Threat) 공격, 랜섬웨어(Ransomware)다.

'스피어피싱'은 첨부파일이나 악의적 링크를 통하여 대상 컴퓨터 등 정보통신망을 악성코드에 감염시키는 수법이다. 주로 국가기관이나 회사의 기밀자료를 수집하거나 유출하기 위한 원격접속 공격이다. '지능형 지속위협 공격'은 특정 조직 PC를 장악하여 서버나 데이터베이스에 접근하여 정보를 탈취하거나 파괴하는 악성 행위이다.

일명 사이버인질범인 '랜섬웨어'는 컴퓨터에 저장된 문서 등을 암호화하고 비트코인 등의 대가를 요구하는 사이버공격이다. 특히 랜섬웨어는 2018년 4,283건 공격으로 1조500억원의 피해가 발생했으며, 2019년에도 꾸준한 공격이 예상되어 누구나 당할 수 있는 강력한 보안위협이다.

메신저피싱 등 피싱 공격을 당하지 않기 위해서는 개인정보보호 등 정보보호를 철저히 하고, 발신이 불명확한 메일이나 신뢰가 불확실한 파일은 경계해야 하는 등 보안의 생활화가 필요하다. 그래야만 정보와 재산 등이 보관된 '곳간'은 든든한 자물쇠가 채워질 것이다.

6. 경계해야 할 설 명절 전·후 인터넷사기

우리나라 대명절인 설이 얼마 남지 않았다. 특히 2019년(己亥年)은 60년 만에 돌아온 황금돼지해로 많은 국민들이 재물의 풍성함을 바라고 있으며, 인터넷 등 정보통신매체를 이용한 설 특수도 기대된다.

이와 같은 국민들의 여망을 틈타 이번 설 명절 전·후에는 선물이나 승차권, 숙박권 등 판매를 빙자한 인터넷 사기범죄라는 검은 그림자가 기승을 부릴 것으로 보인다. 명절인사나 택배조회 등을 가장하여 피해자도 모르는 사이에 휴대폰 소액이 결제되거나, 개인의 금융정보를 탈취하는 스미싱(Smishing) 등 사이버금융범죄의 증가도 예상된다.

경찰청(사이버안전국) 자료에 의하면 2018년 정보통신망 이용범죄 중 '인터넷 물품사기'는 11만2,000건으로서 전체 사이버범죄의 70% 이상을 차지하고 있다. 비교적 소액이고, 자괴감 등으로 신고하지 않는 건수도 상당함을 감안하면 매우 높은 수치이다.

사기범은 기망목적으로 승차권, 숙박권 등의 물품을 판매한다는 게시글을 올리거나, 이를 구입한다는 피해자 게시글을 보고 접근하여 피해금을 입금 받아 잠적한다. 또는 피해자를 안심시키기 위해 가짜 택배 송장번호를 전송하거나, 벽돌, 솜 등 다른 물건을 넣은 택배를 발송하는 수법도 자주 발생된다.

SNS나 해외직구 카페 운영자를 사칭하여 구매대행 명목으로 금원을 입금 받은 후에 연락을 두절하기도 한다. 이러한 인터넷을 이용한 사기는 정보통신기술(ICT) 발달에 따른 전자상거래의 변화 등 사회현상에 편승하여 진화하고 있다.

인터넷을 통한 개인 간 거래는 거래상대방이 누구인지 알 수 없어 각별한 주의가 요구된다. '초특가, 이벤트, 한정 상품' 등에 현혹되지 말고, 정상가격과 비교하여 매우 저렴한 상품은 일단 의심해 볼 필요가 있다. 사진이나 보증서를 전송받는 등의 다양한 방법으로 판매자가 실제로 물품을 소지하고 있는지도 확인해야 한다.

가능하면 직거래를 이용하되, 직거래가 곤란하면 구매대금을 물품 수령 후 지급하는 안전결제서비스를 이용한다. 그러나 이 서비스도 판매자가 가짜 변조된 URL을 전송할 수 있으니 주의해야 한다.

사이버 사기에 이용된 전화(계좌)번호 조회, 스미싱 경고 및 악성 설치 파일(APK)을 탐지하고, 차단하는 '사이버캅(Cyber Cop)' 설치도 하나의 방법이다. 거래 전 계좌번호, 연락처에 대한 범죄정보 검색을 통해 피해를 줄일 수 있다.

피해 발생 시에는 거래대금 이체내역자료와 대화 내용 등 증거물을 확보하여 가까운 경찰서를 방문하거나 경찰청 사이버안전국 홈페이지(cyberbureau.police.go.kr)에 신고한다. 사건을 접수한 경찰서로부터 진행 및 처리상황을 통보받아 수사결과를 알 수 있다.

사기는 「형법」 제347조에 의거 10년 이하 징역, 2천만원 이하 벌금에 처해지는 중한 범죄행위이다. 대한민국의 사기 범죄율은 세계 1위이다. 대검찰청의 범죄 현황에 의하면 2017년 사기범죄 발생 건수는 25만7,620건으로 절도 24만6,424건을 앞질렀다. 전 세계적으로 가장 많이 발생 되는 범죄가 절도임을 감안하면 그 심각성을 알 수 있다.

현재 인터넷 등 온라인을 통해 이루어지는 물품구매나 교환 등 개인 간 직거래 과정에서 다양한 형태의 사기 피해가 발생하고 있다. 이와 더불어 다수의 국내 보험사들도 온라인 사기를 당하면 보장해주는 인터넷 사기보험 상품을 개발하여 홍보하고 있다.

그러나 정보통신매체 등을 이용한 인터넷 사기 피해는 환급 등 피해구제가 거의 이루어지지 않고 있는 것이 현실이다. 검거된 피의자들에게 피해금 환급 능력이 없거나, 민사소송의 복잡성으로 피해자들도 피해금 청구를 포기하기 때문이다. 때문에 각별한 주의를 통해 사기를 당하지 않음이 최선이다.

7. 사전예방이 최선인 이메일 무역사기

2018년 10월까지 발생한 이메일 무역사기는 141건으로 2017년 동기간 대비 약 3배 이상 급증하는 등 상승세가 지속되고 있다. 이메일 무역사기는 무역업체의 이메일 아이디 및 패스워드 등의 정보를 탈취한 후, 해외 거래처인 양 가장하여 무역대금을 송금 받아 편취하는 수법이다.

이 수법은 허위 이메일에 속아 고액의 피해금을 입금한 이후 거래처의 독촉과정에서 피해 사실을 뒤늦게 인지하는 경우가 많다. 주로 해커가 판매자 이메일 계정을 해킹하여 구매자 회사 측으로 허위의 결제계좌 변경을 통보하여 무역대금을 편취하는 사기 구조이다.

범죄 수법은 다음과 같은 두 가지 유형으로 구분할 수 있다.

첫째는 수출업체 컴퓨터에 악성코드를 감염시킨 후에 해커가 수출업체 명의로 결제계좌 변경을 통지하여 거래대금을 편취 하는 이메일 해킹수법이다.

둘째는 거래처 이메일 주소의 알파벳을 더하거나 빼는 방법(예. widgets@freemail.com→widget@freemail.com)으로 유사한 가짜 주소를 생성해 피해업체를 기망하는 유사 메일주소 생성 수법이다.

무역사기 피해가 발생했을 경우에는 피해금이 입금된 수신은행에 지급정지를 요청하고, 국내 경찰청 및 범행에 이용된 계좌 소재국에도 신고를 병행한다(예. 무역대금 입금은행이 폴란드 소재이면, 폴란드 현지 경찰에 해킹 피해신고를 한다).

무역사기 예방을 위해서는 출처가 불분명한 이메일의 첨부파일이나 링크주소(URL)는 절대로 클릭하지 않는다. 더 나아가 사전에 이메일 발송자의 서버를 도메인 네임서버(DNS)에 등록하여 수신자로 하여금 이메일에 표시된 발송자 정보가 실제 메일서버 정보와 일치하는지 확인할 수 있는 인증기술인 '메일서버등록제(SPF: Sender Policy Framework)'[61]

이용도 필요하다.

사전예방이 어려운 이메일 해킹은 양 거래 당사자 모두의 주의가 필요하다. 계약특약으로 거래조건이나 수취계좌변경 시 양측에서 취해야 할 행동을 명문화하여 대금의 오지급을 1차적으로 차단하는 안전장치 구축도 필요하다.

일면식이 없는 바이어가 대량주문, 선금제안, 각종 거래비용을 부담하는 등 우호적인 거래조건을 제시하는 경우에는 주의하고, 거래전 상대기업의 신용도 및 과거 거래내역, 해당 국가 사업자등록 여부, 회사 연락처, 사업장 주소, 웹사이트, 재무상황 등의 기본적인 정보 확인은 필수이다. 유선, 팩스, 화상통화 등 이메일 외 다른 교신수단도 이용하며, 해외수출업자로부터 입금계좌변동이 포함된 이메일을 수신한 경우에는 반드시 전화나 팩스로 이메일의 진위를 확인해야 한다. 또한 거래규모가 클수록 한국무역보험공사 정부출현의 수출보험[62] 가입도 고려해야 한다.

이메일 무역사기는 국제적인 사기 범죄이다. 발생된 피해에 대한 복구는 거의 불가능한 것이 현실이고, 수사도 결코 쉽지 않다. 때문에 사전에 당하지 않도록 예방이 매우 중요하다는 점을 결코 간과해서는 안된다.

8. 정보통신기술 이용 금융사기의 실체! 이것만은 알자

대한민국의 정보통신기술(ICT)은 세계 1위이다. 그러나 정보통신을 이용한 전화금융사기 등 금융사기피해도 다양해지고 있다. 즉 정보통신기술 발달을 이용한 사기범죄 수법도 진화하는 것이다.

정보통신기술을 이용한 사기 유형으로는 단순히 피해자를 기망하여 금원을 이체 받는 형태인 전화금융사기(Voice Phishing), 대출사기, 인터넷(사이버)물품사기, 쇼핑몰(Shopping Mall)사기, 메신저사기

(Messenger Phishing), 게임사기, 소액결제사기, 조건만남사기, 로맨스 스캠(Romance Scam) 등이 있다.

또한 피해자의 스마트폰이나 컴퓨터 등 정보통신매체를 해킹하거나, 악성앱을 설치하여 금원을 취득하는 형태인 몸캠피싱(Sextortion), 랜섬웨어(Ranson Ware), 이메일무역사기, 피싱(Phishing)사기, 파밍(Pharming)사기, 스미싱(Smishing)사기, 메모리 해킹(Memory Hacking) 등도 있다.

2018년 기준 12년 전 최초로 발생한 '전화금융사기'도 꾸준하게 진화하고 있는 대표적인 전기통신이용 금융사기이다. 최근에는 사기범이 피해자의 스마트폰에 악성 앱을 설치하여 피해자가 금융기관 등의 대표번호로 전화를 걸더라도 자신의 전화로 연결되도록 하여 금원을 편취한 사례도 발생하였다. 진화하는 전화금융사기 수법에 경악을 금할 수 없다.

고금리 대출을 저금리로 갈아탈 수 있다는 '대출빙자형'은 전체 피해금의 70% 이상에 달한다. 2017년 상반기에는 하루 평균 116명이 10억원 상당의 전화금융사기 피해를 당했다.

수사기관이나 금융기관에서는 전화로 계좌가 범죄에 연루되었다며 금원이체 또는 앱 설치를 요구하거나, 대출을 권유하지 않는다. 따라서 "당신의 계좌가 범죄에 연루되었다. 해당 기관 사이트 앱을 설치하라. 대출 전 저금리 수수료를 먼저 입금하라"고 하면 사기를 의심해봐야 한다.

인터넷 등 정보통신매체를 이용한 '인터넷물품사기'는 전체 사이버범죄의 70% 이상을 차지하고 있어 책임 수사관들이 골머리를 앓고 있다. '초특가, 이벤트, 한정 상품' 등의 판매 문구에 현혹되지 말고, 지나치게 저렴한 상품은 사기를 의심해봐야 한다.

휴일 거래는 지양하고, 물건 소지 여부를 명확하게 확인해야 하며, 가능하면 안전결제서비스를 이용해야 한다. 또한 사이버사기 정보를 제공하고, 악성 앱을 탐지하는 경찰청에서 무료로 제공하는 사이버캅(Cyber

Cop) 설치도 필요하다.

최근에는 사회관계망서비스(SNS)를 이용한 '메신저사기'도 자주 발생하고 있다. 주로 카카오톡, 인스타그램, 페이스북으로 타인 프로필을 사칭하여 "급하게 와이프 대신 송금을 부탁한다. 보안 매체(OPT 등)를 소지하고 있지 않다"는 등 거짓 대화 후에 송금을 요청하는 수법이다. 해당 당사자에게 전화 등을 해보면 당하지 않을 사기피해이다.

게임 아이템이나 계정의 양도 및 양수 등은 게임 약관상 금지하고 있다. 그럼에도 이를 무시하고 교환 또는 구매나 판매를 하면서 발생 되는 '게임사기'도 많이 발생한다. 해킹 등 사고 아이템이나 계정을 건네받거나, 아이템 판매대금을 받지 못하는 피해이다. 게임 약관상 금지하는 행위는 하지 말아야 하며, 부득이한 거래에는 먼저 해당 아이템 등을 건네받아야 피해를 예방할 수 있다.

피해자가 소액결제 한 사실이 없음에도 결제문자를 발송하여 피해자로 하여금 항의하게 하는 '소액결제사기'도 있다. 결제취소를 해주겠다면서 인증번호를 요구한 뒤에 이를 통해 결제하는 수법으로 절대 인증번호를 알려 주어서는 안되며, 이용할 일이 없으면 미리 차단해 두는 것도 좋은 방법이다.

출장안마나 마사지 등을 빙자한 '조건만남사기' 피해도 크다. 출장을 가려면 선불금과 보증금이 필요하다면서 송금을 요구한다. 피해자가 사기임을 눈치 채고서 환불을 요구하면 입금에 오류가 발생 됐다는 등 각종 핑계를 빌미로 더 많은 금액을 요구한다. 금전을 요구하는 출장마사지는 사기의 덫이다.

만난 적도 없으면서 소셜네트워크서비스 등 온라인을 이용하여 대화를 주고받은 상대방에게 수천만 원의 거금을 이체하는 피해도 자주 발생하고 있다. 이성에게 환심을 산 뒤에 돈을 가로채는 신종 금융사기인 '로맨스 스캠'이 그것이다. SNS상 친구 요청에 신중을 기하는 등 개인정보 노출을 지양하고, 익명의 상대방이 금품을 요구할 때는 사기를 의심해야 한다.

피해자의 알몸 사진이나 음란한 영상을 가족 등에게 유포하거나 SNS에 공개하겠다고 협박하는 '몸캠피싱'도 심각하다. 꽃뱀의 진화인 몸캠피싱은 금원을 요구하거나, 더 심한 음란행위 등을 강요당한다. 학생 등 젊은 층이 쉽게 당하는 금융사기 유형이다. 알지 못하는 사람과의 영상통화를 자제하고, 악성코드 설치 또는 연락처 등 정보유출 예방을 위해서는 상대방이 권유하는 앱설치 등을 해서는 안된다.

컴퓨터 내 저장 파일을 암호화하고, 그것을 푸는 대가로 금원을 요구하는 사이버인질범인 '랜섬웨어' 피해도 크다. 랜섬웨어는 예방이 중요하다. 중요한 자료를 별도 저장하고, 출처 불명의 이메일에 첨부된 파일을 열지 말며, 최신 백신 사용을 생활화해야 한다.

무역 대금을 가로채는 '이메일무역사기'도 빈번하다. 무역업체의 업무용 메일 등에 악성코드가 첨부된 파일을 전송하여 계정 정보를 탈취한 후에 비슷한 계정으로 결제서를 발송하는 수법이다. 출처 불명의 이메일은 열어보지 말고, 결제계좌의 변경을 요구받으면 전화 등으로 사실을 확인해야 한다.

개인정보 등을 얻기 위한 공격인 '피싱'도 경계해야 한다. 공격자는 전자메일이나 메신저 등으로 신뢰할 수 있는 사람이나 기업이 보낸 것처럼 위장된 메시지를 공격대상자에게 보낸다. 확신하지 않은 이메일 등 파일의 열람은 신중을 기해야 한다.

공격자가 만들어 놓은 위장사이트에 피해자 정보를 입력하게 하는 '파밍' 사기도 있다. 피해자의 주민등록번호나 금융계좌 비밀번호, 그리고 금융정보와 같은 민감한 정보를 취득하려는 목적이다. 해당 사이트의 진위 여부를 반드시 확인해야 한다.

문자메시지(SMS)와 피싱(Phishing)의 합성어인 '스미싱'은 "무료쿠폰 제공" 등 문자메시지에 포함된 URL을 열면 피해자도 모르는 사이에 소액이 결제되거나 또는 금융정보가 탈취되는 것이다. 출처가 확인되지 않은 문자메시지의 인터넷 주소를 열지 말고, 악성 앱이 함부로 설치되지 않도록 스마트폰의 보안 설정을 강화한다.

피해자 PC메모리에 상주한 악성코드로 인하여 정상 은행사이트에서 보안카드번호 앞·뒤 2자리만 입력해도 예금이 부당하게 인출되는 수법인 '메모리해킹'도 드물게 발생되고 있다. 이를 예방하기 위해서는 OTP나 보안토큰을 사용하고, 컴퓨터나 이메일 등에 공인인증서, 보안카드 사진, 비밀번호를 저장해서는 안된다.

정보통신기술을 이용한 금융사기 수법은 시대 상황에 따라 진화하고 있어 향후 그 수법의 예측이 어렵다. 전화금융사기 등 다수의 피싱 조직은 중국 등 해외에서 활동하면서 대한민국의 우수한 정보통신기술을 악의적으로 활용하기 때문에 범인 검거도 쉽지 않다. 또한 범인을 검거한다고 하여도 피해금 환급은 거의 불가능하다. 때문에 무엇보다 예방이 최선이다. 피해자는 순번이 없기에 누구나 당할 수 있다는 경각심이 필요하다.

9. 당하지 말아야 할 사이버 금융사기

사이버 공간에서 이뤄지는 사기범죄의 한 유형인 인터넷을 이용한 사이버 사기(Cyberfraud)는 전체 사이버범죄의 2/3 이상을 차지하고 있다. 사이버 사기는 직거래사기, 쇼핑몰사기, 게임사기, 메신저이용사기, 이메일무역사기 등 그 유형도 다양하다. 위와 같은 사기는 「형법」 제347조 제1항에 의거 10년 이하의 징역 또는 2천만원 이하의 벌금에 처해지는 범죄행위이다.

사이버 사기 수법은 물품을 판매한다는 게시글을 업로드하거나, 물품을 구입한다는 피해자 게시글을 보고서 계획적으로 접근하여 통장사본, 물품사진, 주민등록증 사진 등을 제시하여 피해자를 안심시킨다. 그 후에 피해금을 입금 받아 잠적하는 '신분안심형'이 있다.

피해자를 안심시키기 위해 가짜 택배송장번호를 전송하거나, 벽돌, 솜 등 다른 물건을 넣은 택배를 발송하여 피해자가 범죄행위를 의심 못하게 하는 '가짜송장번호형'도 자주 발생되는 수법이다.

'SNS이용형'은 페이스북·인스타그램 등 유명 SNS 광고를 보고 홈페이지에 접속하여 물건을 신청하였으나, 사이트 폐쇄 또는 해외직구 카페 운영자를 사칭하여 미국 현지 아울렛에서 보내준다면서 입금 받은 후, 연락을 두절하는 수법이다.

최근에는 카카오톡, 인스타그램 DM(Direct Message) 등 주로 메신저를 통해 타인 프로필을 사칭하여 "OPT 보안카드가 없다, 급하게 와이프 대신 송금을 부탁 한다"등 거짓 내용의 대화를 한 후에 송금을 요구하는 '타인사칭형'도 피해가 늘고 있다.

이러한 다양한 유형의 사기 수법은 정보통신망의 발달과 사회현상에 편승하여 진화하므로 향후 그 수법의 예상이 쉽지 않다.

사기 피해를 예방하기 위해서는 '초특가' 등 문구에 현혹되지 말고, 지나치게 저렴한 상품은 의심할 필요가 있다. 사기여부를 파악하는데 시간이 걸리기에 휴일 직전이나 휴일 거래는 지양하고, 물건사진을 보내 달라고 하는 등 특정조건으로 상대방이 실제 물품을 소지하고 있는지 구체적인 확인도 필요하다.

가급적 직거래를 하고, 직거래가 어려우면 안전결제서비스를 이용한다. 이 서비스는 구매대금을 업체에 보관하고서 물품수령이 확인된 후에 판매자에게 지급하는 결제대금 예치서비스이다. 그러나 이 서비스도 판매자가 가짜 안전결제사이트 링크(변조된 URL)를 보내는 경우도 있으니 주의가 필요하다.

또한 경찰청에서 무료로 제공하는 앱 「사이버캅」 설치도 권장한다. 이 애플리케이션(Application)은 사이버 사기에 이용된 전화(계좌)번호 조회, 스미싱 경고 및 악성 설치파일(APK)을 탐지하고, 차단하는 기능도 있다.

피해 발생시는 피해금을 이체한 이체(거래)내역자료를 지참하여 가까운 경찰서 민원실을 방문하면 사이버범죄를 수사하는 수사팀으로 안내받을 수 있다. 그리고 경찰청 사이버안전국 홈페이지(http://cyberbureau. police.go.kr)나, 경찰 민원포탈(http://minwon/police.go.kr)에 신고를 해도 된다.

형사상 사기피해 外 물건의 교환·반품 등 업체와의 분쟁에 대해서는 거래내역 등 증빙자료를 갖추어 공정거래위원회 운영의 '1372 소비자상담센터(http://www.cnn.go.kr)'나 '한국소비자원(http://kca.go.kr)'에 피해 구제신청을 할 수도 있다.

그러나 사이버 사기 피해금에 대해서는 피해자의 다양성과 광역성 등으로 거의 환급이 이루어지지 않는 특성이 있다. 때문에 사기 피해를 당하지 않음이 중요하다. 그래야만 인터넷을 이용한 사기를 예방하여 안전한 상거래 질서가 확립될 것이다.

10. 신종 금융사기 로맨스 스캠

한 번도 만난 적이 없고, 그저 소셜네트워크서비스(SNS) 등 온라인을 이용하여 대화를 주고받은 상대방 또는 연인에게 수천만 원의 거금을 이체하여 피해를 당하는 사례가 자주 발생하고 있다. 바로 외국인들이 국내 이성에게 환심을 산 뒤 돈을 가로채는 신종 금융사기인 '로맨스 스캠

(Romance Scam)'이다.

'로맨스 스캠'은 연애 감정을 표현하는 로맨스(romance)와 기업 이메일 정보를 해킹해 무역 거래대금을 가로채는 온라인 범죄수법인 스캠(scam)의 합성어다. 즉 신분을 위장해 이성에게 접근하여 애정행각을 표현하면서 친분을 쌓은 뒤에 거액을 가로채는 금융사기 수법이다.

2017년 말에는 서울중부경찰서에서 위 수법으로 억대에 가까운 돈을 가로챈 미국인과 독일인을 구속했다. 이들은 2017년 9월부터 12월까지 미국인 정형외과 의사를 사칭한 총책의 지시에 따라 피해여성으로부터 한화 7,700만원을 가로챈 것이다. 피해자는 한국인 친구를 사귀고 싶다고 접근하여 환심을 사고서 금품을 요구하는 악의적인 방법에 당한 것이다. 당 수사팀에서도 카카오톡을 이용하여 "나이지리아에 출장 와 불쌍한 사람을 돕고 있다. 돈을 빌려주면 1억원 상당의 원화를 보내주겠다"고 피해자를 기망하여 총 8회에 걸쳐 합계금 34,083달러(원화 3,700만원 상당)를 편취한 사건을 수사 중에 있다. 또한 "40억 달러가 들어 있는 상자를 한국으로 보낼테니 배송비를 보내 달라"는 유혹에 현혹되어 수회에 걸쳐 1,500만원을 편취당한 사례도 있다.

이 사건의 피해자들은 50대 초반의 가정주부 또는 여성 직장인으로서 전혀 알지 못하는 카카오톡 아이디를 사용하는 용의자들이 친구 요청을 해와 이에 응하여 피해를 당한 것이다. 사기 행위자들은 미군 장성과 사업가를 자칭하는 40대 후반의 남성들로 판단된다는 피해자들의 진술이다.

2016년 12월에는 홍콩의 한 중년 여성이 페이스북을 통해 연인 관계로 발전한 남성에게 1년 반 동안 8억원 이상을 이체하였으며, 2015년에는 영국의 한 여성이 28억원을 사기 당해 화제가 된바 있다. 피해자들은 실제로 한 번도 만난 적이 없으며, 페이스북 메신저나 이메일, SNS 등을 이용해 연락했고, 시간이 흘러 피해자인 여성이 범죄자에게 믿음을 갖게 되면 돈을 요구한 형태이다.

로맨스 스캠 사기사건의 특징은 피의자들이 국내·외 SNS 및 채팅앱을 통하여 외로운 사람들과 대화를 하면서 혼인을 약속하는 등 계속하여 호감을 쌓은 후에 사업 및 결혼을 미끼로 금품을 요구하는 감정을 이용한 신종 온라인 사기 수법이다. 로맨스 스캠에 빠지는 피해자 대부분은 여성이며, 40~50대가 주류인 것으로 판단된다.

로맨스 스캠을 예방하기 위해서는 프로필 없는 친구요청을 거부하는 등 무분별한 친구 추가를 자제하며, SNS 등에 지나친 개인정보 노출을 지양하고, 해외교포나 낯선 외국인과의 인터넷상 교제도 신중을 기해야 한다. SNS 상에서 익명의 사람들이 직접 대면하지 않은 상태에서 개인정보나 금품요구 시는 범죄를 의심해야 한다.

범죄조직은 메일 주소를 비슷한 것으로 사용하기 때문에 상대방의 이메일 주소를 검색창에서 검색해보는 것도 한 예방방법이다. '얼굴도 모르는 사람에게 거액을 줘야 하는가?', '큰 재산이 있다는 말을 왜 하는가?' 등 합리적 의심을 해볼 필요도 있다. SNS 이용 시 연령, 성별과 상관없이 누구나 범죄 대상이 될 수 있다는 점도 주의해야 한다.

11. 꽃뱀의 진화, 신종 몸캠피싱

최근(2018년 2월 기준) 스마트폰 영상통화를 통해 피해자 얼굴을 촬영하여 음란동영상과 합성하는 변종 몸캠피싱(Sextortion) 사건이 자주 발생하고 있다. 남성의 나체나 음란행위를 찍은 영상을 퍼뜨리겠다고 협박하여 돈을 요구하는 몸캠피싱은 성(性)을 뜻하는 'sex'와 강탈 또는 착취를 의미하는 'extortion'의 합성어로써 신종 사이버범죄다.

신종 사이버범죄는 정보통신기술의 발달과 함께 소셜네트워크서비스(SNS)가 보편화되면서 발생하는 범죄로써 몸캠피싱의 발원지는 대부분 중국, 동남아 등 해외라는 특징이 있다. 피해를 당하면 이를 회복하기 쉽지 않은 것이 현실이다.

특히 몸캠피싱의 피해자는 금전적인 손해는 물론 정신적인 스트레스에 시달리는 경우가 상당하다. 그 이유는 자신의 음란행위나 합성된 영상이 지인들에게 노출될지 모른다는 불안감이다. 극단적으로 자살을 선택하거나 이혼 또는 직장을 그만두는 등 제2의 피해도 발생한다.

실제로 몸캠피싱을 당한 피해자들은 음란행위 영상이 가족 등 지인들에게 알려질지 모른다는 불안감에 신고보다는 범인들의 요구대로 돈을 송금하고 일상생활로 돌아오고 싶어 한다. 그러나 돈을 송금해준다고 해도 그들은 협박을 멈추지 않는다. 추가적으로 돈을 입금받기 위해 더 강한 협박과 공갈로 이어진다.

신종 수법은 피해자가 '070'으로 시작하는 번호로 걸려온 영상통화를 아무생각 없이 받았다가 봉변을 당한다. 전화를 받자 상대방 화면에 속옷차림의 여성사진이 뜨고서 "오빠! 나 외로워"는 여성 목소리를 듣고서 놀라 전화를 끊으면 바로 다른 번호로 영상통화 얼굴이 나온 뒤에 자위행위를 하는 남성의 하반신 동영상이 전송된다.

기존 몸캠피싱은 피싱조직이 화상채팅 애플리케이션을 통해 채팅을 하자고 피해자에게 접근하여 미리 녹화된 음란영상을 보여준 후에 피해자 스스로 촬영한 음란영상을 요구한다. 이후 영상의 화질불량 등을 핑계로 악성코드가 담긴 프로그램을 피해자의 스마트폰에 설치하게 하여 스마트폰의 연락처·문자메시지·위성항법장치(GPS) 위치정보를 해킹하는 수법이다. 이후 피해자의 가족 등 지인들에게 합성된 자위영상 등을 유포하겠다고 협박해 돈을 입금 받는 수법은 동일하다. 기존 몸캠피싱이 화상채팅을 통해 피해 남성에게 직접 음란행위를 하도록 유도했다면, 신종 수법은 무작위로 영상통화를 걸어 얼굴만 캡처한 뒤 음란영상과 합성하는 수법이다.

'070' 등 인터넷전화로 연결되는 영상통화 연결을 자제(수상한 전화 연결 금지)하고, 악성코드 설치 및 연락처 유출피해를 예방하기 위해서는 수신된 동영상파일을 열어서는 안된다. 피해를 당했을 때는 협박전화 및 문자대응을 하지 말고, 동영상 유포 전(前) 지인들에게 상황설명을 할 필요가 있다.

몸캠피싱은 사전 예방이 매우 중요하다. 범인들이 외국에서 대포통장과 대포폰을 사용하므로 검거 및 피해회복이 쉽지 않기 때문이다. 몸캠피싱은 피싱범죄의 연장선상에서 성(性)이 매개가 된 것으로써 이를 도구삼아 금전 편취를 노리는 악질적 범죄이다. 한때 유행하던 꽃뱀수법이 온라인망을 타고 남성을 타깃으로 하는 신종범죄에 절대로 당하지 않아야 한다.

사이버
인격권

1. 인터넷 개인방송의 문제점과 대책

현재 전 국민의 90% 이상이 스마트폰을 이용하는 등 동영상 매체에 접할 수 있는 정보통신 환경이 급속도로 확장되고 있다. 이에 편승해 최근 빠르게 성장하는 인터넷 개인방송 제작과 시청자도 급증하고 있다. 이용자들은 자신의 기호에 따른 동영상을 선택할 수 있고, 모바일로도 접속이 가능하며, 누구나 다양한 콘텐츠를 제작할 수 있다.

개인방송은 1인 혹은 복수의 방송진행자(BJ나 크리에이터)가 특정 사이트를 통해 다양한 동영상을 직접 제작하여 공유하므로 수익을 내고, 타인터넷 이용자와 동시에 의사소통을 할 수 있는 서비스이다. 한국방송통신전파진흥원(KCA)의 설문조사 결과 개인방송 시청시간이 증가하고 있다. 응답자의 18%가 일일 2회 이상 개인방송을 시청하고, 62%가 1회 30분 이상 시청하는 것으로 나타났다.

방송영역이 날로 확대되면서 각종 문제점도 나타나고 있다. 언론보도에 의하면 2019년 6월 아프리카TV 생방송 BJ(Broadcasting Jockey)가 다른 여성 BJ를 언급하여 성희롱 발언으로 물의를 빚었다. 2019년 7월에는 개인방송 유튜버가 방송 진행 중 반려견의 머리를 가격해 동물학대 논란이 일었고, 같은 달 다른 유튜버는 '건방지다'는 이유로 출연자를 폭행하기도 했다.

BJ나 유튜버 등 개인방송 진행자는 조회 수를 올릴 목적으로 다양한 영상을 제작하고 있다. 성폭력 등 폭력행위와 동물학대 영상, 그리고 난폭 또는 보복운전과 폭주레이싱, 음주운전 영상을 송출할 수도 있다. 도박행위와 도박사이트 개설이나 홍보영상 송출과 시청자가 BJ 등에게 도박금원을 송금하거나 직접 도박참여도 가능하다. 「자살예방법」에서 금지하고 있는 자살동반자 모집 등 자살유발정보도 유통될 수 있다.

또한 유튜브 구독자나 조회수 조작도 가능하고, 사이버머니인 별풍선을 깡하거나 아이템을 환전하는 등 신종범죄로 연결될 수도 있다. 다수의 계정이나 컴퓨터를 이용해 특정 유튜브 채널의 구독을 누르거나 영상을 시청하는 등 수동으로 구독과 조회수 및 시청시간을 조작할 수도 있다. 이와 같은 경우에는 유튜브 및 광고주의 업무 적정성을 방해한 행위에 해당되어 「형법」의 '위계에 의한 업무방해죄'가 성립할 가능성도 있다.

휴대폰 소액결제 등으로 구입한 별풍선을 브로커와 연계된 BJ에게 지급하는 방법으로 급전을 마련하는 별풍선 깡도 「정보통신망 이용촉진 및 정보보호 등에 관한 법률」(약칭: 정보통신망법) 위반이다. 온라인 도박이나 보이스피싱 등으로 획득한 불법자금을 별풍선 등으로 환전하여 세탁하는 경우에는 「범죄수익은닉규제법」 위반에 해당될 수 있다.

현재 경찰은 인터넷 개인방송의 불법행위를 집중단속 중이다. 방송 중 성폭력행위를 포함한 폭력행위와 동물학대, 교통위반행위와 도박행위, 자살유발 정보, 별풍선 깡 등 신종범죄가 주 대상이다. 생명존중문화에 부정적인 영향을 미치는 각종 영상도 삭제나 차단 또는 계도 대상이다.

인터넷 개인방송에서 송출되는 다양한 내용의 사회상규를 위반한 영상에 대한 논란은 끊이지 않고 있다. 직접 표현되는 현행 법률 위반행위 외에는 이를 규제할 제도적 장치가 마땅치 않기 때문이다. 개인방송을 서비스하는 통신사는 방송이 아닌 통신으로 분류된다. 따라서 「방송법」이 아닌 「전기통신사업법」을 적용받아 방송을 제재하는 법적인 규제를 할 수 없다.

「정보통신망법」 제44조의7(불법정보의 유통금지 등)은 유해정보를 포함한 불법정보 유통을 금지하고 있다. 따라서 해당 정보의 삭제 또는 접속 차단, 이용자 정지 및 해지 등으로 시정할 수 있다. 그러나 개인방송 사업자가 이 조항에 따르지 않으면 강제할 수가 없다. 인터넷 개인방송에 대한 구체적인 규제가 없어 자극적인 정보 유통과 인격권 침해, 개인방송의 무방비한 노출에 의한 사회문제가 우려된다.

인터넷 개인방송 시장은 계속 성장할 것이고, 그 파급력과 영향력은 강하다. BJ 등 진행자는 자극적인 콘텐츠나 일반인의 감정을 상하게 하는 행위가 송출되지 않도록 해야 한다. 시청연령 제한 검토와 불법 유해정보에 대한 규제 등으로 역기능을 최소화하고, 표현의 자유로 발생된 피해자 구제권리보장도 필요하다. 개인방송의 영향력이 커지고 있는 만큼 이를 규제하고, 감시할 장치에 대해서도 정책적인 접근이 요구된다.

2. 불법 유해정보와 피해자 구제 권리

2019. 2. 6. 방송통신심의위원회(이하 '방심위' 표기)는 지난해 인터넷을 통해 유통된 불법 유해정보 23만8,246건을 삭제나 차단 등 시정요구를 했다고 밝혔다. 전체 시정요구의 18만7,960건(78.9%)이 해외 웹서비스에 대한 국내 접속차단으로 나타났다.

유형별로는 성매매·음란 7만9,710건(33.4%), 도박 6만3,435건(26.6%), 불법 식·의약품 4만9,250건(20.7%)건이다. 수단별로는 카카오 8,864건, 네이버 4,709건, 디시인사이드 1,695건이고, 해외는 텀블러 4만5,814건, 트위터 2만821건, 구글 5,195건 순이다.

'불법정보'는 법과 국가 질서유지를 위해 개인이나 사회 또는 국가적 법익을 침해하는 실정법에 위배되어 생산이나 저장과 유통을 금지한 정보이다. '유해정보'는 방심위 등 국가기관이 유해 매체물로 결정하거나 고시한 음란성과 폭력성 정보, 그리고 사행성이나 반사회성을 띄는 영리나 비영리 정보이다.

불법 유해정보에 대한 조치는 다양하다. '삭제'는 사이트 접속은 가능하나, 특정 게시물만 접속이나 열람이 불가하며, '폐쇄'는 사이트 자체를 없애는 것이다. '차단'은 주로 해외 서버사이트에 연결되지 않도록 국내에서 사이트 접속이 불가능한 조치다.

'자율심의'는 정보통신서비스 제공자가 모니터링이나 검색으로 자율 심의하여 게시물 삭제나 일정 기간 접속을 차단하며, '임시조치'는 피해자의 신고로 게시물이 사생활 침해나 명예훼손 등 타인의 권리를 침해한다고 인정될 때 일정 기간 차단 또는 블라인드 처리한다. 작성자가 임의로 사이트나 글 등 게시물을 '자진삭제'하는 조치도 포함된다.

불법 유해정보 차단이나 폐쇄 또는 삭제는 「정보통신망 이용촉진 및 정보보호 등에 관한 법률」(이하 '정통망법'으로 표기)' 제44조의7(불법 정보의 유통금지 등)과 「방송통신위원회의 설치 및 운영에 관한 법률」 제18조(방송통신심의위원회의 설치 등)와 제24조(심의규정의 제정·공표 등)에 근거하고 있다. 「정보통신에 관한 심의규정」 제8조도 선량한 풍속 기타 사회질서를 현저히 해할 우려가 있는 내용의 정보유통을 금하고 있다.

권리침해를 받는 자는 「정보통신망 이용 촉진 및 정보보호 등에 관한 법률」(이하 '정보통신망법'으로 표기) 제44조의2(정보의 삭제 요청 등) 제1항에 의거 정보통신서비스 제공자에게 해당 정보의 삭제나 반박내용의 게재를 요청할 수 있다. 위 법 제44조의3(임의의 임시조치)에 의거 정보통신서비스 제공자는 정보통신망에 불법 정보가 유통되면 직권으로 30일 이내에 임시조치를 할 수 있다.

「정보통신망법」 제44조의7은 방심위가 정보통신서비스 제공자 또는 게시판 관리·운영자로 하여금 정보처리의 거부나 정지 또는 제한할 수 있도록 명할 수 있다. 서비스 제공자 등이 이 명령을 따르지 않으면 방송통신위원회에서 게시물에 대한 조치명령을 하게 된다. 명령 불이행시는 2년 이하 징역 또는 2천만원 이하 벌금형을 받을 수 있다. 국내와 달리 명령권이 없는 해외사이트는 삭제를 요청하고, 삭제가 불가하면 국내전기통신사업자를 통해 차단한다.

텀블러 등 해외사이트나 SNS는 법집행기관에 대한 응대창구가 없거나 대한민국 법원 영장을 인용하지 않으며, 국내에서 처벌하는 행위는 해당 국가에서 처벌하지 않은 경우도 상당하다. 때문에 피해자가 해당 서비스 社 상대 차단이나 폐쇄, 또는 삭제나 임시조치를 요청하는 것이 효과적이다. 수사기관이나 방심위 등의 조치로는 분명한 한계가 있고, 조치에 많은 시일이 걸리기 때문이다.

국내법의 규제와 사법당국의 단속을 회피해 불법 정보를 유통하는 수단으로 해외 웹서비스가 악용되고 있다. 해외 사업자와 국제공조나 협력 강화도 적극적이어야 한다. 인터넷의 전파성과 파급력을 감안하면 방심위의 불법 유해정보에 대한 관리감독 역할이 크다. 방심위의 신속대응과 확산방지를 위한 제도개선도 필요하다. 그래야만 피해자의 잊힐 권리(Right to be Forgotten)[03]도 존중될 것이다.

3. 허위사실 유포로부터 사회신뢰도 회복을

최근(2018년 9월 기준) 메르스 환자 발생, 국민연금 개편 등 사회적 이목이 집중된 사안과 관련해 유튜브나 소셜네트워크서비스(SNS) 등에서 가짜뉴스(Fake News) 유포행위가 급증하고 있다.

처음부터 거짓임을 인식하고 만든 오보(False Report)와는 달리 가짜뉴스는 국민을 유혹하여 사회 혼란을 야기하고 있다. 황색언론(Yellow Journalism)[64]의 일종인 가짜뉴스가 허위사실 유포로 둔갑하여 사회문제화 된 것이다.

허위사실 유포경로도 다양하다. 온라인을 통한 허위사실 유포는 트위터 등 SNS를 통한 온라인상 가짜뉴스와 유튜브 등 1인 미디어를 통한 가짜뉴스이다. 그리고 카톡, BAND 등 폐쇄형 SNS 등을 통한 가짜뉴스 등도 대표적이다.

오프라인을 통한 허위사실 유포행위는 등록이나 신고 없이 정기간행물을 제작하거나 유통하는 일명 '지라시' 등 사설 정보지를 통한 가짜뉴스다. 특정인 등에 대한 허위사실이 적시된 전단지 배포행위도 포함된다.

허위사실의 정의는 수사관점에서 다음과 같이 정의해볼 수 있다. 해당 내용 주체의 대상자(피해자)가 사회적으로 널리 알려져서 해당 집단 외 다른 사람들, 즉 타인들도 알고서 오인할 수 있는 내용이다. 그리고 그 내용이 뉴스를 접한 집단 내부만의 논의거리가 아니라 외부에서도 공론화되고, 논란이 될 수 있는 경우로 볼 수 있다.

가짜정보 유형에 대하여 황용석 건국대 교수의 자료를 다음과 같이 인용한다. 첫째는 의도적으로 만들어진 허위정보 또는 오해를 부르는 정보로서 대상을 속이기 위해 숙고해서 계산된 방식으로 퍼뜨리는 허위정보(Disinformation)이다.

둘째는 진실을 가장해서 고의로 조작한 정보로서 관찰이나 판단오류, 선의의 거짓말, 전설, 만우절 농담과 구별되는 거짓 정보(Hoax)가 있다.

셋째는 사실이 아님을 인식하지 못한 채 의도적 또는 비의도적으로 전파되는 오인정보(Misinformation)이다.

넷째는 대상이 허구임을 인지할 수 있는 상태로 허위적 정보를 구성하는 패러디(Parodies) 또는 풍자적 페이크 뉴스(Satirical Fake News)이다.

다섯째는 근거 없이 퍼지는 소문 등으로 정보의 불확실성이 주요 원인 중 하나인 루머(Rumor)나 유언비어로서 위로 갈수록 가짜정보의 강도가 강해진 것으로 판단된다.

인터넷 등 정보통신매체를 이용한 허위사실 유포는 중한 처벌을 받는다. 특정인 또는 단체를 비방할 목적의 허위사실 유포는 「정보통신망 이용촉진 및 정보보호 등에 관한 법률」 제70조제2항(허위사실 유포 명예훼손)에 의거 7년 이하의 징역, 10년 이하의 자격정지 또는 5천만원 이하의 벌금에 처해진다. 또한 모욕은 「형법」 제311조(모욕)에 의해 처벌된다.

언론사를 사칭하여 허위기사를 작성하거나 경영상 위험 등을 초래하면 「형법」 제314조제1항(업무방해)을 위반하게 된다. 「전기통신기본법」 제47조제2항(이익 목적 허위통신)은 자기 또는 타인의 이익을 주거나 손해를 가할 목적의 허위통신을 금하고 있다. 「자본시장과 금융투자업에 관한 법률」 제178조(부정거래 금지)는 주식이나 선물 등의 매매 그 밖의 거래 관련 허위사실 유포를 금하고 있다.

현재와 같은 정보화 사회에서 사람들의 흥미와 본능을 자극하여 시선을 끄는 허위사실은 인터넷 매체를 통하여 급속도로 유포되고 있다. 흑색선전으로 인한 사회 신뢰도 추락을 막기 위해서는 인터넷상 각종 허위사실을 작성하고, 이를 유포하는 범죄행위는 강력하게 단속해야 한다. 경찰청이 올해 연말까지 '국민 생활 침해 허위사실 유포 사범 특별단속'을 하는 이유가 여기에 있다.

4. 가짜뉴스 유포는 명백한 범죄행위이다

황색언론(Yellow Journalism)의 일종인 가짜뉴스(Fake News)가 사회 문제화 되고 있다. 인터넷 매체를 통하여 급속도로 유포되면서 사람들의 흥미와 본능을 자극하여 시선을 끌기 때문이다. 인터넷 상 각종 허위사실을 작성하고, 이를 유포하는 가짜뉴스가 기승을 부리면서 흑색선전으로 인한 사회 신뢰도 하락이 우려된다.

영국의 사전출판사 콜린스는 2017년 '가짜뉴스'라는 단어 사용빈도가 세 배 이상 늘었다면서 가장 핫(Hot)한 단어로 '페이크뉴스'를 선정했다. 국내에서도 2017년 11월 발생된 포항 지진이후 과학적 근거가 없는 지진운을 발생 전에 목격했다는 괴담이 떠돌았으며, 심지어 북한 특수부대 소행이라는 가짜뉴스가 SNS를 통해 확산되기도 했다. 2017년 대선에서는 지방자치단체 의회 의장이 가짜뉴스를 유포한 혐의로 항소심에서 의원직을 상실하는 원심판결이 유지되기도 했다.

가짜뉴스는 디지털환경의 진화에 따라 콘텐츠 생산이 급격히 증가한 상황에서 원본과 주석주체의 불명확성을 악용하여 악의적으로 유통되고 있다. 2017년 말 기준 국내등록 정기간행물 1만9,504개 중, 인터넷 간행물은 7,151개로 36.7%를 차지한 원인도 있다.

가짜뉴스의 주요 특징은 조직적인 댓글 퍼나르기, 카카오톡, 밴드 등 폐쇄형 SNS 등을 이용한 다단계식 전파로 조직적이고, 은밀화 된 경향이다. 또한 밴드, 카페, 카카오톡, 페이스북 같이 관계 지향적이고, 폐쇄적인 SNS를 통해 유통되고 있다.

특히 2018년 지방선거에서도 지난 대선부터 부각된 가짜뉴스 등이 비방 또는 흑색선전 문제가 선거과정에서 주요 이슈로 부상하고 있다. 때문에 민주주의를 위협하고, 언론의 역할과 가치를 훼손하는 가짜뉴스에 엄정 대응하여 깨끗한 사이버환경 조성 및 공명선거 확립이 필요하다.

가짜뉴스는 특정인이나 단체를 비방목적 또는 모욕적인 허위의 기사 작성 시는「정보통신망 이용촉진 및 정보보호 등에 관한 법률」제70조 제2항(허위사실 유포 명예훼손), 「형법」제311조(모욕)에 저촉되며, 당선 또는 낙선 목적의 후보자 등에 관한 허위기사는「공직선거법」제250조(허위사실공

표), 같은 법 제251조(후보자비방)로 처벌받는 중범죄 행위이다.

또한 언론사를 사칭해 허위기사를 작성하거나 경영상 위험 등을 초래 시는 「형법」 제314조 제1항(업무방해)에 해당되며, 자기 또는 타인의 이익을 주거나 손해를 가할 목적으로 작성한 허위기사는 「전기통신기본법」 제47조 제2항(이익 목적 허위통신)으로 처벌되고, 주식이나 선물 등의 매매 그 밖의 거래 관련 허위기사는 「자본시장과 금융투자업에 관한 법률」 제178조(부정거래 금지)에 저촉된다.

끝나지 않을 가짜뉴스와의 전쟁은 시작됐다. 뉴스 생산자가 누구인지 확인하지 않고서 허위임을 인식하고 퍼 나르는 행위도 최초 작성자에 대한 방조범으로 처벌받을 수 있기에 신중을 기해야 한다. 그래야만 우리 모두가 정보의 바다로 순항을 할 수 있을 것이다.

5. 미투! 사실 이야기 했는데 명예훼손

사회 각계에서 성폭력 피해사실에 대한 고백과 폭로로 이어지는 이른바 '미투운동(Me Too movement)'이 국내를 떠들썩하게 하고 있다. 2017년 10월 영화배우 로즈 맥고완이 SNS를 통해 '나도 당했다'는 뜻의 'Me Too'에 해시태크(#)를 달고서 미국 할리우드의 거물 영화제작자 하비 와인스타인의 성범죄를 고발하면서 파장이 커졌고, 현재 전 세계적으로 확산되고 있다.

국내에서도 2018년 1월 말 여검사가 성추행을 당했다는 사실을 폭로하면서 한국의 미투 운동이 시작됐다. 현재는 그동안 감춰졌던 성추문이 검찰, 문화예술계에 이어 대학과 정계까지 전 방위적으로 드러나면서 대한민국이 블랙홀에 빠져드는 느낌이다.

그러나 국내에서는 사실을 적시해도 타인의 명예를 훼손했다고 판단되면 징역형까지 받을 수 있기에 성범죄 피해자들이 가해자를 실명으로 폭로하는데 큰 부담이 될 수 있다. 2007년 떡값 검사 명단을 발표한 故 노회찬 전의원과 2010년 민간인 사찰 의혹을 제기한 박원순 서울시장도 사실을 적시했지만 명예훼손으로 고소당하기도 했다.

성폭력 피해자의 고발이 「형법」과 「정보통신망 이용촉진 및 정보보호 등에 관한 법률」에 규정된 명예훼손죄가 성립될 수 있다는 우려 때문에 미투운동 확산에 장애요소로 작용한다는 지적이 있다.

「형법」 제307조 제1항은 '공연히 사실을 적시하여 사람의 명예를 훼손한 자는 2년 이하의 징역이나 금고 또는 500만원 이하의 벌금에 처한다'라고 규정하고, 법 제310조에는 위 '명예훼손' 행위가 진실한 사실로서 오로지 공공의 이익에 관한 때에는 처벌하지 아니한다고 하여 위법성을 조각하고 있다.

국립대학 교수가 제자인 여학생을 성추행했다는 글을 여성단체가 인터넷에 게재한 사안에서 그 행위는 학내 성폭력근절을 위한 대책마련 촉구의 목적으로 공공의 이익을 위한 것이므로 비방의 목적이 있다고 볼 수 없다는 대법원 판례도 있다.[65] 진실한 사실로서 공익에 관한 것일 때에는 처벌할 수 없다는 취지다.

「정보통신망 이용촉진 및 정보보호 등에 관한 법률」 제70조 제1항은 '사람을 비방할 목적으로 정보통신망을 통해 공공연하게 사실을 드러내어 다른 사람의 명예를 훼손한 자는 3년 이하의 징역 또는 3천만원 이하의 벌금에 처한다'라고 규정해 형법보다 가중처벌 된다. 제3항에서 '제1항의 죄는 피해자가 구체적으로 밝힌 의사에 반해 공소를 제기할 수 없다'라고 정의하여 형법과 같이 피해자의 의사에 반하여 공소를 제기할 수 없는 '반의사불벌죄'로 규정하고 있다.

현재(2018년 3월 기준)는 국회에서 성폭력 피해자들의 2차 피해를 막기 위한 '사실 적시 명예훼손 폐지'를 추진하거나, 「성폭력 범죄의 처벌 등에 관한 특례법」등 관련 법률을 개정 발의하는 등 적극적인 움직임을 나타내고 있다.

실제로 법조계에서는 부작용이 크다는 이유로 사실적시에 의한 명예훼손 조항을 폐지하자는 의견도 있었으나, 2016년 헌법재판소는 법리검토후, 위 조항의 합헌을 결정한바 있다. 하지만 사실적시에 의한 명예훼손 폐지가 어려우면 억울한 피해자의 고발에 의한 사실 적시는 단서조항을 둬 명예훼손죄에서 제외시키고, 피해자가 아닌 제3자에 의한 사실적시 명예훼손만 처벌하는 것으로의 개정도 검토가 필요하다.

일시적인 미투 대상자인 여성의 아픔과 고통의 선언이 아니라 우리사회가 앞으로 성폭력을 근절시키겠다는 단호한 의지가 필요하다. 사회적 대변혁의 큰 물결로 잘못된 성문화에 대해서 법적·제도적 장치를 확보해 끊임없이 성폭행과 성폭력으로부터 많은 차별과 피해를 받는 여성들을 구제하고, 그 사람들을 보호할 수 있는 장치가 필요하다. 그래야만 헌법에서 보호하는 인간으로서의 존엄과 가치를 갖고, 행복을 추구할 권리를 가질 것이다.

6. 알아야 할 명예훼손 분쟁조정제도

대한민국은 세계 최고수준의 정보통신기술(ICT) 강국이다. 그러나 그로인한 사이버범죄의 발생 증가 등 그 역기능도 만만치 않다. 2015년 경찰청 사이버안전국에 신고 된 사이버 명예훼손 및 모욕사건은 총 1만5,043건으로 전년(8,880건) 대비 69.4%나 증가했다. 그러나 '고소 후 합의' 등 사유로 형사처분은 50% 이하로 하락했다.

최근에는 가짜뉴스 등 '사이버 명예훼손·모욕행위'에 대한 전·현 국회의원, 구청장 및 인기연예인 그룹 멤버 등 저명인사와 유명인들의 적극적

법적 대응으로 사이버수사관들의 부담감도 증대되는 등 사이버범죄 수사에 몸살을 앓고 있다. 2017년 7월에는 합의금 목적으로 여성 네티즌 상대 사이버 명예훼손·모욕으로 고소를 남발하던 20대 남성이 공갈 등으로 구속되는 등 각종 부작용도 속출하고 있다.[66]

또한 사이버명예훼손 등 수사는 정보통신매체를 이용한 범죄 특성 상 압수·수색영장 집행 및 해외 서버 이용 등으로 수사 량 증가도 상당하다. 고소인은 해당 ID, IP만을 고소단서로 제출하여 영장 또는 통신수사로 행위자 추적수사가 필요하다. 최근 대법원에서는 영장원본을 제시하지 않을 경우에는 '위법수집증거'에 해당한다고 판시하여 향후 수사에 시공간적으로 많은 제약이 예상된다.

아울러 인터넷 불법정보가 해외 서버 IP(우회접속), SNS(공조수사 곤란)를 통해 유포하거나 게시물 업로드 후 단시간 내 삭제 반복하는 등 단속 회피 수법이 갈수록 진화하여 추적에 어려움이 상당하다. 때문에 방송통신심의위원회에서는 사이버 명예훼손, 모욕 사건에 대한 '명예훼손 분쟁조정부'의 역할을 확대하여 고소사건 감축을 통해 수사효율성을 제고하고 있다.

바로 형사절차 진행 전 '이용자 정보제공청구' 및 '명예훼손 분쟁조정'제도를 적극 활용하여 우발적이고, 경미한 죄질의 전과자 양산을 방지해 인권보호에 기여하기 위한 '명예훼손 분쟁조정 제도'이다.

'이용자 정보제공청구'는 '민·형사 訴 제기' 목적으로 피해자가 침해사실을 소명하여 이용자 정보를 제공하도록 분쟁조정부에 청구하는 제도이고 '명예훼손 분쟁조정'은 인터넷상 명예훼손 등 권리침해를 받은 자가 분쟁조정 기관인 방송통신심의위원회에 조정을 신청하는 제도이다.

그러면 방심위에서는 처벌 가치가 극히 미약한 댓글인지, 처벌의사가 있는지, 비하·욕설이 포함되어 있더라도 일회성 댓글로 전파 정도가 미미하여 정상을 참작할만한 사유가 있는지, 그리고 수사나 소추할 공공의 이익이 없거나 극히 적어 수사의 필요성이 인정되지 않는 사안이나 각하, 불기소(죄안됨) 등 기타, 판례 등에 비추어 사회상규에 위반되지 않는 사안인지를 검토해 판단하게 된다.

신청은 방송통신심의위원회 홈페이지(www.kocsc.or.kr) '인터넷피해구제센터' 內 이용자 정보제공 청구 및 명예훼손 분쟁조정제도를 활용하면 되며, 서면으로도 신청이 가능하다.

신청에 의해 이용자 정보제공 청구는 상대방 성명, 주소, 연락처 등 확보가 가능하고, 명예훼손 분쟁조정은 해당정보 삭제, 상대방 사과, 손해배상 등을 조정 받을 수 있기에 적극 활용이 필요하다. 그래야 국가 수사력 낭비를 줄일 수 있다.

7. 중한 처벌이 필요한 사이버인격권 침해 범죄

정보통신기술의 강국인 대한민국이 사이버폭력 등 사이버범죄로 멍들어가고 있다. 사이버범죄는 2014년 11만109건에서 2016년에는 15만3,075건으로 크게 증가했다. 범죄 피해로 인한 자괴감 등으로 인한 미신고건을 포함하면 실제로 발생한 피해는 더 많을 것이다. 모바일 시대를 맞아 국민 생활에서 사이버 영역 비중이 갈수록 증가하면서 오프라인 범죄가 사이버공간으로 점차 이동하는 추세다.

사이버범죄는 시·공간을 초월하고, 피해 확산이 빠르며, 불특정 다수를 범행대상으로 한다. 피해 회복이 쉽지 않다는 특징도 있다. 개인은 물론 사회적으로 제2의 피해 등 심각한 문제를 야기하는 역기능도 다양하게 나타나고 있다.

피해자를 자살에 이르게까지 하는 사이버 명예훼손과 모욕은 국가기관이나 구성원에 대한 악의적인 허위사실 유포 및 비방행위, 특정인에 대한 의도적이거나 반복적인 명예훼손과 모욕행위, 허위 또는 악의적인 가짜뉴스를 제작하거나 유포하는 행위 등이다.

명예훼손 등 발생 건수는 2014년 8,880건에서 2016년 1만4,808건으로 계속 증가추세에 있어 현재 진행형이다. SNS 사용증가로 인한 단체 채팅방, 포털사이트 게시판 댓글, 개인방송 채팅 등의 활성화 등으로 인해 앞으로 발생건수는 계속 증가할 것으로 예상된다.

특히 사이버공간을 통해 타인의 명예를 훼손하고, 모욕함으로써 피해자의 사회적 평가와 인격권을 침해하는 행위는 인터넷의 특성상 원상회복이 거의 불가능하다. 때문에 범죄자에 대한 가벌성을 보다 엄중하게 적용할 필요성이 있다.

첫째로는 '징벌적 손해배상제도(懲罰的 損害賠償制度)' 도입도 검토할 필요가 있다. '처벌적 손해배상'이라고도 하는 이 제도는 가해자가 피해자에게 악의를 품고 비난 받아 마땅한 무분별한 불법행위를 한 경우에 민사재판에서 가해자에게 징벌을 가할 목적으로 부과하는 손해배상이다. 실제 손해액을 훨씬 넘어선 많은 액수를 부과하므로 경제적인 부담으로 범죄에 대한 경각심이 클 것이다.

둘째로는 '사이버불링' 등 학교폭력 예방을 위한 「학교폭력예방 및 대책에 관한 법률」 개정의 필요성이다. 현행 학교폭력예방법 제2조 제1호 1에서 '학교폭력' 범주 내에 명예훼손·모욕, 사이버 따돌림, 정보통신망을 이용한 음란·폭력 정보 등이 포함돼 있다. 또한 1의2 '따돌림', 1의3 '사이버 따돌림' 정의도 규정하고 있지만 그에 대한 구체적 범위가 명시돼 있지 않고, 형사법적인 처벌근거도 없기 때문에 법률적인 명확성을 필요로 한다.[68]

셋째로는 '현피' 행위를 방관해서는 안 된다. 청소년들 간에 게임중독의 부작용이 매우 심하다. 대표적인 것이 게임 상대방과의 사이에서 자주 발생하는 이른바 현피 행위이다. 현피란 인터넷게임을 하다가 상대방과의 채팅 도중에 서로 말다툼 시비가 붙게 되고, 그것을 못 참고 실제로 서로 만나 폭력을 겨루거나 행사하는 것을 말한다.

넷째로는 사이버공간은 '성역'이 아니다. 일부에서는 표현의 자유 침해를 주장하고 있지만, 현재의 상황에서는 타인의 명예를 훼손하거나 공연히 모욕하는 행위는 형사법상 명백한 범죄행위이고, 이는 형사 처벌될 수밖에 없는 것이다. 사이버공간에서 정치적 표현이라고 해서 또는 언론의 자유를 보장해야 한다는 막연한 이유만으로 타인에 대한 심한 욕설이나 근거 없는 명예훼손을 그대로 인정할 수는 없다.

날로 확장되는 사이버공간은 우리의 일상생활에 있어 매우 중요한 한 공간이 되었다. 일상의 평온을 저해하는 명예훼손 등 사이버폭력 등으로 인한 인격권 침해는 과감하게 중한 처벌로 다스릴 필요가 있다. 그래야만 일상의 평온이 보장되고, 사회 안전망은 구축될 것이다. 사이버공간의 안전과 평온을 위한 각종 법률이나 규정 등 규제는 부득이할 수밖에 없다.

8. 체계적 예방책이 필요한 악풀

세계최고 의 정보통신기술(ICT)강국인 대한민국이 악풀에 멍들고 있다. 악성리플(Reply. 댓글)의 줄임말인 악풀은 사이버범죄의 일종으로 인터넷 상에서 상대방이 올린 글에 대한 비방이나 험담을 하는 댓글이다. 악풀은 인터넷이나 스마트폰을 통해 이루어지는 소리 없는 폭력이다. 악성댓글, 신상털기, 비방과 욕설, 명예훼손, 따돌림, 허위사실 유포, 협박성 메시지 전송 등의 행위는 사이버권리를 침해하는 명백한 범죄행위다.

경찰청 자료에 의하면 사이버 명예훼손과 모욕은 2014년 8,880건에서 2015년 1만5,043건으로 배 가까이 급증했다. 댓글 문화 및 게임 채팅 활성화로 명예훼손 등 법률위반 행위가 증가한 것이다. 피의자들의 연령대는 20대가 22.4%로 가장 많았고, 30대는 17.75%, 40대는 13.2%로 나타났다. 10대도 11.3%에 이르렀다. 직업도 주부, 취업준비생, 교사 등 다양하다. 심각한 사회문제로 대두된 악플을 생산하는 '악플러'들이 전 연령대에 걸쳐 나타났다.

사이버공간에서 공연성이 인정되는 욕설 등으로 상대방을 비난하거나 허위의 사실 또는 구체적인 사실을 적시하여 명예를 훼손하는 경우에는 처벌을 하는 것이 국내의 실정법이다. 단순히 '병신이구먼'이라는 댓글도 처벌이 될 수 있다. '뇌가 없는 사람이네. 무뇌아'라는 표현도 벌금형을 확정하는 대법원 판례다. 이는 사회상규를 벗어나 상대방의 사회적 평가를 저하시키기에 충분한 언어 표현으로 판단한 것이다.

일상생활에서 온라인 공간 활동영역이 확대되면서 최근(2016년 11월 기준) 법원에서는 악플러 등을 강하게 처벌하는 경향이 뚜렷하다. '사이버공간에서 이뤄지는 타인에 대한 명예훼손이나 모욕은 현실과는 달리 일회적이거나 휘발적이지 않고 피해가 광범위하다'는 법원의 판단이다.

대대수의 '악플러'들은 남에게 주목받고 싶은 이른바 '관심병'에 근거하는 것으로 나타난다. 또한 '온라인은 해방구'라는 잘못된 인식도 악플 게시에 영향을 주고 있다. 사회적 물의를 발생시킨 사람이나 기업을 무작정 지속적으로 비방하거나, 자신이 좋아하는 스타의 경쟁자를 비방하는 경우로도 나타난다. 이는 잘못된 정의감으로 나타나는 악플이다.

심지어 의도적으로 악플을 달도록 유도하고서, 게시자 상대 고소로 합의금을 유도하는 '낚시글'도 나타난다. 마녀사냥식 신상털기, 사이버 불링(Cyber Bullying) 등 인터넷상의 무분별한 악성댓글로 인한 피해가 심각한 사회문제로 대두됐다. 앞으로 악플과 같은 댓글로 인한 개인 및 사회의 피해는 심각하게 나타날 수 있다. 이를 사전에 예방하지 못하면 정보통신기술 강국임에도 그 순기능은 감소될 수밖에 없다.

악성댓글로 인한 피해예방 및 감소를 위해서는 체계적인 예방대책 추진이 필요하다. 경찰에서는 이와 관련하여 건전한 사이버공간 조성을 위해 선플운동본부·포털사·게임사와 공동으로 '선플로 만드는 따뜻한 인터넷 세상, 온(溫)누리 캠페인'을 실시하고 있다. '온누리'는 따뜻함을 상징하는 '온'과 세상을 뜻하는 우리말 '누리'의 합성어이다. 선플운동본부 및 국내 포털사, 게임사들의 적극적인 참여로 가시적인 성과를 기대한다.

SNS이용자들은 단체방에서는 불특정 또는 다수인들과 대화를 나누기 때문에 주의를 해야 한다. 실명을 거론하지 않아도 특정인임을 알 수 있으면 명예훼손에 해당될 수 있다. 공개적인 개인 간 대화라도 공연성이 인정되면 처벌 받을 수 있다.

악플 게시 등 사이버권리 침해를 예방하기 위해서는 건전한 네티즌 의식을 필요로 한다. 어렸을 때부터 가정 및 학교 등에서 네티켓 교육을 강화하는 정책적 대안도 필요하다. 그래야만 건전한 인터넷 세상이 되어 정보통신기술 강국의 위상에 손상이 없을 것이다. 우리 모두 악플 등 사이버권리 침해가 없는 깨끗한 세상을 만들어 보자.

9. 세월호 관련 악성 글 막아야 할 SNS 등

사이버 공간을 오염시키는 것 가운데 가장 심각한 것은 '명예훼손성 게시물'이다. 이는 고의로 타인의 명예를 훼손하는 적극적인 범죄행위로 피해자를 정신적 공황에 빠트려 정상 회복을 불가능하게 할 수도 있다.

세월호 침몰(沈沒) 참사와 관련해 실종자, 유가족, 정부 등에 대한 허위사실이나 명예훼손, 모욕 등의 게시글이 소셜네트워크서비스(SNS)와 인터넷에서 급격히 확산되고 있다. 이로 인해 피해자들을 울리고, 분노하게 만들고 있다. 정부가 시신 인양과 구조를 일부러 늦추고 있다는 식의 괴담은 정부에 대한 불신을 절정에 달하게 했다.

세월호 유언비어는 사고가 발생한 날부터 나왔다. 침몰 당일인 2014. 4. 16. 생존자가 보냈다는 '아직 사람이 있다'는 내용의 문자메시지는 실종자 가족들에게 희망을 주었으나 초등학생의 장난으로 밝혀졌다. 이후의 '선내에 생존자가 있다'는 메시지 등도 사실이 아닌 것으로 드러나 실종자 가족들에게 큰 상처를 안겨줬다.

'민간 잠수사라고 주장하는 여성의 종편채널 발언. 정부가 프로 다이버들의 수색을 막고 있다. 침몰이 한·미 훈련으로 무리하게 항로를 변경하다 발생했다. 잠수함과 충돌했다. 대통령의 안산 정부합동분양소 방문시 위로의 말을 나눈 할머니의 동원설' 등도 거짓이었다.

괴담을 악용한 범죄도 기승을 부리고 있다. '여객선 침몰사고 구조현황 동영상'이라는 스미싱 문자가 보내지고 있는데, 스마트폰으로 해당 문자에 첨부된 주소를 클릭하면 악성애플리케이션 '구조현황.apk'이 다운되면서 기기 정보, 통화기록 등이 유출돼 국민적 공분을 사고 있다.

경찰은 세월호 참사와 관련한 괴담 및 명예훼손, 허위사실 유포 등에 대해 적극적인 수사 및 모니터링을 하고 있다. 그럼에도 SNS나 인터넷에서는 허위사실 등이 확산되고 있다. 유언비어·댓글 등을 악의적으로 유포해 희생자 가족들에게 상처를 주고, 수색 및 구조 활동 등에 지장을 주는 행위는 용서할 수 없는 반인륜적 범죄행위다. 부모 자녀의 생환을 기다리다 이제 시신만이라도 찾기를 염원하는 가족들은 유언비어와 선동에 지쳐 있다.

선동과 유언비어 등 명예훼손 성 게시물이 근절되지 않는 것은 윤리의식 부족 때문이다. 어려서부터 윤리의식을 제고해야 한다. 유언비어가 발을 붙이지 못하도록 정부도 신속히 사실을 전달해야 한다. 더 이상의 괴담이나 루머 등 황당 유언비어가 발을 붙이지 못하는 올바른 정보통신문화를 기원한다.

4차 산업혁명과 드론

1. 5G 시대의 정보보호는 국가 경쟁력이다

한국은 2018. 12. 1. 세계 최초로 5G(5세대 이동통신) 전파를 송출해 상
용화했다. 최대 속도가 초당 20기가비트(Gb)에 달하는 5G는 초고속성
과 초연결성을 통해 4차 산업의 핵심 기술과 융합하여 삶의 형태를 바
꾸고 있다. 사물인터넷(IoT)과 자율주행, 지능형 공장인 스마트팩토리
(Smart Factory), 실시간 가상현실(VR)과 증강현실(AR) 등 다양한 기술
창출로 나타나고 있다.

5G 기술은 다수의 통신기기를 통신망에 접속시킬 수 있는 사물인터넷
분야에서 실질적으로 체감할 수 있을 것으로 예상된다. 자율주행차나 드
론과 결합해 물류와 운송에도 혁신이 일어나고, 다른 통신망이나 인공지
능과 융합한 다양한 제품들의 출시도 예상된다.

5G 스마트폰이 출시되는 등 5G 보급이 확대되면서 사이버 보안에 대한
우려도 높아졌다. 현재 인터넷에는 120억개의 사물인터넷 기기들이 연
결돼 있고, 분당 4,800개씩 추가된다는 보도도 있다. 5G 사물인터넷이
해킹되면 초고속 연결성으로 인해 광범위한 피해가 발생된다. 사이버 공
격자들은 해킹 등으로 보안에 취약한 사물인터넷 기기들을 대상으로 한

공격은 더 심해질 수 있다.

최근 미국은 중국 최대의 네트워크와 통신장비 공급사인 화웨이 (HUAWEI)를 압박하고 있다. 통신 장비에 비밀 통신이 가능한 백도어 (Backdoor)를 숨겨 기밀정보 수집이나 사이버 공격에 활용할 수 있다는 이유이다. 5G의 해킹 등 위험성을 염려해 화웨이의 5G 통신장비를 사용하는 동맹국도 제재를 가하겠다는 것이다.

한국전자통신연구원(ETRI)에 의하면 5G 시장규모는 2020년 378억달러에서 2022년 1,683억달러, 2024년 5,348억달러에 이를 것으로 전망했다. 5G 시장이 확대되면서 보안에 대한 염려도 커지는 것은 당연하다. 5G 기술은 현세대 통신 기술보다 수백억개의 기기들을 통신망에 연결시킬 수 있다. 연결된 통신기기들 중 한 곳이 해킹 등으로 보안이 뚫릴 경우 그 피해는 전 기기로 확장될 수도 있다.

사이버 보안의 기본은 컴퓨터나 스마트폰에 백신을 설치하여 지능형지속위협(APT)공격이나 멀웨어(Malware) 등 다양한 종류의 악성코드를 감지하는 것이다. 메모리 용량이 충분하지 않은 사물인터넷 기기에 보안 소프트웨어를 올리는 것은 어렵다. 상용화 된 5G는 네트워크를 통해 확산되는 악성코드를 찾아내고, 예방하는 보안이 필요하다.

보안업체들은 사이버 킬체인(Cyber Kill Chain)을 구성해 대응하고 있다. 킬체인[70]은 1991년 걸프전에서 이라크의 미사일 발사대를 찾아 선제 타격하는 것과 같이 지능형지속위협공격 등을 방어하기 위한 전략이다. 사람의 심리를 이용해 이메일 등의 원하는 정보를 얻는 사회공학적해킹 (Social Engineering Hacking) 기법으로 트로이목마 등 악성코드를 심어 비밀문 백도어를 만들거나 시스템 파괴 또는 데이터를 누출하는 과정에 대비하는 것이다.

5G 등 보안을 위해서는 평소 취약점을 점검하고, 방화벽이나 이메일 분석 등으로 침입을 차단하며, 운영체제 보안 패치를 업데이트해야 한다.

안티바이러스나 보호된 영역 안에서 프로그램을 작동시키는 보안 소프트웨어(Sandbox) 등을 활용하고, 방화벽이나 PC, 스마트폰 보안도 강화해야 한다. 침투에 의한 자료 누출에 대응하기 위해서는 데이터를 이동 관리하거나 허위 데이터를 전송하는 전술적 기망도 필요하다.

그러나 일부 보안전문가는 방화벽이 핵심 방어 수단인 사이버 킬체인은 한계가 있다고 지적한다. 이미 공격자가 사물인터넷 등 기기 내부에 깊숙이 침투해 있다는 가정 하에 대응하는 방안을 찾아야 한다는 것이다. 5G 시대에 맞춰 네트워크를 통해 이동하면서 전파하는 악성코드를 감시하는 새로운 방식의 사이버 보안을 필요로 하고 있다.

현재와 같은 5G 시대에 사이버 공격자들은 보안에 취약한 사물인터넷 기기들을 목표로 한 다양한 공격이 예상된다. 5G와 사물인터넷, 인공지능(AI), 빅데이터는 4차 산업혁명 시대의 대표적인 기술이다. 이들 기술은 절대적으로 보안이 뒷받침되어야 하고, 위협에서 즉시 보호하지 못할 경우 발생된 피해는 상상을 초월할 수 있다.

5G 기반의 초연결 네트워크를 통해 전파되는 악성코드 등의 보안위협은 우리 일상생활을 위협할 수 있다. 성공적인 미래사회는 완벽한 보안기술로 철저하게 대비해야만 보장된다. 현재 국제사회는 보안이 신뢰되지 않은 국가는 경제와 외교에서도 악영향을 받는 것이 현실이다. 정보보호 수준이 바로 국가 경쟁력이 되고, 무역장벽이 되는 시대에서 완벽한 보안은 반드시 실현해야 한다.

2. 인공지능과 정보보호! 두 마리 토끼를 잡자

2016년 3월 역사적인 바둑 대국이 국내에서 벌어졌다. 바로 세계적인 바둑 기사 이세돌 9단과 구글 딥마인드 인공지능(AI) 프로그램 알파고와의

대국이었다. 결과는 구글의 빅데이터로 무장한 인공지능 알파고가 승리해 세계인을 놀라게 했다.[71]

당시 알파고의 대국을 지켜보는 사람들은 구글의 빅데이터 수집능력과 인공지능 수준을 실감했다. 현재 우리는 정보통신기술(ICT)의 융합으로 이뤄지는 4차 산업혁명 사회에서 빅데이터로 무장한 인공지능을 체감하고 있다. 인공지능이 물품 재고를 관리하고, 새로운 먹거리도 만든다. 음악 작곡과 그림을 그리는 등 인간의 문화와 예술분야에도 진출했다. 기업의 채용 면접과 암환자의 진단도 인공지능이 하는 등 그 용도는 매우 광범위하다.

인간의 학습과 추론능력, 지각과 자연어 처리능력 등을 실현하는 인공지능의 발전은 무궁무진하다. 시장조사 전문기관 마켓스 앤드 마켓스는 2025년 인공지능 기술 시장은 1,900억달러에 이를 것으로 예상했다. 빅데이터 기반의 인공지능 기술개발이 국가와 기업의 미래 경쟁력을 좌우할 것이란 예측이다.

현재 국내 정보통신기술 업체들의 빅데이터를 활용한 인공지능 개발은 외국 업체와 경쟁에서 밀린다는 지적이다. 국내 업체는 각종 규제로 데이터 수집과 활용 범위가 제한적이기 때문이다. 구글 등 해외 업체와 국내 인터넷 서비스 업체들의 정보데이터 수집항목을 비교해 보면 그 차이는 명확하다.

업계에 따르면 구글이나 페이스북 등 해외 인터넷 업체의 계정을 이용하려면 수집하는 데이터 항목이 국내 포털사보다 2~3배나 더 많은 것으로 나타났다. 국내 1위의 포털사이트인 네이버는 12개, 카카오는 18개에 그친다.

구글은 이용자가 지메일 계정을 개설하려면 다음과 같은 개인정보 수집항목의 클릭을 요구한다. 유튜브 시청 목록, 검색 기록, 이용자가 지정한 주요 이메일 주소, 구글 포토 등에 저장한 사진, 인터넷 주소 등 57개에 달한다. 페이스북도 사진 촬영 장소, 스마트폰 주소록, 이용자 위치 정보 등 51개 항목을 수집하고 있다.

국내 업체들이 외국 업체들에 비해 상대적으로 정보수집 항목이 적은 이유는 국내의 지나친 규제로 판단된다. 개인정보를 최소한으로 수집할 것을 명시한 「정보통신망 이용촉진 및 정보보호 등에 관한 법률」(약칭: 정보통신망법)을 비롯한 개인정보 관련 법률이 데이터 수집의 발목을 잡고 있다. 또한 국내 업체는 정보수집에 있어 이 법령보다 더 구체적인 지침을 담은 '온라인 개인정보 처리 가이드라인'[72]을 적용 받고 있다. 이 법령과 가이드라인은 국내 업체만 적용되어 외국 업체와 공정한 경쟁이 불가능한 '기울어진 운동장'[73] 상황이다.

수집된 데이터는 해당 업체의 개인별 서비스 제공으로 이어진다. 방대한 양의 데이터를 기반으로 해외 업체는 맞춤형 서비스로 진화하고 있다. 페이스북은 사진인식 기술을 활용해 친구를 추천하며, 구글은 이용자의 위치정보로 사진의 지리정보까지 서비스한다.

현재(2019년 10월 기준) 국회에는 국내 업체도 해외 업체와 같은 수준의 데이터를 수집할 수 있도록 하는 「정보통신망법」 개정안이 발의되어 있다. 정부도 「개인정보보호법」과 「신용정보의 이용 및 보호에 관한 법률」 등 관련 법률을 개정해 데이터 활용 규제를 완화하고자 하지만 시민단체들의 반대도 만만치 않다.

국내 데이터가 해외로 빠져나가면서 국내 업체들의 인공지능 등 기술 경쟁력은 해외 업체와 격차가 계속 벌어질 수밖에 없다. 인공지능 전문가들도 국내에서 데이터 수집과 활용이 어려워 국내 업체에 등을 돌리는 안타까운 현실이다.

개인정보는 헌법에서 보장하는 인간으로서의 존엄과 가치 그리고 행복을 추구하기 위해서 매우 중요하다. 무차별적으로 수집해 개인의 인격권이나 행복권을 침해해서는 안된다. 국내 인공지능의 발전과 이용자 서비스 향상을 위해서는 국내 업체도 외국 업체와 동일한 정보 수집은 당연하다. 「정보통신망법」등 관련 법률의 개정으로 해킹이나 고의, 과실에 의한 정보 누출에는 강한 처벌로 관리 책임을 부여함도 한 방법이다.

날로 변화하는 4차 산업혁명 경쟁 속에서 인공지능과 빅데이터를 활용한 기술개발은 매우 중요하다. 정부는 필요 최소한의 규제로 국내 업체들이 글로벌 경쟁에서 앞설 수 있도록 해야 한다. 인공지능 기술발전으로 서비스를 향상하고, 소중한 개인정보를 보호하는 두 마리의 토기를 잡는 현명한 정책이 요구된다.

3. 드론 공격과 안티드론

2019년 9월 14일 사우디아라비아 최대 석유시설 아람코[74]에 대한 드론 공격으로 국제 유가는 출렁였고, 중동 지역의 군사 긴장은 급격히 높아졌다. 공격에 이용된 드론 10대는 700~1,000㎞를 날아온 것으로 추정하고 있다. 이번 공격으로 사우디 산유량은 하루 570만배럴로 반 토막이 났고, 전 세계 수요량의 5%에 해당하는 원유 공급이 차질을 빚었다.

드론은 여가를 즐기는 레저용과 항공 촬영 등 방송용뿐만 아니라 사람이 할 수 없는 위험지역에서 재난이나 재해 등 구호활동에 이용되는 등 긍정적인 측면이 강하다. 최근에는 인공지능(AI)과 융합한 드론이 개발되면서 향후 인류의 삶을 즐겁고, 편리하게 해줄 것이다.

세계인들은 이번 사우디 정유시설 공격으로 드론의 위험성을 알게 되었다. 이제 드론은 중동 유전 테러와 같이 전략무기가 되었고, 현대전에서도 군사용 드론은 강력한 공격력을 발휘하고 있다. 2001년 미국은 아프카니스탄 전쟁에서 드론에 미사일을 장착해 알카에다를 공격했고, 현재는 기술발달로 상상을 초월한 공격력을 보유한 것으로 알려졌다. 공격용 드론은 개발 비용이 군용기에 비해 저렴하고, 효과적인 공격수단 확보로 빈곤한 나라도 군사 대국을 공격할 수 있게 되었다.

이 같은 군사용 드론의 무장에 미국 같은 강대국들도 드론을 이용한 공격이나 테러에 긴장하고 있다. 2019년 현재 95개 국가와 테러조직이 군사용 드론을 보유하고 있는 것으로 나타났다. 2014년 북한은 드론을 이용해 청와대 사진을 촬영한 사례도 있다. 적은 비용으로 드론제작이 가능해 경제적 비용도 적게 드는 효율적인 드론 공격은 다양하게 발생될 수 있다.

드론은 무분별한 촬영으로 인한 사생활침해나 무인비행장치의 낮은 탐지율과 조작의 편리성으로 각종 위험성이 나타나고 있다. 특정단체나 국가의 주요시설물을 표적으로 한 테러(소형폭탄, 방사성물질, 각종 위험물질)에 준하는 위협사례는 전 세계적으로 문제가 되고 있다. 국내도 2016년 11월부터 현재까지 3년간 원자력발전소나 에너지비축시설의 드론 출몰 사례는 모두 16건으로 나타났다.

사우디 정유시설 공격자는 탐지와 요격이 어려운 드론을 활용했다. 이번 공격으로 세계인들은 드론공격에 대비할 수 있는 방어체계(Anti Drone. 안티드론)에 대한 관심이 높아지고 있다. 안티드론의 기술적 요소는 무인비행장치 탐지기술과 무력화기술이 합쳐진 시스템을 갖추는 것이다.

안티드론의 탐지기술은 음향과 방향 탐지, 그리고 영상과 레이더 센서 탐지로 구분할 수 있다. 드론의 무력화기술은 전파교란이나 파괴, 포획 기술이 대표적이다. 그러나 현재의 국내「전파법」은 원칙적으로 전파차단 행위를 금지하고 있다.[75] 안티드론은 드론 전파를 교란시켜서 강제로 착륙시키거나 회귀 등을 유도한다. 현재는 이 기술이 안티드론의 가장 효과적인 기술로 평가 받고 있다.

세계 드론시장을 선점하는 미국이나 중국, 이스라엘 등은 군사용 안티드론의 연구와 시험이 자유롭다. 정부의 규제 완화는 정부 관련 기관과 기업의 협업으로 드론 발전을 향상시킬 수 있다. 우리 정부도 안티드론의 적극적인 개발을 위한 법률개정을 준비하고 있다. 공격이나 테러 등을 목적으로 한 드론의 전파를 차단하거나 교란할 수 있는 범위도 확대해야 한다.

근거리를 넘어 원거리에서 드론을 통제할 수 있는 통신기술 개발도 필요하다. 현재의 「항공안전법」은 조종자의 시야 범위를 넘어서는 비가시권 비행을 금지하고 있다.[76] 공격용 드론은 GPS 등과 연동하여 원격조종을 통해 시야를 넘어서 장거리 비행을 하면서 무기로 악용될 수 있어 이에 대한 대비도 필요하다.

현재의 드론 정책은 보완하여야 할 내용도 다수 존재한다. 무인비행장치 기술발전을 고려할 때 정부 차원의 안티드론 기술개발 지원과 무인비행체 무력화에 따른 추락 시 발생될 수 있는 2차 피해예방도 연구 대상이다. 제도적으로 드론 감시체계에 대한 안티드론 개발 등 국가 핵심시설에 대한 정부 차원의 실효성 있는 정책도 시급하다.

한반도는 세계 유일의 분단국이라는 특성으로 인해 드론 비행과 관련한 규제가 비교적 강하다. 그러나 이제는 안티드론 개발로 드론 공격에 대비하기 위한 과감한 규제 완화를 필요로 하고 있다. 드론과 안티드론의 기술발전을 위한 정부의 관련 법 개정과 기술개발에도 심혈을 기울여야 할 때다. 드론 공격에 대한 부실한 대비로 소 잃고 외양간 고치는 일은 없어야 한다.

4. 드론 비행 조정과 관련한 보안규제 문제점

한국교통연구원의 자료에 의하면 현재(2016년 기준) 국내의 자전거 이용인구는 1,300만명을 넘어선 상황이다. 그만큼 자전거가 일상화된 것이다. 그런데 유아용이나 어린이용 자전거를 타고서 신호등이 있는 교차로에서 신호 위반을 하였다면 현행법상 자전거 운전자를 단속할 수 있을까?

「도로교통법」에는 "도로를 통행하는 차마의 운전자는 신호 또는 지시를 따라야 한다"라고 규정되어 있다. 이는 자전거가 위에서 말하는 차마에 포함된다면 법규를 위반한 자전거 운전자에게도 범칙금을 부과할 수 있음을 의미한다.

그러나 6세 미만의 영유아가 타고 다니는 자전거는 교통수단이 아닌 세발자전거와 동일한 완구의 개념으로 이해된다. 그래서 "유아용 자전거를 탄 유아는 보행자로 파악해야 한다"라는 예외규정을 두고 있으므로 단속대상이 될 수 없다.

위 「도로교통법」과 비교하여 국내 드론 소유자들이 주의해야 할 수치는 고도 150m, 중량 12kg이다. 이를 초과하는 무인비행장치는 「항공안전법」에 따라 신고의무가 발생하고, 위반 시 6월 이하의 징역 또는 500만 원 이하의 벌금에 처해진다. 역설하면 비행금지구역이 아니라면 12kg 이하의 무인비행장치는 별도의 신고 없이 150m 미만의 고도에서 자유롭게 비행이 가능한 것이다.

하지만 현행 법률은 비행금지구역과 야간비행은 12kg 이상이든 이하든 금지되어 있다. 때문에 완구용 어린이 장난감 드론도 야간에는 비행을 하면 안된다. 또한 사람이 밀집해 있는 장소에서의 비행에 대한 중량별 예외적인 조항도 없기 때문에 완구용 드론 역시 사람이 밀집해 있는 장소에서 비행을 하면 위법이다. 취미용은 물론 어린이 완구용 드론일지라도 이를 위반하게 되면 최대 200만원 이하의 과태료에 처해질 수 있다.

국내에서는 취미용으로 활용되는 많은 무인비행장치들은 대부분이 12kg을 초과하지 않아 이를 비행하려는 사람들은 별도의 자격증이나 신고를 요하지 않는다. 다만 「항공안전법」에서 지정한 비행금지구역에서의 비행과 야간비행, 그리고 공중밀집장소에서의 비행을 금지하고, 「해수욕장의 이용 및 관리에 관한 법률」에서도 개장시간 중 해수욕장 상공 비행을 금지하고 있다. 때문에 드론 조종자는 관련규정을 정확하게 숙지하여 이를 준수하여야 한다.

문제는 위와 같이 드론 비행을 제재하는 다수의 법률이 현존한다는 것과 분단국가라는 한반도의 특성상 휴전선 일대와 서울 도심 등 곳곳이 비행금지구역으로 설정되어 있다는 데 있다. 그리고 제한구역과 야간비행도 사전 승인을 받아야 하며, 복잡한 보안규정과 준수사항 등을 숙지하여야만 드론 비행이 가능하다.

해외에서는 경찰 드론이 범죄 용의자를 검거하고, 범죄단속과 실종자 수색 등 각 분야에서 큰 활약을 하고 있다. 그렇지만 국내에서는 다수의 비행금지구역 등 항공법 규제로 치안용 드론을 본격적으로 운영하는 데 한계가 있다는 전문가들의 지적이다.

정부는 창조와 융합이라는 슬로건을 내걸고 드론과 관련된 산업을 집중 육성하겠다는 계획을 밝힌 바 있다. 그러나 현재와 같은 복잡한 절차와 규정은 이를 후퇴시키기 충분하다.

1인 1드론 시대가 멀지 않았다. 그러하듯 4차 산업혁명의 인공지능과 융합된 드론의 발전 가능성 또한 무한하다. 때문에 드론 비행 관련 법률을 정비하고, 제재를 구체화 할 필요성이 요구된다. 그래야만 갈수록 지능화·고도화되고 있는 드론기술이 다양한 정보통신기술과 융합되어 보편적이고, 대중적으로 발전할 수 있을 것이다. 규제에 손발이 묶인 드론 정책이 되어서는 곤란하다.

5. 4차 산업혁명 시대의 불안한 미래에 맞서려면

2018. 11. 22. 오전 가상저장 공간을 제공하는 아마존웹서비스(Amazon Web Services)의 서울지역 클라우드(Cloud)가 약 84분가량 중단되었다. 스마트폰과 인공지능(AI: Artificial Intelligence)이 탑재된 TV 등 가전제품도 먹통이 되었다. 삼성과 LG의 인공지능 관련 주요 데이터를 보관 중인 중앙컴퓨터(서버)에 장애가 생긴 것이다. 이는 이 클라우드를 이용하는 가상화폐 거래, 쇼핑, 음식배달, 게임, 동영상 등 각 서비스까지 피해를 확산시켰다.

2018. 11. 24. 발생한 KT 서울 아현지사 화재사건은 정보를 전달하는 신경망을 손상시켰다. 그로 인해 서울의 5개 구와 경기 고양시 일부 지역에 거주하는 수십만 고객이 서비스를 이용하지 못하는 통신 대란으로 이어졌다.

전 세계 기업들은 4차 산업혁명 시대를 맞아 인공지능에 사활을 걸고 있다. 그렇지만 우리는 불과 이틀 간격으로 발생한 위 두 사고로 인해 인공지능과 통신서비스가 단절된 4차 산업혁명 시대의 재앙이 어떤 것인지 가늠할 수 있었다.

통신이 두절되면 스마트폰과 가전제품에 탑재된 인공지능 기능은 차단되고, 기업이나 공공기관에 데이터가 공급되지 않아 업무는 마비된다. 스마트 공장도 가동이 중지되고, 산업용과 의료용 로봇도 작동을 멈춘다. 자율주행차도 기능이 중단되어 인명피해가 발생하거나 도로에 큰 혼잡을 줄 가능성이 있다.

두 사고 모두 리스크(Risk)를 분산하지 않아 피해가 컸다. 아마존웹서비스를 이용한 피해기업들은 단일망만을 선택했고, KT 아현지사는 D급 시설로서 별도 백업망이 없었다. D급은 A~C 등급과는 달리 비상 우회 회선을 두지 않아 사고가 나면 곧바로 통신이 마비된다. 금년도 한국의 4

차 산업혁명과 관련된 정보통신기술(ICT)의 국가경쟁력은 1위라는 세계 경제포럼(WEF)의 발표가 부끄러울 지경이다.

인류에게 편리함을 제공한 기술의 진보는 소비자의 성향에 맞춘 처리속도 강화와 사이버상의 개인 연결 심화에만 몰두한 나머지 안정적인 운영과 위기대응에는 등한시 하였다. 그 결과 작은 오류나 사고로도 통신 재난 수준의 사태로까지 이어지고 있다.

5세대(5G) 사용화[77]를 앞두고 있는 현 시점에서 지나치게 한 곳의 서버에 의존하는 국내 기업들의 클라우드 이용 전략에도 변화가 있어야 한다. 서울 리전(Region. 지역) 이외에 해외 리전을 동시에 사용하는 멀티(Multi) 리전을 고려하는 등 사고대비에 중점을 둬야 한다.

또한 철저한 다중화 전략과 비상시 서로 자원을 공유하는 협력시스템을 갖추고, 특수재난에 대한 위험성 평가와 별도의 관리체계 구축도 요구된다. 통신은 수익성보다는 공공성이 강하다는 인식과 개념을 확충하는 관점에서의 제도적 장치를 연구해야 할 필요성도 높다.

정부는 국가안보 차원에서 통신망과 데이터 안전성 확보에 적극적으로 나서야 한다. 정부기관이나 군사보안, 핵심시설과 관련된 중요기능은 국내생산 서버를 이용하고, 메인 서버와 백업 서버는 중요도를 고려해 핵심과 비핵심으로 세분화해야 한다. 이번 사고는 국민 불편은 물론 대형 인명사고로까지 확대될 여지가 있었다. 다양한 유형의 사전대응만이 4차 산업혁명 시대의 불안한 미래에 맞서는 길이다.

6. 가상 상황으로 검토해 본 드론 비행과 실정법위반

2018년 세계경제포럼(WEF)이 조사한 한국의 4차 산업혁명과 관련된 정보통신기술(ICT)의 국가경쟁력은 세계 1위인 것으로 나타났다. 미래 산업의 수준이 그만큼 높아진 것이다. 국민들이 변화를 체감할 수 있는 4차 산업혁명이 되기 위해서는 국민들이 원하는 서비스 관점에서의 추진 전략이 필요하다.

지능정보기술이 융합된 인공지능(AI: Artificial Intelligence) 드론과 자율차 등 새로운 교통서비스는 4차 산업혁명의 요소기술이다. 그러나 국내의 드론 비행은 남과 북이 대치하고 있는 한반도 상황과 사생활 보호 등 보안 측면에서 각종 규제로 결코 쉽지 않다. 이에 드론 비행과 관련한 가상 상황에서 법률위반 행위를 검토해보고자 한다.

강원도 속초시에 거주하는 드론 조종자는 자체중량 3.5kg의 드론을 이용하여 일몰 광경을 촬영하고자 거주지에서 약 500m 가량 떨어진 해수욕장까지 비행을 시도하던 중, 100m 지점 주택 옥상에서 반라 상태로 일광욕을 하는 여성을 포착하고, 그 여성을 근접 촬영한 뒤, 계속해서 해수욕장까지 드론을 비행하였다.

위 드론 조종자의 행위는 국내 실정법상 다음과 같은 다양한 법률위반으로 나타난다.

첫째는 「성폭력범죄의 처벌 등에 관한 특례법」 위반이다. 카메라 등으로 성적 욕망 또는 수치심을 유발할 수 있는 다른 사람의 신체를 그 의사에 반하여 촬영하는 것을 금지하고 있다(제14조제1항).

둘째는 「정보통신망 이용촉진 및 정보보호 등에 관한 법률」 위반이다. 명예훼손 및 음란한 영상 배포를 금지하고 있다(제70조제1항, 제74조제1항제2호).

셋째는 「통신비밀보호법」 위반이다. 공개되지 아니한 타인 간의 대화 녹음을 금지하고 있다(제16조제1항1호).

넷째는 「개인정보보호법」 위반이다. 드론 비행으로 수집된 개인정보를 공표하거나, 제3자에게 제공하는 개인정보 침해행위를 금지하고 있다(제17조제1항).

다섯째는 「위치정보의 보호 및 이용 등에 관한 법률」 위반이다. 불법으로 개인위치정보를 수집·이용 또는 제공하는 행위를 금지하고 있다(제15조제1항).

여섯째는 「항공안전법」 위반이다. 강원도 속초는 비행금지구역이며, 일몰 후부터 일출 전까지 야간비행도 금지하고 있다. 또한 지상목표물을 육안으로 식별할 수 없는 상태 및 인구가 밀집된 지역이나 그 밖에 사람이 많이 모인 장소의 상공에서 인명 또는 재산에 위험을 초래할 우려가 있는 방법으로 비행을 금지하는 조종자 준수사항을 위반하면 과태료를 부과받을 수 있다(제129조제1항).

더 나아가 주거의 평온을 해치는 드론 비행은 「형법」 상 '주거침입죄'를 물을 수 있으며(형법 제319조), 개장시간 중 해수욕장 상공 비행을 금지하는 「해수욕장의 이용 및 관리에 관한 법률」에도 저촉될 수 있다(제22조제1항제10호).

4차 산업혁명에서 드론의 역할은 매우 중요하다. 무인기 드론은 아마존과 같은 물류 혁명부터 폭격기까지 활용 범위가 매우 넓다. 그러나 무인으로 비행하는 드론 기본 속성상 안전문제는 언제, 어디서나 존재하고, 프라이버시(Privacy) 침해 가능성 또한 매우 높다.

이제 우리도 드론 비행 활성화로 인공지능 등 요소기술이 융합된 4차 산업혁명의 선두에 앞장서야 한다. 그러기 위해서는 과감한 관련 법률의 재·개정과 세심한 보안 규제 검토를 위한 접근법이 요구된다.

7. 치안활동 도입이 시급한 생명을 살리는 드론

현직 경찰관인 경남지방경찰청 이병석 경정과 치안드론 전문가인 권희춘 교수가 공저한 '드론, 생명을 살리다'라는 도서가 관심을 끌고 있다.

현재 이 책은 미래학 분야 3위의 베스트셀러에 올라 있다.[78]

드론(Drone)은 조종사 없이 무선전파의 유도에 의해서 비행 및 조종이 가능한 무인비행체이다. 현재 드론은 촬영, 취미용 중심 시장에서 물류 운송, 건설, 시설물 점검, 농·임업, 통신 등 사업용 분야로 확대되고 있다. 또한 재난재해, 치안유지활동 등 공공분야에서 드론 활용이 확대됨으로써 사회 전반에 긍정적인 영향을 미칠 것이다.

2018년 9월 초에는 전국에서 섬이 가장 많은 전남 신안군의 외딴 섬에 1미터 길이의 무인 헬기형 드론이 목포 북항에서 1.6km 떨어진 바다 건너 압해도 선착장에 착륙했다. 최대 8kg의 물건을 싣고 10미터 바람에도 40㎞를 비행할 수 있는 이 드론은 선박과 자동차를 이용하면 3~4시간이 걸릴 일을 섬 주민의 검사용 혈액을 담아 출발지로 10여분 만에 되돌아왔다.

드론을 속히 치안 활동에 도입하자는 전문가들의 의견도 많다. 우선 실종자 수색 및 탐지이다. 치매 노인, 아동·여성·장애인, 자살 의심자, 조난자 등 주요 실종자 신고를 접한 경찰은 드론과 근거리에 있는 스마트 기기를 자동으로 인식하여 필요한 데이터를 전송할 수 있는 무선통신 장치인 비콘(Beacon)을 이용하여 신속하고, 정확하게 수색 및 탐지를 할 수 있을 것이다.

드론은 수사 분야에도 다양하게 활용될 수 있다. 흔히 CSI(Criminal Science Investigation)라고 알려진 과학수사대에서 첨단 기기와 센서를 증거수집과 분석 등에 활용하고 있다. 이런 장비들을 드론과 연계시키게 되면 활용 범위는 확장될 것이다.

2017년 4월에 전남 완도경찰서에서는 드론을 이용하여 수색이 곤란한 섬에서 양귀비 재배 사범을 단속하였다. 그 외에 경기 연천군 불법 채석장 단속(2015. 11), 양산 비닐하우스 도박장 단속(2017. 8)에도 드론이 이용된 사례가 있다.

2017년 6월 발생한 경남 창원 골프장 살인사건의 범인 수색에 드론이 활용되었다면 많은 경찰관들이 수색에 동원되지는 않았을 것이다. 당시 범인은 경찰의 추적을 피하기 위해 산으로 도주했다가 7월 초에 서울의 한 모텔에서 검거되었다. 대구 유치장 탈주범 도주 사건(2012. 9), 경남 마산 무학산 등산로 여성 살인사건(2015. 10)에도 드론이 투입되었더라면 신속한 범인 검거는 물론 인명피해까지 예방할 수 있었을 것이다.

그 외 드론을 활용한 치안 활동에는 제주도 한라산에서의 야생동물 습격으로부터 사람 보호와 둘레길 여성보호도 중요하다. 한강에서 투신한 실종자 수색을 위한 활용, 원활한 차량소통을 위한 교통체계분석, 테러 예방 및 진압, 집회 및 시위관리, 범죄예방을 위한 순찰 등 다양한 분야에서의 활용이 기대된다.

현재와 같은 정보화 사회에서는 하루가 다르게 새로운 용어와 키워드가 등장하고, 최근 4차 산업혁명이 단연 화두다. 4차 산업혁명은 생명을 보호하는데 활용될 것이며, 생명을 살리는 드론이 결정체일 것이다.

"드론을 시작으로 경찰 로봇과 인공지능 기술 등 최첨단 기술을 제일 먼저 도입하고, 활용하는 대한민국 경찰의 미래를 기대한다. 경찰이 4차 산업혁명으로 불리는 미래의 치안환경에 선제적으로 대응하고, 치안 한류를 통해 대한민국의 경제발전은 물론 전 세계 인류의 생명보호에 기여할 수 있기를 바란다."는 저자의 서문이 이루어지길 바란다.

전화금융사기
보이스피싱

1. 알아야 할 차명계좌(대포통장) 명의자 처벌

금융감독원 자료에 의하면 지난해 전화금융사기(보이스피싱) 범죄에 이용된 차명계좌(대포통장)는 2017년 4만5,494개보다 33.9% 증가한 6만 933개였다. 실소유주와 명의자가 다른 차명계좌는 전화금융사기를 비롯한 인터넷사기, 피싱 범죄 등 각종 금융사기에 이용되고 있다. 금년 상반기 전화금융사기 피해액은 사상 최대인 3,056억원이며, 금년도 피해액은 6,000억원을 넘어설 것으로 전망된다.

전화금융사기 범죄수법 변화가 차명계좌 증가를 불러왔다. 수사기관이나 금융기관을 사칭해 돈을 가로채던 전화금융사기 범죄는 2016년을 기점으로 대출사기형으로 바뀌었다. 신규 대출을 받게 해준다거나 기존 대출을 저금리로 전환해주겠다면서 계좌를 요구하는 수법이다. 전화금융사기 조직은 경기 침체로 대출을 원하는 다수의 사람들로부터 차명계좌를 확보한 것이다.

2018년 전화금융사기 중 대출을 빙자한 대출사기형은 2017년 5,048건보다 36.7% 증가한 6,899건으로 나타났다. 이들 중 상당수의 피해자 계좌는 전화금융사기 피해금을 이체 받아 재송금 또는 비트코인 등으로 범죄

수익 수취나 자금세탁 용도로 사용된 것으로 판단된다. 범죄조직은 대출을 희망하는 사람들을 상대로 신용등급 향상을 위해서는 입·출금 실적을 쌓아야 한다면서 계좌 등 접근매체를 양수받은 것이다. 이런 차명계좌는 몇 번의 전화금융사기 계좌로 이용한 후에 계좌사용을 중단해 수사기관의 추적도 쉽지 않다.

전화금융사기 등 각종 금융범죄에 이용된 차명계좌 명의자는 형사처벌을 받고, 민사소송을 당할 수 있다. 또한 금융계좌 개설이 제한되는 등 금융거래 불편도 따른다. 「전자금융거래법」 제6조 제3항은 다음의 행위를 금지하고 있다. 금융계좌나 카드 등 접근매체를 양도하거나 양수하는 행위와 대가를 수수·요구 또는 약속하거나 범죄에 이용할 목적이나 범죄에 이용될 것을 알면서 접근매체를 대여 받거나 대여하는 행위와 보관·전달·유통하는 행위이다. 이를 위반하면 3년 이하의 징역 또는 2천만원 이하의 벌금에 처해진다.

계좌가 사기범죄에 이용될 것을 알고도 이를 양도한 경우에는 전자금융거래법위반과는 별도로 「형법」 제347조 제1항(사기) 및 제32조(종범)에 의거 사기방조죄가 성립될 수도 있다. 사기는 10년 이하의 징역 또는 2천만원 이하의 벌금에 처해지는 중한 범죄이다. 그리고 「금융실명거래 및 비밀보장에 관한 법률」 제3조(금융실명거래)의 방조범으로 처벌 받아 5년 이하의 징역 또는 5천만원 이하의 벌금형을 받을 수도 있다. 이 법률은 탈법행위 등을 목적으로 타인의 실명을 이용한 금융거래를 금지하고 있다.

민법상 범죄행위를 방조한 책임을 질수도 있다. 「민법」 제760조(공동불법행위자의 책임) 제3항에 따라 공동불법행위에 의한 방조범으로서 계좌 제공행위와 범죄에 따른 피해 발생간의 상관관계에 따라서 손해배상책임이 따를 수도 있다. 금융기관의 조치로는 최장 3년간 입금과 출금이 자유로운 예금계좌 개설에 제한을 받으며, 전화금융사기나 피싱 등 범죄에 이용된 계좌는 즉시 지급이 정지된다. 해당 명의자의 타계좌도 비대면 채널의 인출이 제한되는 불편을 겪게 된다. 계좌양도 이력은 신용카드 발급 및 대출 심사 등에 자료로 활용된다.

매년 무심코 또는 대가를 바라고서 계좌를 건넨 사람들이 수천명씩 기소되고 있다. 2014년 6,714명, 2015년 6,145명, 2016년 5,083명, 2017년 7,858명이 전자금융거래법 위반으로 기소됐다. 계좌 양도나 양수는 어떤 경우에도 불법이다. 대법원도 신원을 알 수 없는 사람에게 계좌를 건넨 행위만으로도 전자금융거래법 위반을 수용했다.

전화금융사기 등 금융범죄는 편취금을 입금 받을 수 있는 차명계좌 확보가 필수다. 차명계좌 사건이 증가함에 따라 계좌명의자에 대한 처벌도 강화되고 있다. 계좌가 대출이나 취업 등을 빙자한 사기범죄에 이용되어 억울하게 처벌을 받거나 금융거래의 불이익을 당하지 않아야 한다. 계좌명의자는 자신의 계좌가 범죄에 이용되거나 제공되지 않도록 안전하게 관리해야 할 책임이 있다.

2. 전화금융사기 등 사기범죄 피해금 회수방법

경찰청과 금융감독원 자료에 의하면 국내의 전화금융사기로 인한 년도별 피해건수 및 금액, 그리고 검거건수별 피해 금액도 계속 높아지고 있다. 국민 누구나 당할 수 있는 전화금융사기 등 금융범죄가 사회전반으로 확산되고 있으며, 이에 대한 피해구제 방안도 적극적인 정책으로 나타나고 있다.

전화금융사기로 인한 피해건수(피해금액)는 2016년 45,921건(1,924억원), 2017년 50,013건(2,431억원), 2018년 70,218건(4,440억원)으로 나타났다. 그리고 2016년 검거건수(피해금액)는 14,680건(1,138억원),

2017년 24,700건(1,961억원), 2018년 40,400건(2,995억원)이나 된다. 2018년 피해건수는 전년도보다 35%, 검거건수에 대한 피해금액은 전년도보다 58%나 증가했다.

전화금융사기 등 사기범죄는 당하지 않는 것이 최선이다. 부득이 피해를 당했다면 피해금은 최대한 회수해야 한다. 현재는 「전기통신금융사기 피해 방지 및 피해금 환급에 관한 특별법」(약칭: 통신사기피해환급법)에 의거 피해자가 별도의 소송 진행 없이 은행에 신청하여 사기 피해금을 환급받을 수 있다.

피해발생시 은행에 지급정지를 신청하면 피해금이 남아 있는 경우에는 환급을 받을 수 있다. 지급정지 신청 후 3일 內 은행에 '신고접수 확인서'와 '피해구제 신청서'를 제출하면 된다. 금융감독원은 피해구제신청을 접수한 은행의 '채권소멸절차 개시공고' 요청에 의거 홈페이지에 공고 후 2개월이 경과하면 사기계좌 명의인의 채권은 소멸된다. 금융감독원은 채권이 소멸되면 14일 이내에 피해 환급금을 결정하며, 은행은 지체 없이 피해자에게 환급하여야 한다.

이와 같은 환급절차는 피해금이 인출되지 않았을 경우에만 해당된다. 그래서 정부는 「부패재산의 몰수 및 회복에 관한 특례법」(약칭: 부패재산 몰수법)을 일부 개정했다. 2019. 8. 20.부터 시행되는 이 법률은 전화금융사기와 다단계, 유사수신행위 등 사기범죄로 인한 범죄피해재산을 국가가 범인에게 몰수나 추징하여 피해자에게 돌려준다.

이 법 시행 전에는 전화금융사기 등 금융사기 피해자들은 사기범을 상대로 민사소송을 제기하는 것이 유일한 구제수단이었다. 민사소송은 직접 범인을 찾아 증거를 수집해야하고, 범인들이 재산을 미리 빼돌리거나 승소판결을 받더라도 재산을 은닉한 경우에는 강제집행에 한계가 있었다.

이번 법률개정으로 전화금융사기 등 사기범죄 피해자들은 민사소송과 강제집행 절차 없이 수사기관이 발견한 피해재산에 대한 몰수와 추징보

전 청구 및 법원의 결정으로 동결하고, 동결된 재산은 형사재판 확정 후 돌려받을 수 있다. 수사 초기부터 범인의 재산을 추적해 몰수와 추징보전을 할 수 있어 신속히 범죄피해재산의 동결이 가능하다. 해외계좌도 해당 국가와 형사사법공조로 재산환수가 가능하다.

피해자는 검찰로부터 몰수 또는 추징한 재산명세와 가액, 환부청구 기간 등을 통지받고서 관할 검찰청에 반환을 청구하면 범죄자의 형사재판이 확정된 이후 돌려받을 수 있다. 개정안은 법을 시행할 시점에 수사나 재판이 진행 중인 사건에도 적용된다. 피해자가 민사소송을 통해 이미 구제받은 경우에는 차액을 공제한 나머지를 돌려받는다.

개정된 법률은 복잡한 민사소송과 강제집행 과정을 거치지 않더라도 전화금융사기와 같은 조직적 다중 사기범죄 피해자를 실질적으로 보호하는 효과가 기대된다. 경찰은 금년 1월부터 전국 지방경찰청에 총 51명의 범죄수익 추적수사팀을 운영하고 있다. 범인이 임의로 처분이 금지되는 범죄수익 범위가 확대되어 신속한 범죄수익 동결과 피해회복에 기여할 것으로 예상된다.

수사기관에서는 범죄수익을 철저히 추적하고, 박탈해 피해자를 실질적으로 보호할 수 있어야 한다. 그리고 불법 해외재산 도피와 은닉도 적극적으로 추적해 반드시 환수해야 한다. 그러나 무엇보다 중요한 것은 전화금융사기 등 사기범죄 피해를 당하지 않는 것이다.

3. 전화금융사기! 인공지능으로 잡는다

전 국민을 대상으로 한 전화금융사기(보이스피싱) 피해액이 해를 거듭할수록 커지고 있다. 2019년 상반기 전화금융사기 피해액은 3,056억원으로 사상 최대이며, 2019년 말까지 6,000억원이 넘을 것으로 예상된다.

피해건수도 2016년 45,921건, 2017년 50,013건, 2018년 70,218건으로 해마다 증가하고 있다. 수법도 지능화하고, 고도화되어 경찰이나 금융기관 등에서도 향후 그 수법의 예측이 쉽지 않다.

그러나 2019. 8. 8.부터 전화금융사기 범죄를 차단하여 피해를 예방할 수 있는 앱(애플리케이션)의 서비스로 피해 감소를 기대한다. 휴대폰에 설치된 이 앱은 인공지능(AI)이 실시간으로 통화내용을 분석해 전화금융사기일 가능성이 높아지면 수신자에게만 경고 음성과 진동 알림을 제공하여 피해를 예방한다.

인공지능 기술을 활용해 전화금융사기를 차단하는 'AI App(IBK 피싱스톱)'은 금융감독원과 한 정보화진흥원 및 기업은행(IBK)이 공동으로 개발했다. 세계 최고의 정보화 선진국 위상에 걸맞게 인공지능 등 첨단기술을 활용한 것이다. 필자도 이 앱을 설치해 시험통화를 한바, 전화금융사기 주의라는 경고를 수신했다.

'서울지방경찰청입니다. 귀하의 통장이 대포통장으로 이용되어…'라는 내용의 전화는 자동으로 활성화된 앱이 경고한다. 전화금융사기에서 자주 사용하는 '서울지방경찰청', '대포통장', '안전계좌'와 같은 주요 키워드를 포함하여 발화 패턴, 문맥까지 분석해 금융사기 여부를 인지하는 방식이다.

기존에 발생된 8,200건의 실제 전화금융사기 통화내용을 분석해 적용했으며, 전화금융사기 차단 확률은 약 80%에 이르는 것으로 평가됐다. 정부기관 사칭의 고전적 방식을 포함하여 대출사기 등과 같이 첨단화하고, 교묘화하는 전화금융사기의 선제적 차단에 상당한 효과가 있을 것으로 전망된다.

이 앱을 다운받아 설치하면 바로 서비스를 이용할 수 있다. 스팸 등 악성 전화번호를 사전에 식별해 차단하는 앱 후후(whowho)를 업데이트해도 이 기능을 활용할 수 있다. 전화금융사기 탐지를 위해 녹음된 통화내용은 바로 100% 삭제가 되어 통화내용에 대한 저장 등은 염려하지 않아도 된다.

현재 경찰에서는 전화금융사기 수사 전담팀을 구성해 적극 수사중이며, 은행에서도 전담팀을 꾸려 예방에 힘쓰고 있다. 그럼에도 전화금융사기 피해가 증가하는 현실이 안타깝다. 통신과 금융권도 앞다퉈 빅데이터를 활용한 금융사기 예방 솔루션을 구축하는 것으로 알려졌다. 의료나 교통, 관광 등 다양한 분야에서 활용되는 빅데이터는 데이터에 의거 판단하기 때문에 사람의 경험이나 직감에 의한 탐지율보다 높다.

미국 등 해외는 오래전부터 빅데이터를 사기범죄 예방 등에 활용하고 있다. 미국 국세청(IRS)의 통합형 탈세 및 금융사기 방지 시스템이 대표적이다. 2011년 빅데이터를 활용한 이 시스템은 연간 3,450억 달러(406조 원)에 달하는 세금탈루를 예방했다. 납세자의 과거 행동정보를 분석한 다음 사기 패턴과 유사한 행동을 검출하는 사기방지 솔루션이다.

중국의 전자상거래 점유율 80%에 달하는 최대 전자상거래 업체인 알리바바도 위조품(짝퉁) 퇴출을 위해 빅데이터 기반의 인공지능을 도입했다. 식품업계도 빅데이터 분석을 활용하고 있다. 맥도날드는 세계 3만 1,000개(118개국) 이상의 매장을 대상으로 각국 문화와 입맛에 맞는 레스토랑 디자인 및 메뉴를 개발 중이다.

일부 스마트폰은 사용할 수 없는 AI App의 불편함과 정확도 제고 등 시스템의 고도화는 지속 추진되어야 한다. 전화를 이용하여 돈을 이체 받는 것이 전화금융사기의 궁극적 목적이다. 계좌의 입·출금과 통화내용 분석을 통하여 예측이 가능한 딥러닝(Deep Learning)[79] 기반의 자기학습 기술을 이용한 시스템 개발도 기대할 수 있다. 꾸준히 늘어가는 전화금융사기 피해로부터 빅데이터를 활용한 인공지능이 구원투수 역할을 해주길 기대한다.

4. 전화금융사기 예방은 무대응의 원칙으로

13년의 역사를 지닌 '전화금융사기(보이스피싱)' 범죄 피해액이 갈수록 증가하고 있다. 2019. 7. 12. 경찰청 자료에 의하면 2019년 상반기 전화금융사기 피해액은 사상 최대인 3,056억원이다. 이 금액은 2018년 상반기(1,801억원)보다 70% 증가했다. 또한 범죄 발생 건수도 2018년 상반기 1만6,338건보다 21% 증가한 1만9,157건을 기록했다. 이런 수치라면 2019년도 전화금융사기 피해액은 6,000억원을 넘어설 것으로 전망된다. 전화금융사기 피해 금액은 2016년 1,468억원, 2017년 2,470억원, 2018년 4,040억원으로 매년 60% 이상 급증했다. 눈 뜨고 당하는 범죄가 전화금융사기이다. 정부기관이라면서 송금을 요구하는 전화는 무조건 의심해야 한다. 경찰이나 검찰, 금감원 등 정부기관은 전화를 통해 자금이체나 금융거래 정보를 알려달라고 하지 않는다. 마이너스 통장 개설이나 낮은 금리로 대출받기 위해서 실적을 쌓아야 한다면서 입금을 요구하는 경우도 전화금융사기이다.

전화나 문자메시지를 이용하는 대출권유도 사기일 가능성이 매우 높다. 대출을 권유하는 금융회사는 정식 등록된 업체인지, 그리고 직원은 금융회사 직원이 맞는지 확인해야 한다. 제도권의 금융회사 조회는 금융소비자정보포털 '파인(http://fine.fss.or.kr)', 대출모집인 등록 여부는 대출모집인 통합조회 시스템(http://www.loanconsultant.or.kr)을 통해 확인이 가능하다.

취업 알선 및 저금리 대출상품 등을 미끼로 20~30대를 노리는 범죄도 증가하고 있다. 이들에게 회사채용 절차라고 속여 금융계좌나 비밀번호 등을 요구하기도 한다. 정상적인 기업은 금융계좌와 비밀번호, 그리고 공인인증서나 일회용비밀번호(OTP) 등 금융거래 정보를 요구하지 않는다. 취업난 때문에 고통 받는 구직자를 대상으로 사기 범죄에 이용되는 금융계좌를 노린 것이다.

세계 최강의 정보통신 강국인 대한민국에서는 사회 관계망 서비스(SNS)를 이용한 금융사기 범죄도 진화하고 있다. 카카오톡 등 메신저를 통해 수사기관 등을 사칭한 위조된 공문을 발송하여 악성 앱을 설치하는 수법이다. 출처가 명확하지 않은 이메일이나 문자 등으로 받은 파일을 열거나 링크는 조심해야 한다. 해당 파일을 내려받거나 인터넷 사이트에 접속하면 사용자 기기가 악성코드에 감염돼 사기범들의 전화나 사이트에 연결되어 전화금융사기나 개인정보가 탈취되는 피해를 당할 수 있다.

전화금융사기는 예방 외엔 피해를 막을 방법이 없다. 이 범죄는 범죄조직이 주로 해외에서 타인의 금융계좌(대포통장)와 핸드폰(대포폰)을 사용하기 때문에 범인 검거가 쉽지 않다. 또한 피해금의 대부분이 해외로 송금되거나 자금세탁이 되어 사실상 환급도 불가능하다.

전화금융사기 피해가 발생되면 바로 경찰이나 금융사에 연락해 지급정지를 요청해야 한다. 해당 계좌에 피해금이 남아 있으면 「통신사기피해환급법」에 따라 별도의 소송 절차 없이 피해금을 환급받을 수 있다.

송금인을 보호하기 위한 '지연이체서비스' 이용도 고려해야 한다. 인터넷 뱅킹이나 스마트폰 뱅킹을 통한 송금 시 최소 3시간 이후에 송금액이 수취인 계좌에 입금되는 서비스이다. 이를 이용하면 전화금융사기나 오류 송금하였을 때 송금을 취소할 수 있는 시간적 여유가 있다.

해외 인터넷주소(IP)를 이용하는 계좌로는 돈을 보낼 수 없도록 '해외 IP 차단 서비스'도 고려해볼 만하다. 해외에 있는 IP를 통해서는 인터넷 뱅킹을 이용할 수 없도록 제한하는 서비스이다. 이 서비스를 이용하면 대부분 조직이 중국이나 필리핀 등 동남아 지역에 거점을 두고 있는 전화금융사기로부터 피해를 줄일 수 있다.

전화금융사기 피해자는 순번이 없다. 언제든지 자신 또는 주변인들이 쉽게 당할 수 있는 금융범죄이며, 피해액도 크다. 상당수의 피해자들은 전화금융사기 범죄로 의심을 하면서도 홀린 듯이 피해를 당한다. 피해를 예방하기 위한 현명한 대처법은 수신한 전화나 문자 등이 전화금융사기로 의심되면 바로 전화를 끊는 것이다. 일체 대응하지 않는 '무대응의 원칙'이 최선이다.

5. 누구도 예외가 없는 전화금융사기

2018년 전화금융사기 발생 건은 역대 최고인 9,972건에 피해액은 1,413억원으로 나타났다. 2015년 대대적인 단속과 홍보, 그리고 금융제도 개선 등으로 급증하던 전화금융사기가 감소되었다. 그러나 2017년에는 대면편취 등 범죄수법의 고도화로 7,774건이 발생되고, 피해액도 937억원으로 다시 증가한 것이다.

2018년에는 2017년 대비 발생건수는 28.3%, 피해액은 50.8%가 증가했다. 대출을 빙자한 대출사기형이 6,899건으로 2017년 5,048건보다 36.7% 증가했고, 경찰이나 검찰 등 '기관사칭형'도 2,726건에서 3,073건으로 12.7% 증가했다. 2018년 3월에는 70대 어른신이 전화 한통에 9억원을 송금하는 피해를 당하기도 했다. 2006년 5월 18일 국내에서 최초로 발생된 전화금융사기[80] 수법이 다양해지고, 피해액도 1,400억원 이상으로 커졌다.

전화금융사기는 통신수단을 이용하여 全국민을 상대로 무작위·무차별적으로 범행을 시도하는 조직적이고, 국제적인 범죄이다. 비대면성과 익명성을 기반으로 국경 뒤에 숨은 사기범들은 수사기관의 단속을 회피하고, 통신 등 정보통신기술의 발달과 함께 범죄수법도 날로 진화하고 있다. 피해금은 대부분 국외로 송금되어 피해회복이 어렵고, 사회전반의 신뢰 저하 등 2차, 3차 피해를 야기하는 매우 심각한 사회적 범죄이다.

이에 경찰청은 '전화금융사기 대응 종합대책'[81]을 수립하여 시행하고 있다. 그 동안 추진한 전화금융사기 예방과 홍보활동을 토대로 금융기관과 협업하여 112신고 체계를 활성화하고, 교육기관을 통해 청소년의 범죄 가담 예방, 그리고 신종수법에 대한 유관기관 대응강화이다. 범인검거를 위한 총력 수사체계도 구축했다.

학부모와 학생, 어르신 등 상대 홍보활동을 강화하는 등 전화금융사기에 대한 국민의 경각심 제고를 위해 피해자 특성별 맞춤형 홍보활동도 병행 중이다. 작년 '기관사칭형' 피해자 중 63%를 차지한 20~30대 여성 상대 SNS, 여성 커뮤니티 등 미디어를 활용하여 '송금이나 인출요구에 대한 주의'를 중점 전달하고 있다.

'대출사기형' 피해자 중 약 34%를 차지한 40~50 남성은 '대출을 조건으로 돈을 송금해야 하는 상황' 자체가 비정상적이라는 사실을 중점적으로 전달하고 있다. '절취형'에 취약한 60대 이상 고령층은 복지관이나 노인회관 등에서 직접 '피해 예방요령'을 주지하고 있다. 전화금융사기 범죄에 대한 국민들의 인식 전환을 위해 '보이스피싱 범죄에 있어서는 그 누구도 예외가 없다'는 점을 집중적으로 전달하는 것이다.

구직자의 금융자료가 범죄에 이용되거나 인출책 등 범죄에 가담하는 사례도 빈발하다. 최근에는 대출을 위해서 금융기관 앱을 설치해야 한다고 속여 피해자의 핸드폰에 악성코드를 설치하게 한다. 피해자가 진위여부를 확인하기 위해 전화 하면 사기범이 전화를 가로채 속이는 수법이다.

또한 '맞춤형 공격'도 나타나고 있다. 해킹 등의 방법으로 취득한 어학원이나 유학사이트 개인정보를 이용하여 부모 등에게 납치 대가로 몸값을 요구하기도 한다. 비합법적으로 거래되는 음성적인 블랙마켓(Black Market)에서 거래되는 데이터베이스 증가도 원인이다. 유출된 개인정보는 빠르게 복사되면서 전파되어 회수가 불가능하고, 유출로 인한 피해는 일정시간 경과 뒤 발생되어 원인을 찾기도 어렵다. 때문에 철저한 개인정보 관리가 우선이다.

경찰은 전화금융사기 범죄분위기를 제압하기 위해 지능범죄수사대 등 전 수사팀을 동원하여 집중적인 단속을 하고 있다. 이번 경찰의 종합대책으로 진화되는 전화금융사기 피해가 감소되길 기대한다. 다양한 신종 수법의 전화금융사기는 경찰 등 관련기관에서 일일이 확인하여 대응하기는 쉽지 않다. 지속적으로 증가하는 전화금융사기 피해자는 누구나 될 수 있다. 나나 주변인은 아직 순번이 되지 않았음을 명심해야 한다.

6. 피해자 순번 없이 진화하는 전화금융사기

국내 최초 보이스피싱(Voice Phishing)은 2006년 5월 피해자가 국세청을 사칭한 세금환급금 사기 전화를 받고서 800만원을 이체한 것이다. 그로부터 12년이 경과한 2018년 상반기에는 하루 평균 116명이 10억원의 보이스피싱 피해를 당한다는 통계이다.

금융감독원은 2018. 9. 10. '보이스피싱 주의보'를 발령했다. 금감원 보도자료에 의하면 2018년 상반기 보이스피싱 피해액이 1,802억원으로 2017년 1,038억원에 비해 73.3% 늘었다. 피해자도 2만1,006명으로 지난해 같은 기간보다 56.4% 증가했다.

고금리 대출을 저금리로 갈아탈 수 있다고 접근하는 '대출빙자형'이 1,274억원으로 70.7%를 차지해 가장 많았다. 검찰·경찰 등 정부기관을 사칭하여 범죄를 수사하고 있다(자녀 납치 포함)고 속이는 '정부기관사칭형'이 528억원으로 뒤를 이었다.

피해자 연령도 20~30대 425억원, 40~50대 996억원, 60대 이상 350억원으로 나타났다. 과거에는 고연령층이나 정보 부재자 등의 피해가 컸으나, 이제는 전 연령대에서 피해가 발생하고 있어 피싱 방법도 진화한 것이다.

보이스피싱에 이용되어 지급정지 된 '대포통장' 발생도 은행 등 보다는 상호금융, 새마을금고, 우체국, 증권 등 제2금융권의 통장수가 9,716건으로 작년 동기간 대비 54.5% 증가한 것으로 나타났다. 상대적으로 계좌개설이 강화된 제1금융권의 통장수는 감소된 것이다.

'대출빙자형'은 저금리 대출을 빙자하여 기존 대출 상환을 요구하는 수법이다. 은행에서는 전화로 대출을 알선하거나, 수수료를 요구하지 않는다. 은행 등에서 전화로 대출을 권유하면서 신용등급 향상을 빙자하여 기존 대출금 일부 상환을 요구하는 등으로 입금을 요구하면 보이스피싱을 의심해야한다.

검찰청, 경찰청 등 수사기관은 어떠한 경우에도 "당신 금융계좌가 범죄에 연루됐다. 예금을 보호해 주겠다"라고 전화를 하지 않는다. 이와 같이 정부기관을 사칭하여 이체된 피해금을 편취하는 '정부기관사칭형'도 자주 발생되고 있다.

현재와 같은 정보통신환경의 일상생활 속에서는 누구라도 보이스피싱을 당할 수 있다는 점을 명심하고, 피해가 발생하지 않도록 세심한 주의가 필요하다. 때문에 금융감독원에서 강조하는 '그놈 목소리 3GO'도 숙지할 필요가 있다.

첫째는 '의심하고'이다. 검찰 · 경찰·금융감독원 등을 사칭하여 범죄에 연루되었다고 하거나, 금융회사를 사칭하여 대출을 해준다면서 돈을 보내라는 전화를 받은 경우 일단 보이스피싱을 의심해야 한다.

둘째는 '전화끊고'이다. 보이스피싱이 의심되는 경우 통화 상대방의 소속기관, 직위 및 이름을 확인한 후에 전화를 끊는 것이 최선이다.

셋째는 '확인하고'이다. 114 또는 공식 홈페이지(포털사이트 검색)를 통해 해당기관의 공식 대표번호로 직접 전화하여 사실관계와 진위여부를 확인한다.

보이스피싱 피해를 당한 경우에는 지체 없이 112신고나 해당 금융회사 등에 지급정지를 신청해야 한다. 그래야만 「전기통신금융사기 피해 방지 및 피해금 환급에 관한 특별법」에 따라 채권소멸시효절차 등을 밟아 미인출금액을 환급받을 수 있다. 보이스피싱에 관한 문의나 상담은 금융감독원 '불법사금융피해신고센터(1332)'로 하면 된다. 최근에는 외국 여행객 가족 상대 피싱전화도 발생되고 있어 각별한 주의가 필요하다.

피싱 수법은 시대 기류에 따라 진화를 하고 있어 향후 그 발생의 예측도 어렵다. 피싱조직이 주로 중국 등 외국에서 활동하면서 음성(Voice)으로 이루어지는 특성 때문에 범인 검거도 쉽지 않다. 범인을 검거해도 피해금에 대한 환급 등은 거의 불가능하다. 때문에 무엇보다 예방이 최우선이다. 그래야만 순번 없어 누구나 당할 수 있는 보이스피싱을 예방하고, 우리의 소중한 재산을 보호할 수 있다.

7. 보이스피싱 사기의 법칙

대한민국은 세계 최고수준의 IT(Information Technology)인프라를 구축했다. IT강국인 대한민국은 '스마트 혁명'이라 불릴 만큼 매우 빠른 사회적 변화가 전개되고 있다. 특히 정보기술 발달로 인한 순기능은 전 생활 영역에서 활발하게 발전되고 있다.

그러나 정보통신환경이 발달하는 만큼 범죄 영역에서 꼬리(온라인)가 몸통(오프라인)을 흔드는 '웩더독(Wag the Dog)[82] 현상도 심화되고 있다. 바로 개인정보를 이용한 전화금융사기 등 '피싱범죄'가 이에 해당된다. '피싱범죄'는 전기통신수단을 이용한 비대면 거래를 통해 금융분야에서 발생되는 기망행위로 '특수사기범죄'이다.

전화금융사기(보이스피싱)는 2006년 최초로 발생해 현재까지 지속발생하고 있다. 때로는 달콤하게, 때로는 위협적으로 접근하면서 끝없이 진화하는 특성이 있다. 그는 검찰청 수사관이 되었다. 금감원 과장. 은행대출. 초등학교 동창생이 될 수도 있다. 자고 나면 새로운 미끼를 드리우는 그들은 현재 어디선가 누군가와 공방전을 벌이고 있다. 잡아도 줄어들지 않는 '피싱범죄'는 사기죄 중에서도 가장 악질적인 범죄수법이다.

어눌한 말투의 중국동포 목소리로 시작한 보이스피싱은 지난 10년간 첨단기술로 무장한 내국인의 범죄로 진화했다. 중국과 동남아에 근거를 둔 이들을 국내의 경찰이 소탕하는 데는 한계가 있다. 보이스피싱은 증거수집도 쉽지 않다. 국내에서 검거된 조직원들은 하부조직원들로 중국 총책과 연락이 끊기기 때문이다.

'피싱'은 보이스피싱, 파밍, 스미싱, 메모리해킹 등 종류도 다양하며, 3개의 축으로 작동된다. 피해자들에게 전화를 걸어 속이는 '마켓팅팀'과 마켓팅팀의 모든 대사를 연구하고, 작성하는 '시나리오팀'이다. 또한 마켓팅의 성공을 지원하는 '전산팀'은 악성코드를 이용한 가짜 사이트에 접속을 유도하여 사기 상황을 실제 상황으로 믿게 한다.

금융사기 피해액(대포통장 건수)은 2012년 1,154억원(3만3,496건), 2013년 1,365억원(3만8,437건), 2014년 2,165억원(4만4,705건)으로 계속증가하고 있다. 범인들은 끊겨버린 희망을 되찾고자 하는 피해자들의 눈물을 알리가 없다.

대포통장의 단속이 강화되자 통장이 필요 없는 신종사기도 등장했다. 고령층을 대상으로 기승을 부리는 일명 '냉장고에 부탁해' 수법이다. 피해를 당한 사람들은 평생 돈을 모은 7~80대 노년층이다. 냉장고 대신 지하철 물품 보관함을 이용하는 사례도 적지 않게 발생된다.

피싱 역사 10년 동안 변하지 않은 것이 있다. 어려운 사람일수록 보이스피싱에 잘 속는 다는 것이다. 피싱 피해자들은 대부분 자신의 믿음에 대한 확인할 수 없는 확신을 갖고 있다.

주민번호, 전화번호, 통장 비밀번호는 현대에 사는 우리의 소중한 정보로 존재한다. 나의 증명인 이 정보들은 안전하게 보호되고 있는지 의문이다. 사기의 트라이앵글인 탄탄한 대본과 막강한 기술력, 청산유수의 언변이 통하기 위해서는 사기 칠 대상이 있어야 한다. 대상을 정확히 알고 있을수록 사기의 성공률이 높기에 '피싱'에는 반드시 개인정보가 필요하다.

피해자가 "무식해서 당했네. IT를 잘 모르는 게 죄지"란 죄책감을 느끼게 하는 정책은 잘못되었다. 요즘 해킹기술은 수준이 굉장히 높아졌기 때문에 일반인들이 절대로 알 수가 없다. 그래서 고의로 노출시킨 경우가 아닌 이상은 무조건 보호를 해줘야 한다. 금융사기 사고에서 피해자가 구제받은 예는 찾아보기 어렵다.

이상거래 감지시스템 확장, 지연인출제도 시행, 1회 인출한도를 백만원으로 하향 조정하는 것이 금융기관의 대책이다. 시스템이 해킹에 노출되지 않도록 보안성을 강구하는 것이 금융회사의 책임이고, 계좌번호, 비밀번호가 '피싱'에 노출되지 않도록 정보관리를 철저하게 하는 것은 금융소비자의 몫이다. 사기를 최소화하는 것과 함께 사기를 방지하는 시스템을 도입하는 것도 중요하다.

또한 악질적인 '피싱범죄'는 현행법 중에서 가장 중한 죄명으로 다스려 형량도 높이고 있다. 지난 6월 강화된 양형 기준에 따라 보이스피싱 조직을 '범죄단체조직 혐의'를 적용 첫 유죄판결을 받았다.[83] 형법 제114조 "범죄단체 등의 조직"으로 엄벌에 처해진다는 것을 알게 되면 범죄 조직에 발을 담그는 서민들은 많이 사라질 것으로 기대된다.

사람들 사이의 믿음은 말로부터 시작된다. 그 말로서 사람들의 물질적 기반을 붕괴시키고, 공동체의 자산인 신뢰를 뿌리부터 흔들어 놓는 무차별 적인 공격이 '피싱범죄'이다. "내가 속지 않은 것이 아니라 아직 순번이 오지 않은 것이다"라는 개념으로 제발 당하지 않았으면 한다.

사이버
범죄예방

1. 사이버범죄 예방의 선구자 예방교육 전문 강사

정보통신기술 발달로 사이버공간 영역이 빠르게 확장되고 있다. 이와 함께 인터넷 등 정보통신 매체를 이용한 사이버범죄 유형도 다양해지면서 발생 건수도 늘고 있다. 경찰청 사이버안전국 자료에 의하면 2017년에는 131,734긴의 사이버범죄가 빌생됐다. 그리고 2018년에는 149,604건이 발생되어 11.3% 증가한 것으로 나타났다.

급속한 정보통신기술의 발달과 병행하여 다양한 행태로 진화하면서 발생되는 사이버범죄는 오프라인 범죄와 달리 익명성과 광역성 등으로 수사도 어렵다. 수사에 많은 시간이 소요되고, 피해회복도 쉽지 않다. 때문에 범죄발생 전에 범죄에 노출되지 않거나 범죄행위자가 되지 않도록 하는 예방도 매우 중요하다.

경찰청에서는 현재 100명의 '사이버범죄 예방교육 전문 강사'가 전국적으로 활동 중이다. 강사들은 전문교육과정을 이수한 사이버범죄를 전문으로 수사하는 수사관 등 사이버범죄 실무를 다루는 전문가들로 구성되었다. 2018년에는 전국적으로 학생이나 기업인, 그리고 공무원과 어르신 등 국민 406,606명 상대 1,969회에 걸쳐 예방교육을 실시했다. 또한 인터뷰와 칼럼기고 등으로 언론을 대상으로 한 다중 상대 예방도 활발했다.

강의안은 일반인들도 쉽게 사이버범죄 예방교육에 활용할 수 있도록 강사들이 범죄 유형별로 시나리오를 포함하여 13종류를 제작했다. 해킹, 피싱, 인터넷 음란물, 온라인 게임 중독 및 게임사기, 사이버 명예훼손·모욕, 저작권법위반, 인터넷 사기, 사이버불링, 개인정보보호, 인터넷도박, 랜섬웨어, 이메일무역사기, 사이버성폭력이다.

2018년에 일반국민 상대 사이버공간 체감안전도 조사결과 예방교육에 대한 적극적인 홍보 및 교육 요청이 63%로 높은 공감대를 형성하고 있다. 예방교육에 대한 만족도는 고령층과 여성층이 높은 것으로 나타났다.

경찰청에서 운영 중인 청소년경찰학교와 농협중앙회 등 관계부서 간 협조체제도 구축하여 청소년 범죄피해와 피싱 등 금융범죄 예방을 위한 강사활동도 적극적이다. 지속적으로 증가하는 초·중·고 학생의 사이버범죄 예방을 위해 교육부 등 관계기관 간 협업하여 교육도 강화하고 있다. 금전적 피해인 몸캠피싱과 인터넷 도박, 사이버폭력 등 심리적 피해와 직결되는 청소년 관련 범죄를 주축으로 청소년들의 건전한 인격도 함양 중이다. 한국교육학술정보원(KERIS)과 한국정보화진흥원(NIA) 등 교육기관과 범죄예방 공유를 통해 청소년 등 대상별 눈높이 맞춤형 콘텐츠도 개발하고 있다. 사전에 청소년들의 범죄피해를 예방하고, 범죄행위자가 되므로 양산되는 청소년 전과자를 예방하는 목적이다.

지방자치단체의 평생학습관이나 인터넷 중독센터 등 각종 복지시설과 지역 고용부서를 통한 기업체, 통·반장협의회 등 주민자치센터 등에도 교육을 확대하고 있다. 복지시설 학습프로그램에 '사이버범죄 예방교육 과정' 개설 등 지역특성에 맞는 예방교육도 실시하고 있다.

국민의 범죄인식을 제고하기 위한 홍보활동도 중요하다. 전파성이 강한 각종 언론매체에서 다양한 사이버범죄의 경각심과 예방수칙에 대한 홍보도 필요하다. 저 연령층 등 사회초년생의 범죄피해를 줄이기 위해서는 이 연령층을 중심으로 한 교육활동 강화도 요구된다. 음란물과 도박 등 인터넷상 불법정보에 대한 위험성 인식이 전반적으로 크게 상승해 이에 대한 맞춤형 교육도 연구해야 한다.

국민생산성 향상을 위해서는 사이버범죄를 예방하여 범죄피해를 줄여야 한다. 교육신청은 경찰청 사이버안전국 홈페이지(cyberbureau.police.go.kr)를 이용하며, 일반인들도 이 사이트에서 강의안을 내려 받아 활용할 수 있다.

2. 사이버범죄 정의와 유형

'사이버(Cyber)'라는 가상공간에서 새로운 유형의 범죄들이 다양하게 발생하고 있다. 기존 오프라인(Off Line) 범죄를 포함한 비윤리적인 행위들이 사이버공간(cyberspace)으로 전이가 되고, 새로운 범죄가 발생되는 것이다. 이는 세계 최고의 정보화 강국인 대한민국에서 사이버범죄가 지속적으로 증가하는 이유이기도 하다.

경찰청(사이버안전국) 자료에 의하면 2018년 사이버범죄 발생건수는 2017년의 131,734건보다 11.3% 증가한 149,604건으로 나타났다. 피해자의 자괴감 등으로 신고하지 않은 건수도 다수임을 감안하면 증가율은 더 높을 것으로 예상할 수 있다.

사이버범죄의 개념은 아직까지 학문적으로 명확하게 정립되지 않은 것으로 판단된다. 학자들마다 바라보는 관점에 따라 컴퓨터범죄, 인터넷범죄, 하이테크범죄 등 다양하게 칭하고 있다. 그러나 인터넷에 연결된 컴퓨터 시스템이나 이들을 매개로 한 사이버공간을 이용한 범죄라는 인식에는 이견이 없다. 사이버라는 가상공간을 서비스하는 컴퓨터나 컴퓨터 시스템(이하 '정보통신망'으로 표기)에 대한 불법적이고, 비윤리적인 행위라고 정의할 수 있다.

사이버범죄를 예방하고, 피해를 줄이기 위해서는 범죄에 대한 유형도 살펴볼 필요가 있다. 경찰청의 사이버안전국은 사이버범죄 유형을 '정보통신망 침해 범죄'와 '정보통신망 이용 범죄', 그리고 '불법콘텐츠(Contents) 범죄'로 분류하고 있다.

'정보통신망 침해 범죄'는 정당한 접근권한 없이 또는 허용된 권한을 넘어 정보통신망에 침입하거나 시스템을 포함한 데이터 프로그램을 훼손, 변경한 행위이다. 정보통신망의 성능저나 사용불능 등 장애를 발생하게 한 경우도 해당된다. 침해형 범죄인 해킹이나 계정도용, 자료유출이나 훼손, 서비스거부공격(DDoS 등)과 악성프로그램 유포도 포함된다.

'정보통신망 이용 범죄'는 정보통신망을 범죄의 본질적 구성요건에 해당하는 행위를 주요 수단으로 이용하는 범죄이다. 인터넷 사기와 직거래 사기, 쇼핑몰 사기와 게임사기 등 인터넷을 이용한 사기가 이에 속한다. 피싱(Phishing)과 파밍(Pharming), 스미싱(Smishing)과 메모리해킹, 몸캠피싱 등 사이버금융범죄도 이 유형이다. 전기통신금융사기인 메신저 피싱과 같이 피해자의 컴퓨터나 스마트폰 등 정보통신망을 통하여 피해자로부터 자금을 이체 받거나 소액결제 사기, 그리고 개인·위치정보 침해나 사이버 저작권 침해, 스팸메일 등 기타 정보통신망 이용형 범죄도 이 영역이다.

'불법콘텐츠 범죄'는 정보통신망을 통해 법률에서 금지하는 재화나 서비스 또는 정보를 배포하거나 판매·임대·전시하는 개념이다. 성적영상물과 아동음란물을 포함한 사이버음란물 유포행위와 스포츠 토토와 경마·경륜·경정 등 사이버도박 행위도 해당된다.

사이버명예훼손과 모욕, 사이버스토킹 등 개인의 법익에 관한 죄도 불법

콘텐츠 범죄이다. 청소년 유해 매체물 미표시와 영리목적 제공, 허위로 주민등록번호를 생성하여 이익을 위해 사용하는 행위도 포함된다.

국내의 사이버범죄 유형은 앞에서 열거한 바와 같이 침해와 이용, 콘텐츠범죄 등 세 개의 틀로 구분해 이해가 쉽다. 미국 FBI는 정보통신망 침입수법인 트로이목마(Trojan Horse)나 컴퓨터에 입력되는 자료를 절취 또는 삭제하는 자료변조(Data Diddling) 등 수법위주로 분류하고 있다. 계속되는 정보통신망의 발달로 인해 향후 발생 가능한 사이버범죄 형태를 예측하기는 매우 어렵다. 범죄도 정보통신망과 함께 진화하기 때문이다. 사이버범죄와 피해를 최소화하기 위해서는 각 유형별 침해나 수법에 대한 연구도 필요하다.

3. 4월 2일은 사이버범죄 예방의 날

매년 4월 2일은 '사이버범죄 예방의 날'이다. 2015년 4월 사이버범죄 예방에 대한 범국민적 관심과 참여를 유도하기 위해 제정되어 올해로 3년째다. 4월 2일은 사이버(Cyber)의 '사(4) '이(2)'를 따서 선정한 것이며, 사이버범죄 예방을 위한 국민 참여로 '사이버안전' 붐을 조성하기 위한 것이다. 사이버범죄 위협으로부터 국민의 안전 확보를 위한 선제적 예방활동의 일환이다.

갈수록 지능화되고, 교묘해지는 사이버범죄에 대처하기 위해 자주 발생되는 사이버범죄 피해유형과 예방수칙을 홍보하고, 사이버범죄 피해신고 등 사전확인을 위한 '사이버 캅(Cyber Cop)' 앱(app)도 안내하였다. 적극적인 범죄피해 예방을 위해 다수가 방문하는 관공서, 대학, 종합병원 등 전광판 및 게시판을 통해 사이버범죄 관련 영상 및 문구도 게시하였다.

학생, 노인 등 취약계층을 상대로 예방교육을 지속 실시해 안전하고, 행복한 사이버환경을 조성하고 있다. 유관기관과 단체, 그리고 시민과의 협업 네트워크를 강화하여 보다 체계적인 사이버범죄 예방활동 기반을 구축중이다.

사이버범죄를 예방하기 위해서는 백신프로그램을 최신 버전으로 업데이트하고, 실시간 감시 상태를 유지해야 한다. 비밀번호는 사이트마다 다르게 설정하고, 주기적으로 변경해야 하며, 일회용 패스워드(OPT: One Time Password) 등 이중 비밀번호를 설정하면 더 안전하다.

출처가 불문명한 파일이 설치되지 않도록 스마트폰 보안 설정을 강화해야 한다. 그 방법은 환경설정＞보안＞출처를 알 수 없는 앱을 '설치 허용 안함'으로 설정하면 된다. 소액결제 피해를 예방하려면 이동통신사 고객센터를 통해 결제 금액을 제한하거나 차단하며, 출처가 분명하지 않은 인터넷주소, 이메일, 첨부파일 등은 열지 않는다. 공인인증서, 보안카드 등의 사진을 컴퓨터나 휴대전화에 저장해도 안 된다.

사이버 도박은 절대로 해서는 안 되며, 쇼핑몰 사기 시 피해보상을 받을 수 있도록 오픈 마켓에서 제공하는 결제 시스템이 이용하고, 현금 거래에는 응하지 않는다. '사이버 캅 앱'으로 스미싱 등 악성코드 감염을 예방하고, 인터넷 거래 전 사기이력 조회를 하여 피해도 예방할 수 있다. 또한 공개적인 글부터 개인간 대화라도 공연성이 인정되면 처벌 받을 수 있음도 기억해야 한다.

현대사회는 인터넷 사용 환경의 발달과 이용자 수의 급격한 증가로 인해 사이버 범죄가 급격하게 늘어나고 있다. 특히 인터넷의 비대면, 익명성의 특성으로 인해 사이버범죄를 전문적으로 담당하는 사이버경찰의 역할도 중요해졌다.

경찰에서는 지속적으로 증가하는 사이버범죄에 효율적으로 대처하기 위해 수사 인력보강, 전문성 강화 등 노력을 하고 있다. 그리고 시민의 안전을 지키기 위해 사이버 범죄예방법 및 홍보활동을 지속적으로 펼치고 있다.

하지만 사이버범죄 예방은 경찰의 홍보만으로 이뤄질 수 없다. 무엇보다 중요한 것은 피해를 당하지 않도록 사이버 안전에 대한 국민들의 적극적인 관심이 필요하다. 그래야만 범죄피해를 예방하여 국민생산성도 향상될 것이다.

4. 사이버치안 강화 서둘러야

2013년 말 국내의 인터넷 이용 인구는 4,000만명, 스마트폰 이용자는 3,700만 명이었다. 세계에서도 가장 높은 수준으로 정보화강국 대한민국의 위상을 나타내는 수치다. '스마트 혁명'이라 불릴 만큼 세상과 사회의 변화도 급속도로 전개되고 있다.

정보기술의 발달로 인한 순기능도 전 생활 영역에서 나타나고 있다. 그러나 빛이 있으면 그림자가 생기는 법, 정보화의 발달로 인한 역기능도 만만치 않게 나타나고 있다. '사이버 권리침해'도 그런 역기능 가운데 하나이다.

사이버 권리침해란 정보통신망 이용 방해, 사생활 침해, 명예훼손 등 타인의 정당한 권리를 방해하는 범죄행위를 말한다. 이러한 사이버범죄는 단시간에 피해가 확산되며, 피해자가 피해를 알지 못한 상태에서 발생하고, 피해 회복이 불가능하거나 설령 가능하더라도 상당한 시간을 필요로 하는 중대한 범죄행위이다.

사이버범죄의 대표적 유형은 '명예훼손 및 모욕, 개인정보 침해, 해킹 및 악성코드 유포, 온라인 도박, 인터넷사기, 저작권침해, 인터넷 음란, 스팸 및 피싱, 온라인게임, 사이버스토킹' 등으로 분류할 수 있다. 경찰청 사이버안전국의 통계를 보면 사이버 범죄는 2013년 총 15만5,366건이 발생해 2012년 10만8,223건에 비해 50%가량이나 증가했다. 심리적 불안과 자포자기로 경찰에 신고하지 않은 건수까지 추정해 포함하면 사이버범죄의 피해는 더욱 클 것으로 예상된다.

사이버 권리침해는 대상이 특정되지 않고 온라인의 익명성을 이용하는 것이 특징이다. 경찰청은 이러한 사이버 권리침해의 적극적 대응을 위해 금년 6월 사이버안전국을 출범했다. 사이버안전국은 기존 수사 위주의 정책을 발전시켜 예방활동 강화, 신기술 개발, 범죄연구, 유관기관 협력, 국제공조 등을 통한 과학적 사이버치안 강화를 목표로 하고 있다.

최근 들어 국가기관에 대한 해킹, DDoS공격 등 국가안보와 관련한 사이버테러가 빈발하고 있고, 이전에 없었던 다양한 수법의 사이버 범죄의 출현으로 사이버공간의 안전을 위협받고 있는 상황에서 사이버 범죄 예방의 중요성은 그 어느 때보다도 커지고 있다.

현재와 같은 사이버 환경에서는 평범한 개인들도 누구든지 소중한 권리를 침해 받거나 자신도 모르는 사이에 타인의 권리를 침해하는 범죄자가 될 수도 있다. 한순간 판단의 잘못으로 자판을 두드리거나, 잘못된 정보의 입력으로 타인에게 큰 피해를 줄 수 있으며, 이로 인한 피해자는 목숨을 끊는 극단적 선택까지 할 수 있는 것이 바로 사이버 권리침해의 무서움이다.

사이버공간은 앞으로도 지속적으로 발전하고 확대될 것이다. 따라서 사이버권리 침해도 더욱 다양한 형태로 진화하여 발생될 것으로 예상된다. 따라서 건전하고 안전한 사이버 공간은 현재와 같은 정보화 사회에서 꼭 확보되어야 할 중차대한 국가문제이다.

건전한 사이버 공간을 조성하기 위해서는 네티즌들의 윤리의식 성장도 필수다. 어려서부터 인터넷 윤리교육을 강화하는 것도 방법이 될 수 있다. 이제 국가와 사회가 사이버 권리침해에 강력한 빗장을 채워야 한다.

그것만이 우리의 정보통신환경을 안전하게 보호하고, 사이버상의 권리를 보장해줄 수 있을 것이다.

5. 강화해야 할 사이버범죄 대응시스템

대한민국은 초고속 통신망을 구축한 정보화 선진국이다. 이로 인한 사이버 범죄 발생은 2001년 3만3,289건에서 2012년 10만8,223건으로 약 225.1% 늘어났고, 검거는 2001년 2만2,693건에서 2012년 8만4,932건으로 약 274.3% 증가했다.

국가적 위협인 청와대, 정부부처 및 방송·언론·금융에 대한 사이버공격이 급증하고, 음란물 유포, 스포츠토토, 온라인 도박 사이트 성행으로 사회적 위협도 증가하고 있다. 그리고 전자상거래 사기, 개인정보 유출로 인한 스미싱, 파밍, 메모리 해킹 등 신종수법의 지속적 등장으로 개인적 위협도 폭증하고 있다.

이 같은 환경에서 경찰의 사이버테러대응센터는 2000년 창설 이후, 조직 변화를 이루지 못하고 있다. 이로 인해 발생된 범죄 수사에 치중함에 따라 능동적이고, 선제적인 대응이 어려운 상황이다.

또 사이버테러는 국정원, 개인정보 유출은 안전행정부, 도박은 문화관광부, 인터넷 자살은 보건복지부, 아동음란물은 여성가족부, 침해사고는 미래창조과학부, 스미싱은 금융위로 구분돼 사이버 역기능에 대응하기 위한 각 부처 협업파트너로서의 역할에 한계도 발생하고 있다.

검찰청, 국정원, 국방부 등 국내 유관기관들은 제한된 영역에 대응하는 사이버테러 조직과 인력을 운영·확대하고 있다. 검찰은 2013. 8. 22. '디지털 포렌식 연구소'를 발족하기도 했다.

그러나 경찰청 사이버테러대응센터는 총경을 센터장으로 발족 단계인

지난 2000년보다 20여명이 감소된 60명의 인원으로 폭증하는 사이버범죄에 대응하고 있다. 해외 사이버범죄 대응은 미국은 연방수사국(FBI), 독일은 연방경찰청(BKA), 영국은 중대범죄수사청(SOCA), 일본은 경찰청에서 담당하고 있다. 이는 사이버범죄의 특성상 자치경찰제 국가에서도 중앙집중형 사이버테러 전담조직을 육성한 것이다.

인터폴도 최근 사이버범죄 전담조직으로 사이버범죄국을 설치해 디지털증거 분석, 각국의 사이버범죄 협력조정 등 사이버안전 인프라 강화는 국제적 추세다. 때문에 경찰에서도 범죄수사 중심의 대응에서 탈피해 범죄분석·안전정책, 범죄예방, 국제·민간 협력 등 국민 안전을 종합적으로 확보할 수 있는 체제로 전환할 필요가 있다.

이를 통해 사이버 위협에 대한 탐지, 신종범죄에 대한 맞춤형 예방·대응책 추진으로 안전한 사이버공간을 마련해야 한다. 또 '국가 사이버안보 종합대책' 중 사이버테러 및 사이버 사기, 도박 등 범죄수사를 전담하고, '주의' 경보 발령 시 '사이버위기대책본부'에 참여하기 위해서는 경찰의 대응조직 확충이 필요하다.

이 같은 노력의 일환이 바로 지난해부터 경찰청이 운용하고 있는 '사이버범죄 예방교육 전문 강사' 제도다. 이들은 사이버범죄를 예방해 국민 생산성을 향상하는 데 기여할 뿐 아니라 청소년 전과자 양산을 예방하고 있다.

2013년 상반기에는 전국적으로 총 1,010회에 걸쳐 29만8,560명을 대상으로 교육을 실시하기도 했다. 사이버 범죄가 늘어나는 만큼 예방 활동의 중요성도 갈수록 커지고 있다. 사이버범죄 예방 활동을 지속·확대하기 위한 범정부적인 지원 및 대책이 시급한 실정이다.

6. 필요한 사이버공격 피해 예방법

국가와 사회의 기본 틀을 흔드는 사이버전의 위협이 현실화되고 있다. 주요 방송사와 금융사의 전산망이 일제히 마비되는 사상 초유의 혼란을 겪은 3·20 사이버테러[31]는 북한의 소행으로 밝혀졌다. 2013년 2월 3차 핵실험 이후 도발 위협수위를 높여온 북한은 남한사회를 겨냥한 테러 가능성을 공공연히 언급해 왔다. 위와 같은 전산망 장애를 지켜보는 국민은 불안하다.

2008년 이후 5년간 정부 및 공공기관을 대상으로 한 사이버 공격이 7만 3,030건에 달한다. 특히 이번 3·20 전산망 장애의 공격 수단은 디도스 공격보다 타격이 큰 지능형 지속 위협(APT) 공격으로 밝혀졌다. 디도스가 도로 통행을 불가능하게 했다면 이번 공격은 도로를 파괴시킨 것이다.

2011년 3·3 디도스 공격과 4월 농협 전산망 공격, 2012년 중앙일보 서버 해킹 등 최근의 잇단 주요 사이버테러 6건이 북한 소행으로 확인됐다. 시·공을 초월하여 눈에 보이지 않고, 전선이 없는 남북 간 '사이버전쟁'이 일어날 조짐은 아닌지 염려된다.

북한은 해킹전문가로서 정예요원만 1,000명에 보조요원까지 포함하면 3,000여명이고, 관련 지원인력을 포함할 경우 3만명 수준인 것으로 파악되고 있다. 북한의 사이버전 수행능력은 미국의 중앙정보부(CIA)와 맞먹는다는 평가다. 북한의 정찰총국은 사이버테러의 컨트롤 타워이자 강력한 해커집단을 보유한 것으로 알려져 있다. 북한의 사이버 공격 수준은 러시아와 미국에 이은 세계 3위 수준의 상당히 고도화된 것으로 학계에서는 파악하고 있다.

최근까지 국내의 사이버테러대응은 각 부처로 활동이 분산돼 위기상황에 제대로 대응하지 못하고 있다. 사이버 공격에 대한 국가차원의 체계적 대응을 위한 국가사이버치안센터 설치, 사이버 위기관리 종합계

획·기본지침 수립시행 등이 담겨 있는 '국가사이버위기관리법'이 2008
년 발의되었으나 18대 국회종료와 함께 자동 폐기되었다. 때문에 사이
버전 대비 컨트롤타워 구축을 골자로 한 법안이 필요하다.

현재 우리나라는 국가차원에서 사이버장애 등 위기상황을 총체적으로
관리할 수 있는 제도나 구체적 방법 및 절차가 정립되지 않았다. 그래서
사이버안전 관리에 관한 기본사항을 규정해 국가안보를 위협하는 사이
버 공격을 사전에 예방하고, 사이버위기 발생 시 신속하고 적극적인 대
처를 해야 한다.

정부는 2013. 4. 11. '국가사이버안전전략회의'를 열고 사이버 위협에 국
가 차원에서 체계적으로 대응하기 위해 청와대가 컨트롤타워 역할을 맡
기로 했다. 사이버위협에 대응하기 위한 정보보안 기능이 국가정보원,
안전행정부, 미래창조과학부, 국방부 등 여러 부처로 나뉘어 있어 신속
한 대응이 어려웠던 점을 감안한 것이다.

또한 사이버 공격을 막을 '화이트해커' 양성도 필요하고, 국가에서 고용
한 화이트해커와 민간의 화이트해커를 연결하는 시스템구축도 필요하
다. 기업들도 제대로 된 투자 없이는 방어능력을 향상시키는 데 한계가
있다.

공격수준이 높아졌는데 방어수준이 이를 따라가지 못하고 있다는 것이
다. 계속 새롭게 개발되는 악성코드에 대응하기 위해서는 기업들의 꾸준
한 정보보안 확대도 절실하다.

7. 청소년 불법 다운로드 포탈도 함께 책임을

인터넷 강국인 우리나라에서 누구나 한번쯤 개인 블로그에 음악이나 동
영상을 올린 적이 있을 것이다. 그러나 자신의 개인 블로그나 카페에 취

미로 혹은 아무것도 모르고 올린 콘텐츠 때문에 고소를 당해 경찰의 출석요구를 받게 되면 매우 당황할게 뻔하다.

특히 저작권법 위반 여부를 잘 알지 못하는 초·중·고등학생들은 고민 끝에 합의금 마련을 위한 인터넷 사기 등 제2의 범죄를 저지르기도 해 청소년 전과자가 양산되고 있다. 이런 고소 사건이 2004년 1만140건, 2007년 2만333건, 2008년 7만8,538건이나 된다.

그렇잖아도 경찰서 사이버범죄수사팀에서는 급증하는 민생 관련 사이버범죄를 처리하느라 겨를이 없는 판인데. 이건 정도가 너무 심하다는 생각이다. 방학기간 등을 이용해 학생들이 줄줄이 경찰서에 출석해 조사를 받는 모습이 안타깝기 짝이 없다.

물론 이런 고소도 변호사의 정당한 업무임을 잘 알고 있다. 그러나 영리목적 없이 단순히 자신의 블로그나 카페에 전시해 이를 감상하게 하는 행위까지 고소해 청소년들의 가슴을 멍들게 하는 것은 아닌지 심히 우려스럽다. 또 이런 행위가 자칫 일부 변호사들의 저작권 침해에 대한 합의금 유도 장사를 하는 것은 아닌가 하는 오해를 살 수도 있는 것이어서 아쉽기도 하다.

아울러 오늘날 뉴미디어 사회에서의 관련 법 적용에 대한 재점검이 필요하다고 본다. 정보통신망을 이용해 범죄의 구성요건이나 고의 없이 행해지는 청소년 범죄에 대해서는 초범이고, 미성년자일 경우에는 각하할 필요가 있다.[85] 또 사회복귀와 재범방지를 위해 미국 경찰이 실시하고 있은 다이버전(Diversion)[86] 프로그램을 응용해 훈방제도를 도입하거나 영국의 경고(Caution)[87] 제도 등은 활용할 만한 가치가 있다고 본다.

개인 블로그나 유명 포털사이트를 통해 만드는 것인 만큼 포털사이트 관리자의 책임을 강화하는 것이 필요하다. 인터넷에의 비윤리적인 행위를 차단하기 위한 네티켓 교육도 강화할 필요가 있다. 그게 저작권도 보호하고, 청소년 전과자도 예방할 수 있는 길이라고 본다.

암호
화폐

1. 가상화폐 악용 막아야

요즘 비트코인 등을 필두로 한 가상화폐(Virtual Currency) 관련 뉴스와 연구자료 등이 쏟아져 나오고 있다. 비트코인 등 가상화폐는 네트워크로 연결된 가상공간에서 전자적 형태로 사용되는 디지털화폐나 전자화폐를 말한다. 이 화폐는 국가가 관리하는 지폐나 동전과 달리 실물이 없다는 특징이 있다. 최근 비트코인 등 가상화폐는 한국 등 세계 130여개국이 사용하는 국제회계기준(IFRS)[88] 해석위원회에서 화폐나 금융상품이 아닌 재고자산 또는 무형자산으로 분류했다.

숫자는 있으나 지폐 등과 같은 현실감이 없는 가상화폐와 관련된 범죄들이 끊임없이 발생하고 있다. 특히 비트코인 등 가상화폐가 가지고 있는 특성들이 범죄에 이용되기 좋은 요건이 되고 있다. 가상화폐 거래소가 서버를 내리고, 잠적하면 다수의 투자자들이 피해를 보기도 한다.

가상화폐의 대표적인 범죄는 다단계나 유사수신행위, 방문판매 등으로 인한 사기 피해이다. 현재 국내에서는 무법지대인 가상화폐 시장에서 2017년 7월부터 금년 7월까지 2년 동안 2조 7,000억원의 사기 피해가 발생된 것으로 집계됐다. 사이버인질범인 랜섬웨어(Ransomware) 복구비용으로 비트코인을 요구하거나, 전화금융사기나 인터넷 사기 피해금을 세탁하는 용도로 이용되기도 한다. 수사기관의 추적을 피하기 위한 대마 등 마약과 불법적인 거래가 이루어지는 블랙마켓(Black Market)의 거래 대금으로 결제도 된다.

직업 등 마땅히 할 일이 없는 20~30대 젊은 사람들도 가상화폐에 투자해 범죄에 연루되고 있다. 일부는 도박과 같은 투자심리로 거래소를 찾기도 하고, 투자한 해당 코인 가격을 상승시켜 매도 차익을 높이기 위해 주변인들을 끊어 들이기도 하는 등 그 역기능도 만만치 않다.

현재 가상화폐에 대한 정부 등 관련기관이 규제 등 강제조치를 할 수 있는 근거는 없다. 비트코인 등 가상화폐와 관련하여 범죄피해를 당한 피해자들에 대한 법적 장치도 없어 해킹 등으로 인해 피해가 발생했어도 구제 받을 수가 없다. 가상화폐는 거래의 익명성으로 인해 범죄수익금의 자금세탁에 사용되고, 익명으로 거래되어 범죄자금 등 부정유통에 대한 추적도 쉽지 않다.

현재 가상화폐 거래소는 몇 가지 신고요건만 갖추면 설립이 가능하다. 법원도 가상화폐 거래소는 「전자금융거래법」에 의한 금융거래 보호대상에 포함되지 않는다는 결정이다. 정보통신망을 이용해 쉽고, 빠르게 전송이 가능한 고액의 비트코인 선불카드도 범죄 피해로 나타나고 있다.

사기 등 가상화폐를 이용한 피해를 당하지 않기 위해서는 검증되지 않은 화폐는 피해야 한다. 현재 가상화폐 시장에서는 검증되지 않은 수백개 이상의 가상화폐가 출시되어 있다. 이런 화폐들은 해킹 등의 위험성도 크고, 상장폐지나 시세조종 등으로 인한 피해도 예상된다.

무궁무진한 발전 가능성이 있는 블록체인(Blockchain)[89] 기술 구조로 이루어진 비트코인 등 가상화폐의 역할은 매우 중요하다. 그로 인한 가상화폐와 관련한 다양한 신종범죄 발생도 예상된다. 금융감독원 등 금융기관의 체계적인 관리와 감독으로 발생될 수 있는 범죄 등의 문제점들을 신속하게 대처할 수 있어야 한다.

금융기관에 가상화폐 전담팀을 신설하여 비트코인 환전 관련 업무를 전담하고, 자금세탁이나 불법자금 유통 등을 대비하기 위한 지속적인 모니터링도 한 방법이다. 범죄수익금의 자금세탁방지를 위해서는 화폐 거래자의 정보와 법정 통화로 환전 시는 현금지급이 아닌 국내 금융계좌 입금을 원칙으로 하여 거래자의 정보도 확보해야 한다.

미국 등 다수의 외국은 국가에서 직접 가상화폐에 대한 규제를 통해 관리하고 있다. 우리도 현재 국회에 계류 중인 「특정금융정보법」 개정안이 속히 시행되어야 한다. 그래야만 거래소의 신고기준을 강화해 거래소의 관리 감독으로 통제가 가능하다. 또한 사기나 마약대금 등 범죄자금의 유통과 해킹, 자금세탁 등의 범죄를 예방하고, 발생된 범죄에 대한 추적도 가능하도록 해야 한다.

2. 대책이 시급한 암호화폐 해킹 대응방안

한국은 정보통신기술 강국답게 암호화폐 거래량도 세계 3위로 나타났다. 암호화폐 시장조사기관인 더 블록은 2019년 상반기 기준으로 전 세계 주요 거래소의 거래량 순위는 미국(24.5%), 일본(10%), 한국(6.5%) 순이라고 밝혔다. 인구대비 관심도도 싱가포르, 한국, 스위스 순으로 나타나 한국의 실거래와 관심도는 매우 높다.

암호화폐는 세계적으로 해킹범죄의 대상이며, 범죄수익의 자금세탁으로 이용되는 등 부작용도 크다. 특히 국제적인 대북제재를 받고 있는 특정 국가의 암호화폐 거래소의 해킹공격은 심각하다. 2019년 8월 유엔안전보장이사회 보고서에는 이 국가의 해킹조직이 한국의 거래소를 해킹해 수백억원를 탈취했다는 내용이 들어있다.

이 해킹조직은 2015년 12월부터 2019년 5월까지 35차례에 걸쳐 17개국의 금융기관이나 암호화폐 거래소를 공격했다. 가장 큰 피해국은 10차례의 공격을 받은 한국으로 나타났다. 국내 1위 암호화폐 거래소인 빗썸은 2017년 2월과 7월 각각 700만 달러, 2018년 6월 3,100만달러, 2019년 3월 2,000만달러를 해킹당한 것으로 알려졌다. 4차례 공격으로 약 790억원(6,500만 달러)을 도난당한 것이다.

2017년 4월에는 야피존이 55억원 상당을 해킹당했고, 6월에는 빗썸의 개인정보 파일 3만1천여 건이 유출되었다. 또한 12월에도 유빗이 170억원 규모를 도난당했고, 2018년 6월에는 코인레일이 400억원을 해킹당했다. 이 특정국가 해킹조직은 2019년 8월에도 국내 거래소를 해킹하여 790억원 이상을 탈취했다는 위 보고서의 주장이다.

최근 4년간 한국의 거래소가 10여 차례 이상 해킹공격을 당했지만 금융감독원 등 금융기관은 해당 거래소에 대한 실태 점검을 못했다. 금년 2~3월에는 국가정보원이 특정국가의 암호화폐 해킹을 경계했으나 거래소에 대한 금융당국의 조치는 없는 것으로 알려졌다. 이 같은 현상은 현재 국내에는 암호화폐 관련 법령이나 규제 등 근거가 없기 때문이다.

현재 암호화폐 거래소를 관리해야 할 금융기관은 해킹공격 등 위협과 발생 된 피해에 대한 관리나 감독 등 권한이 없어 적극적인 암호화폐 정책을 펴지 못하는 상황이다. 법원도 거래소는 금융거래를 보호하는 「전자금융거래법」의 적용대상이 아니라는 판단이다. 거래소는 금융기관과 같이 보안의무를 강제할 수 없어 거래소 해킹으로 인한 손해배상도 패소판결 했다.

현재 국회에 계류 중인 암호화폐 거래에 대한 규제를 담은 「특정 금융거래정보의 보고 및 이용 등에 관한 법률」 개정안이 속히 시행되어야 한다. 이 개정안에는 암호화폐 취급업체에 대한 신고제를 도입해 관리 감독하도록 되어 있다. 신고제를 도입하므로 암호화폐 거래소에 대한 보안관리의무를 지우고, 피해 발생 시 제재 등 행정력을 행사해야 한다.

국제자금세탁방지기구(FATE)[90]도 암호화폐 산업에 강력한 규제를 추진 중이다. 암호화폐 취급업체의 등록제나 면허제를 실시하고, 문제업체는 사업 중지 등 제재도 권유하고 있다. 화폐송금인과 수신인 등 거래당사자 정보를 금융당국에 제공하는 내용도 포함됐다.

일본은 암호화폐 관련 규정을 다룬 개정 「자금결제법」 및 「금융상품거래법」이 2020년 4월부터 시행된다. 미국도 암호화폐 산업의 자금세탁방지 및 테러자금지원방지 규제를 명시했고, EU도 암호화폐 자금세탁방지에 대한 규정을 포함한 자금세탁방지지침(5MLD)을 채택했다.

현재(2019년 9월 기준) 국내에는 약 200여개의 거래소가 영업 중인 것으로 관련 업계는 추산하고 있다. 그럼에도 불구하고 현실적으로 거래를 중개하는 거래소에 대한 금융소비자 보호는 사각지대에 놓였다는 지적이다. 전화금융사기나 인터넷 사기 등 피싱 범죄의 자금세탁으로도 활용되는 거래소에 대한 관리부재는 수사기관의 추적에도 한계가 발생된다.

암호화폐 거래소에 대한 해킹예방이나 발생된 피해구제를 위해서는 조속한 법제화로 금융당국의 관리나 감독이 필요하다. 현재로서는 거래소 해킹으로 피해를 입은 투자자들을 구제할 수단이 없다. 해킹을 예방하고, 거래소와 투자자를 보호해야 할 금융기관의 역할은 중요하다. 금융감독원 등의 역할 확대로 거래소 해킹수사는 경찰청과 국정원, 해킹 원인분석과 대응 등은 과학기술정보통신부 등 부처간 촘촘한 대응체계도 요구된다.

3. 해커들에게 위협 받는 암호화폐 시장

비트코인이 1,000만원을 재돌파하면서 암호화폐 시장이 해커들에게 주목 받고 있다. 최근(2019년 6월 기준) 특정 정부의 지원을 받는 것으로 알려진 해커 조직이 국내 암호화폐 거래소인 업비트(upbit)[91]와 경찰청 사이버안전국을 사칭해 거래소 회원들을 대상으로 사이버 공격을 진행하는 것으로 나타났다. 이 조직은 2019년 4월에도 통일부의 보도자료로 위장한 악성코드를 유포하고, 1월에는 통일부 출입기자 77명을 대상으로 악성코드가 포함된 메일을 발송했다.

보안업계에서는 해커 조직이 업비트 외에도 타 거래소 회원사들 상대로 사이버공격을 진행한 것으로 보고 있다. 경찰청 사이버안전국을 사칭한 해커는 '암호화폐 거래소 사칭 공격이 포착됐다'는 내용과 함께 '컴퓨터 검사 프로그램'도 첨부 했다. 공격을 당한자가 이를 실행하면 악성코드에 감염되어 사용자 정보가 해커에게 넘어간다.

'암호화폐 거래소 이벤트 수령 안내' 등을 사칭한 '지능형 지속 위협(APT: Advanced Persistent Threat)' 공격은 경제적 이득 또는 정보 누출이나 파괴를 목적으로 특정 대상을 지속적으로 공격하는 기법이다. 이 공격은 다양한 침투기술과 특화된 악성코드를 이용하여 선정된 목표에 적합한 공격 기술을 지능적으로 선택한다(Advanced).

성공률을 극대화하기 위해서 목적 달성 시까지 오랜 시간에 걸쳐서 선정된 목표에 대한 다양한 형태의 공격이 점진적 또는 은밀하게 지속적으로 진행한다(Persistent). 공격 목표는 풍부한 자원 등을 가진 개인이나 조직이며, 자동화된 공격 도구나 기법은 공격 성공 시 큰 피해로 위협한다 (Threat).

이번 공격은 2014년 한국수력원자력 해킹으로 널리 알려진 조직 (Kimsuky)이 최근 다양한 지능형지속위협 공격을 수행하고 있는 것으로 알려졌으며, 통일부를 사칭한 APT 공격도 이 조직으로 나타났다. 또한 이메일을 통해 악성코드를 유포하는 공격과 함께 이메일 계정의 정보를 탈취하기 위한 '스피어피싱(Spear Phishing)' 공격도 함께 진행하고 있다. 이들은 중앙정부나 통일·외교 영역과 국방 등에 종사하는 인사들을 해킹대상으로 삼았다.

스피어피싱은 불특정 다수의 개인정보를 빼내는 피싱과 달리 특정인의 정보를 캐내기 위한 피싱 공격이다. 일명 '작살형공격'으로 표현되는 이 공격 기법은 공격자가 사전에 공격 성공률을 높이기 위해 공격 대상에 대한 정보를 수집하고, 이를 분석하여 피싱 공격을 수행하는 '사회공학적(Social Engineering)' 기법이다.

이 기법은 컴퓨터가 아닌 사람의 취약점을 이용한 신뢰기반 해킹이며, 사회공학(社會工學)은 보안학적 측면에서 기술적인 방법이 아닌 사람들 간의 기본적인 신뢰를 기반으로 사람을 속여 비밀 정보를 획득하는 기법이다. 즉, 컴퓨터가 아닌 사람의 취약점을 이용한 것이다.

최근 암호화폐 거래와 관련된 사이버 공격의 증가는 염려스럽다. 2019. 3. 29. 빗썸(bithumb)이 내부자 소행이라지만 해킹을 당하는 등 현재 거래소 공격은 진행형이다. 특히 거래소 해킹으로 인한 손해배상도 패소했기에 피해 발생 시 구제에는 분명한 한계가 있다. 가상통화는 화폐가 아니고, 거래소는 금융기관이 아니기 때문에 금융기관과 같은 보안 의무를 지울 수 없다는 법원의 판단이다.

금년 빗썸 해킹사고 발생 전에도 최근 발견된 공격 수법과 유사한 거래소 사칭 이메일 공격이 포착되는 등 최근 암호화폐 거래와 관련된 내용의 사이버 공격은 증가하고 있다. 특히 특정 정부의 후원과 지시를 받아 활동하는 조직은 매우 위협적이다. 암호화폐 거래소들은 보안관제 등에 더욱 각별한 주의가 필요하며, 수상한 발신자나 제목의 메일은 열람하지 않는 등 메일 수신도 신중을 기해야 한다.

4. 비트코인 등 가상통화와 사이버보안의 문제점

정보통신기술의 발달은 다양한 편리성으로 새로운 혜택을 제공하고 있다. 그러나 컴퓨터 등 정보통신망을 이용한 새로운 유형의 사이버범죄라는 검은 그림자도 곳곳에서 나타나고 있다. 경찰청 사이버안전국 자료에 의하면 2018년 사이버공간을 이용한 범죄는 149,604건이 발생되어 2017년의 131,734건보다 11.3% 증가한 것으로 나타났다.

2019. 2. 20.에는 2017. 12. 19. 등 2차례 해킹을 당한바 있는 국내 가상화폐거래소 유빗(Youbit)에서 사명을 바꾼 '코인빈(Coinbin)'이 파산절차를 밟게 되었다. 비트코인(Bitcoin) 등 가상화폐거래소에 대한 해킹은 2017년 3건 등 최근 3년간 7번의 해킹으로 거래소 이용자들은 1,100억원대 피해를 입은 것으로 나타났다.

디지털 단위인 '비트(Bit)'와 '동전(Coin)'을 합친 대표적인 가상통화인 비트코인은 지폐나 동전과 달리 물리적인 형태가 없는 온라인 암호화폐(이하 '가상통화'로 표기)다. 중앙 통제기관 없이 네트워크에서 개인간 블록체인이라는 구조로 거래되는 가상통화 해킹 등 관련 범죄수사는 결코 쉽지 않다.

가상통화가 불법적인 범죄수단으로 활용되고 있다. 사이버인질범인 랜섬웨어를 해제하고, DDoS 공격을 빌미로 비트코인을 요구한다. 사이버도박과 마약 거래대금 등으로 이용되기도 한다. 보이스피싱 피해금도 가상화폐거래소 통장으로 입금하게 하여 코인으로 출금하기도 한다.

인터넷 물품사기 등으로 편취한 금원을 가상통화로 환전하거나 파밍(Pharming)에 이용될 수 있다. 피해자의 컴퓨터나 스마트폰에 악성코드를 설치하여 계좌정보나 보안카드 정보 등을 입력하게 하여 돈을 이체시킨 다음 가상통화로 빼가는 수법이다.

가상통화는 전자화폐의 특성상 해킹위험에 노출되어 있다. 현행법상 해킹에 대한 보안체계 기준이 설정되지 않았기 때문이다. 또한 가상통화 가치와 활용은 네트워크상에서만 이루어져 해킹을 당하면 속수무책이다. 해킹을 당한다는 것은 전자화폐의 안정성을 낮춰 존립자체를 뒤흔들 수 있다.

특히 해킹문제는 비트코인 등 여러 가상통화에 있어서 치명적이다. 가상통화를 소유한 사람들이 하루아침에 수십억 가치를 잃어버릴 수도 있다. 가상통화는 돈이 아니고, 거래소는 금융기관으로 볼 수 없어 거래소 해킹으로 피해를 당한 손해배상도 패소했다. 거래소는 금융기관과 같은 보안의무를 지울 수 없어 금전거래를 기반으로 하는 「전자금융거래법」을 적용할 수 없다는 법원의 판단이다.

현재 가상통화 거래는 「전자상거래 등에서의 소비자보호에 관한 법률」의 온라인통신판매업자로 신고하면 된다. 누구나 몇 가지 신고요건만 갖추면 거래소를 설립 할 수 있다. 2017년 11월에는 공정거래위원회가 '암호통화거래소는 전자상거래법상 통신판매업자로 볼 수 없다'는 시정권고를 내리기도 했다.

가상통화거래소에 일정한 사이버보안 요건을 충족시키지 않는다면 거래소 인가를 제한하고, 해킹에 대비하기 위해 보안전문가들이 사이트 보안이나 거래소지갑 보안동향을 지속적으로 파악해야 한다. 자금세탁방지 및 테러리즘 등 범죄와 관련된 이용자들을 막기 위해서는 강화된 고객확인제도도 필요하다.

국내에서 가상통화 거래가 현실화 된지 오래되었지만 관련법은 전무하다. 미국은 비트코인 등 가상통화를 상품이나 자산으로 명시하여 관련규정이나 지침을 적용하고, 일본도 「자금결제법」을 개정하여 시행 중이다. 그 외 중국이나 러시아 등 대부분의 국가들도 어떠한 형태로든 비트코인을 비롯한 가상통화에 대한 규제방향을 밝히고 있다.

그러나 국내는 아직 특별한 법령이나 규제가 없다. 해킹으로 손실을 입은 경우 어느 정도 보호해 줄 수 있는 제도적 장치와 법률로서 가상통화의 정의를 내려 실질적으로 보호받을 수 있도록 해야 한다. 가상통화 관련 사기나 다단계 등 범죄피해를 예방하기 위한 제도마련도 필요하다.

5. 경계해야 할 가상통화 관련 범죄위험성

국내에서 가상통화 거래량이 급증하면서 국민들의 관심이 집중되고 있다. 2018년 1월 기준, 국내 4대 거래소(3대 가상통화 거래량 기준) 가상통화 일일거래규모는 약 6조2,000억 원으로 전 세계 거래규모의 19.7%를 차지하고 있다.

이처럼 가상통화 거래가 급증하고 있지만 급격한 가치상승에 대한 기대심리 등 투기과열 기조를 악용한 불법행위로부터 투자자들이 위험에 노출되고 있다. 실제 범죄 피해도 다양하게 일어나고 있다.

2017년 12월에는 국내 거래소 '유빗(舊 야피존)'이 서버 해킹으로 1차 55억원, 2차 172억원 상당의 금전피해가 발생해 파산했다. 2017년 5월부터 7월까지 '빗썸' 거래소 회원계정을 해킹해 70억8,300만원 상당의 가상통화를 탈취한 사건도 벌어졌다.

피해액 거의는 해킹으로 인한 절도가 원인으로 분석되며, 해킹의 배후로는 특정 정부의 지원을 받는 북한 해커를 지목하고 있다. 여러 나라로부터 제재를 받는 북한 입장에서 비트코인은 매력적인 통화이기 때문이다. 또한 가짜 가상통화(코알)에 투자하면 단기간에 고수익을 보장한다고 속여 피해자들로부터 191억원 상당을 편취한 피의자 12명이 경찰에 검거되기도 했다. 2018. 1. 27. 약 5,700억원 상당의 가상화폐를 해킹당한 일본에서는 피해금을 현금으로 보상하기로 했다.

가상화폐는 몸값이 치솟아 해커를 포함한 범죄 세력이 노리는 새로운 사이버공격 표적이 되고 있다. 해커들이 가상화폐를 새로운 표적으로 삼는 것은 상대적으로 현금화하기 쉬운 특성 때문으로 분석된다.

국내 거래소의 경우 일일 거래규모가 큰 특성상 해킹범죄 시 큰 수익이 가능하고, 국내 가상통화의 거래량에 비해 거래구조·위험성 및 첨단기술에 대한 이해 없이 막연히 고수익을 기대하는 투자자가 많아 투자사기 등 위험도 크다. 가상통화의 거래구조와 가치변동에 대한 이해가 부족한 투자자들이 사기를 당하는 경우도 증가하고 있다.

경찰에서는 투자사기, 해킹 등 특별단속을 통해 가상통화 관련 범죄에 대해 엄정 대응하고 있다. 국내 주요 가상통화 거래소와 핫라인 구축 및 정보공유를 통한 신속한 수사협조·거래소 보안점검 지원으로 유관기관과 적극 협력하고, 언론 홍보, 예방교육 전개 등 온·오프라인 홍보활동을 전개하여 가상통화 관련 범죄에 대한 경각심을 고취하여 범죄를 예방하고 있다.

가상통화 관련 투자사기 등 범죄 피해를 당하지 않기 위해서는 불법 다단계조직을 이용한 가상통화 판매사기, 가상통화사업, 채굴사업 등을 빙자해 고수익 배당을 미끼로 투자금을 모집하는 유사수신 투자사기, 가상통화 거래소 불법행위, 구매대행 사기, 가상통화를 노린 해킹, 개인정보 침해범죄 등을 경계해야 한다.

또한 다단계판매업 등록 없이 가상통화를 다단계로 판매하거나 후원수당을 지급하면 그 자체가 불법이며, 고수익을 보장한다며 가상통화 사업 투자금을 모집하는 경우 대부분 가짜 가상통화이거나, 사업의 실체가 없는 경우도 있다.

가상화폐 마이너(채굴형 악성코드)를 활용한 해커들의 공격도 급증한 것으로 나타났다. 특히 가상화폐 마이너를 통한 공격은 대북 제재로 외화 획득이 어려워진 북한이 적극적으로 나서고 있다. 비트코인 사용처가 우리보다 훨씬 많을 정도로 비트코인 경제가 발전해 있는 북한이 비트코인을 집중적으로 공격하고 있다. 해커들의 공격이 더 거세짐에 따라 보안에 대한 현장 수요와 기술적 요구 수준이 높아질 것도 대비해야 한다.

6. 지속적 보안관리가 필요한 인터넷 전문은행

2017년 4월에 물리적인 영업점포 없이 인터넷과 모바일, ATM 등을 통해 적금, 대출, 신용카드업 등 일반적 형태의 시중은행과 동일한 금융서비스를 제공하는 인터넷전문은행 케이뱅크가 출범했다. 7월에는 국내에서 4,200만명이 이용하는 카카오톡이 플랫폼인 카카오뱅크가 출범하면서 금융시장 전반에 큰 혁신을 불어오고 있다.

이들은 은행법 상 인가된 제1금융권으로서 일반은행과 동일한 법적 지위를 가진다. 그동안 간편 결제와 송금 등 핀테크 서비스가 제한된 범위 내에서 발전되는 경향이 있었지만, 인터넷전문은행의 출범으로 그 영역은 크게 확장되고 있다.

인터넷 전문은행은 영업시간 제한 없이 365일 금융서비스를 제공한다. 온라인 방식만으로 계좌개설 등 금융거래 서비스를 제공하며, 금융거래를 위해 온라인 상 비대면 방식으로 본인 실명을 확인하는 등 다양한 편리성을 제공하고 있다.

그러나 비대면 방식으로 계좌를 개설하는 과정에서 해킹 또는 악성코드 감염 등에 의해 금융정보가 유출되거나 금융 사기나 자금세탁을 위해 자기 또는 타인 명의로 개설한 인터넷 계좌가 범죄에 이용될 수도 있다.

실제 명의도용과 대포통장 사례에 대한 신고는 금융당국과 인터넷전문은행에 지속적으로 접수되고 있다. 또한 고객의 PC, 스마트폰 및 이체나 송금을 위한 접속구간, 입·출금 ATM 등에 대한 공격과 일반 금융기관 시스템보다 상대적으로 보안에 취약한 고객 단말기를 대상으로 한 지속적인 공격이 나타날 수 있다. 피해자가 인지하지 못한 상태에서 악성코드 등을 통해 거래 정보를 변조하거나 직접적인 해킹 기법 등을 이용해 인증정보를 탈취하는 등 해킹의 위험성도 예상된다.

비정상적인 전자금융서비스로 접속시키거나 금융정보를 유출하도록 유도하는 방식의 사회 공학적 기법을 이용한 기존의 피싱(Phishing)이나 파밍(Pharming)과 같은 형태의 범죄도 나타날 수 있다. 이외에도 인터넷전문은행의 퀵송금 서비스 등 간편 송금을 위한 문자 수신을 가장한 스미싱(Smishing) 형태의 신종 금융사기 범죄도 우려되는 부문이다.

인터넷을 이용한 금융범죄는 계속 진화하고 있다. 신규 위협에 대한 기술적·관리적인 새로운 보안강화와 이용자 본인의 단말기와 정보관리, 지속적인 보안기술 연구, 안전한 금융서비스를 위한 관리 감독 등 이용자와 금융사, 정부, 학계 등의 공동노력이 있어야 한다.

사이버
폭력

소리 없는 학교폭력! 사이버불링 대책 | 사이버폭력은 근절되어야 한다 |
사라져야 할 3대 사이버반칙

1. 소리 없는 학교폭력! 사이버불링 대책

정보통신정책연구원의 2016년 휴대폰 보급률은 초등학생 저학년 45.9%, 고학년 77.0%, 중학생 95.3%, 고등학생 94.7%로 나타났다. 위와 같은 높은 휴대폰 보급률이 '사이버불링'이라는 학생들의 온라인 폭력행위 발생에 영향을 끼친 것으로 보인다.

'사이버불링(Cyber Bullying)'은 컴퓨터나 휴대전화 등 정보통신매체를 이용하여 남을 괴롭히고자 반복적으로 행하는 폭력적 표현과 행위를 말한다. 소리 없는 사이버공간에서 발생 되는 이런 폭력은 전통적인 신체적 폭력보다 피해가 더 심각하다.

2018년 9월에는 충북 제천의 여고생은 상가 옥상에서, 같은 달 인천의 여중생은 아파트에서 뛰어내렸다. SNS 상에서 협박과 비난이 두 여학생을 죽음으로 내몬 것이다. 호주에서도 2018년 초에 14세의 유명광고 모델이 사이버폭력을 견디다 못해 목숨을 끊어 사이버폭력의 심각성을 경고했다.

단톡방에 초대하여 괴롭히면서 왕따 하는 '카톡감옥'과 '카톡왕따', 번갈아 욕하면서 괴롭히는 '떼카', 초대 후에 모두 나가버리는 '방폭', 와이파이 사용을 위한 '와이파이 셔틀(Shuttle)', 재물을 요구하는 '갈취' 유형은 빈번하게 발생되고 있다.

또한 단톡방에서 비방하고, 명예를 훼손하는 '저격글', 전화나 SNS 등을 이용하여 괴롭히는 '사이버스토킹', 얼굴을 합성하여 유포하는 '지인능욕' 등 유형도 다양하다. 더 나아가 특정한 사진을 보여주면서 스스로 자해를 강요하는 '인증놀이'는 가히 충격적이다.

2018년 5월에 전국 초·중·고생 399만명을 대상으로 조사한 교육부의 '2018년 1차 학교폭력 실태조사'에서도 사이버 괴롭힘(전체 10.8%)이 신체 폭행(10.0%)보다 더 높아 사이버불링의 심각성을 알 수 있었다. '재미나 장난, 스트레스 해소'가 23.8%, '특별한 이유 없음'도 12.3%로 나타나 36% 이상이 원인 없는 폭력이다.

사이버불링 피해자들은 심리적으로는 심각한 우울증과 스트레스, 신체적으로는 불면증과 두통, 소화불량 등을 호소한다. 행동적으로는 갑자기 폭력적으로 변하거나 심지어 자살을 시도하고, 사회적으로는 교우 관계까지 영향을 미치기도 한다.

가해 원인으로는 대화 결핍이나 애정과 관심이 부족한 가정적 요인, 분노를 조절하지 못하거나, 매사에 불만과 강한 공격성을 갖는 개인 심리적 요인에 있다. 그리고 친구들의 무시와 선생님과의 불편한 관계나 관심 부족 등 학교 내 요인과 인터넷의 발달로 쉽게 접할 수 있는 유해물과 폭력성 영상물 등 사회 환경적 요인이다.

학생들 상대 발생 되는 사이버불링은 처벌보다는 예방이 우선이다. 교사와 학생 간의 밀접한 애착 관계와 흥미 있는 학교환경 조성이 중요하다. 그리고 피해를 외부에 알릴 수 있는 채널을 구축하고, 학생들 스스로가 대처할 수 있는 능력도 키워야 한다. 피해사례에 대한 역할극이나 가해학생의 행동 변화를 유도하는 임파워먼트(Empowerment)[92] 교육도 필요하다.

사이버불링이 상대방에게 정신적인 큰 고통을 준다는 것을 주지시키고, 피해 발생 시 방관하지 않고, 제지 또는 주변에 알릴 수 있는 용기도 심어줘야 한다. 작은 사건이 추후 예상하지 못한 엄청난 결과로 이어질 수 있다는 나비효과(Butterfly Effect)[93]가 발생 되지 않도록 해야 한다.

현재 사이버불링은 학교라는 물리적 공간에서 사이버공간으로 전이가 되어 학교폭력의 한 유형에 포함되었다. 그렇지만 사이버공간에서 발생되는 폭력은 증거수집의 곤란성과 친구들 간에 눈치를 봐야 하는 등 상황 여건상 신고가 쉽지 않고, 재발 방지를 위한 예방도 어렵다. 어려서부터 상대방을 배려하는 윤리의식과 네티켓 교육, 그리고 법률위반 등이 없도록 위법행위에 대한 상시학습도 매우 중요하다.

2. 사이버폭력은 근절되어야 한다

대한민국은 세계 최고의 정보통신기술(ICT) 강국으로 인한 사이버범죄 발생 등 그 역기능도 심각하다. 특히 일상화된 스마트폰 이용으로 인한 사이버폭력 등 각종 범죄의 유혹에도 쉽게 접할 수 있는 정보화환경이 문제다.

방송통신위원회의 2017년 사이버폭력 실태자료에 따르면, 사이버폭력 가해 및 피해경험이 26% 수준으로 나타났다. 최근 6개월 이내에 인터넷 이용자 4명 중 1명이 사이버폭력을 경험한 것이다. 사이버폭력은 인터넷, 휴대전화 등 사이버 공간에서 언어, 영상 등을 통해 타인에게 피해나 불쾌감을 주는 행위로서 그 유형도 다양하다.

사이버 언어폭력은 인터넷이나 휴대폰문자 서비스 등을 통해 욕설·거친 언어·인신 공격적 발언 등을 저지르는 범죄행위이다. 사실 여부와 상관없이 다른 사람이나 기관의 명예를 훼손하는 글을 인터넷·SNS 등에 올려 아무나 볼 수 있게 하는 사이버 명예훼손·모욕도 성행하고 있다.

특정인이 원치 않음에도 반복적으로 공포감이나 불안감을 유발하는 이메일이나 쪽지를 보내거나, 블로그나 미니홈피, SNS 등을 방문해 댓글 등의 흔적을 남기는 사이버 스토킹도 심각하다. 또 특정인을 대상으로 성적인 묘사와 성적 비하 발언, 성차별적 욕설 등 성적 불쾌감을 느낄 수 있는 내용을 인터넷이나 휴대폰을 통해 게시하거나 음란한 동영상이나 사진을 퍼뜨리는 사이버 성폭력도 일상에서 자주 일어난다.

개인의 프라이버시에 해당하는 내용을 언급 또는 게재하거나 이름이나 거주지, 재학 중인 학교 등 신상정보를 유포시키는 개인정보 유출도 경종을 울려야 한다. 인터넷 대화방이나 스마트폰 등에서 상대방을 따돌리거나 안티활동을 하는 사이버 따돌림도 문제이다.

최근에는 온라인상에서 사이버 머니·스마트폰 데이터·게임 아이템 등을 강제로 뺏는 사이버 갈취도 발생하고 있다. 사이버폭력은 시·공간을 초월하고, 피해확산이 빠르며, 불특정 다수를 범행대상으로 하고 있다. 또한 피해 회복도 쉽지 않다는 특징이 있다.

개인은 물론 사회적으로 심각한 문제를 야기하는 역기능도 다양하게 나타나고 있다. 사이버폭력으로 타인의 인격권을 침해하는 행위는 인터넷의 특성상 원상회복이 거의 불가능하기 때문에 범죄자에 대한 가벌성을 보다 엄중하게 적용할 필요성이 있다. 민법상 불법행위 책임을 물어 손해배상 청구소송을 제기하면 결정된 배상액에 다시 규정된 징벌적손해배상액으로 환산해 선고를 하는 '징벌적손해배상제도' 도입도 필요하다.

또 사이버불링 등 학교폭력 예방을 위한 「학교폭력예방 및 대책에 관한 법률」 개정도 필요하다. 현행 학교폭력예방법 제2조에는 '학교폭력' 범주 내에 명예훼손·모욕, 사이버 따돌림, 정보통신망을 이용한 음란·폭력 정보 등이 포함돼 있지만 그에 대한 구체적 범위가 명시되어 있지 않고, 형사법적인 처벌근거도 없다.

인터넷게임을 하다가 상대방과 채팅도중에 서로 말다툼 시비가 붙게 되고 그것을 못 참고 실제로 서로 만나 폭력을 겨루거나 행사하는 '현피' 행위도 방관해서는 안된다. 사이버공간은 성역이 아니기에 사이버폭력인 '범죄'를 허용할 수는 없다.

아울러 인터넷 등 정보통신매체 이용자들의 윤리의식도 제고되어야 한다. 이러한 과정을 통해 고도의 인터넷, 디지털사회에서 이용자들의 자율규제 의식, 즉 올바른 정신문화가 정착될 수 있을 것이다. 또한 어려서부터 올바른 인터넷 이용 교육을 강화해 역기능을 예방하고, 범죄피해로부터 보호하는 것도 중요하다.

사이버공간은 우리의 생활을 매우 편리하게 해 주고 많은 정보를 제공해 주는 현대문명의 최대 이기라고 할 수 있다. 하지만 오늘날 사이버공간에는 무질서하고, 무용한 정보들이 난무하고 있다.

사이버공간에서 이러한 엔트로피(Entropy)[94)]의 증가는 갈수록 심각해질 것이며, 이를 적극적으로 방지하지 않을 경우에는 사이버공간은 더 이상 쓸모없는 무질서하고, 무용한 공간으로 변하고 말 것이다. 사이버공간에 대한 적극적 규제가 부득이할 수밖에 없는 이유라고 하겠다.

3. 사라져야 할 3대 사이버반칙

대한민국은 정보통신기술(ICT) 강국이다. 그러나 이로 인한 사이버범죄 발생 등 그 역기능도 심각하다. 사이버범죄 발생은 2014년 11만109건, 2015년 14만4,679건, 2016년에는 15만3,075건이 발생했다. 범죄피해로 인한 자괴감 등으로 인한 미신고 건을 포함하면 실제로 발생한 피해는 더 많을 것이다. 모바일 시대를 맞아 국민 생활에서 사이버 영역 비중이 갈수록 증가하면서 오프라인 범죄가 사이버공간으로 점차 이동하는 추세다.

사이버범죄는 시·공간을 초월하고, 피해확산이 빠르며, 불특정 다수를 범행대상으로 하고 있다. 또한 피해회복도 쉽지 않다는 특징이 있다. 개인은 물론 사회적으로 심각한 문제를 야기하는 주요 유형은 이익을 취했음에도 정당한 대가를 지불하지 않고 도망가는 인터넷 먹튀 사건, 정보통신망을 이용한 금융사기와 사이버 명예훼손과 모욕 등이다. 경찰에서는 위 3가지 유형을 3대 사이버반칙으로 선정해 집중단속 중에 있다.

2016년 65조원에 이르는 온라인쇼핑 시장을 위협하는 인터넷 먹튀 사건은 인터넷 중고장터와 오픈마켓 등을 통한 직거래 사기, 해외 명품과 유명상표 등 저가 공동구매 빙자 사기, 가짜 쇼핑몰 홈페이지를 이용한 저가판매 빙자 쇼핑몰 사기, 온라인 게임 아이템 거래사기, 유료 콘텐츠 결제빙자 사기, 인터넷사기에 이용된 대포통장 매매행위 등이 중점이다.

지속적인 단속과 예방으로 발생은 감소하고 있으나, 신·변종 수법으로 진화해 계속 증가하는 정보통신망을 이용한 금융사기는 인터넷 주소가 담긴 문자메시지(청첩장 등)를 통해 악성코드를 설치하는 스미싱(Smishing)과 금융기관이나 공공기관 등을 가장한 이메일로 가짜사이트를 접속하게 유인하는 피싱(Phishing), PC나 스마트폰 등을 악성코드에 감염시켜 정상 홈페이지를 클릭해도 가짜사이트로 접속하게 하여 금융정보 등을 탈취하는 파밍(Pharming), 전화금융사기인 보이스피싱(Voice Phishing), 화상채팅을 이용한 몸캠피싱, 개인정보 해킹 등을 통한 컴퓨터 사용사기 등이다.

피해자를 자살에 이르게까지 하는 사이버 명예훼손과 모욕은 국가기관이나 구성원에 대한 악의적인 허위사실 유포 및 비방과 특정인에 대한 의도적이거나 반복적인 명예훼손 행위, 허위 또는 악의적인 가짜뉴스(Fake News)를 제작하거나 유포하는 행위 등이 주 단속대상이다.

경찰에서는 '중고나라' 카페 등 중고거래 사이트와 협업을 통해 신고 절차와 피해 예방수칙 홍보 등으로 사전 예방활동을 강화하고, 범죄에 이용된 사이트의 신속 차단 및 계좌 지급정지 요청 등 적극적인 피해확산 방지 활동도 병행하고 있다. 또한 금융감독위원회 등 유관기관과 협업해 모바일 피해경보 발령 등 예방활동을 강화하고, 국제 공조를 통해 해외 발(發) 금융사기를 근절하고 있다.

아울러 현재와 같이 정보통신기술 환경에서 피해 예방을 위해서는 이용자들의 각별한 관심과 주의가 필요하다. 사이버 공간에서 범죄피해를 예방해 건전하고, 안전한 사이버 공간 조성에 우리모두가 노력해야 한다. 어릴 때부터 정보통신 윤리교육을 강화하는 것도 한 방법이다. 그래야만 국민생산성이 향상되고, 모두가 신뢰하면서 이용하는 건강한 사이버 세상이 될 것이다.

4. 사이버폭력 대책

대한민국은 초고속 인터넷통신망을 구축한 정보화 선진국으로, 인터넷이 생활 필수품화 돼 있다. 이로 인해 정보화의 순기능이 강조되지만 그 역기능도 만만치 않게 나타나고 있다. 그 역기능 중의 한 종류가 사이버폭력으로 정부의 대책 마련이 필요한 실정이다.

사이버폭력은 '상대방이 원하지 않는 언어, 이미지, 기타 기술적 수단을 사용해 정신적 또는 심리적 압박을 주는 등 상대방의 통신환경을 저해하거나 현실 공간에서의 피해를 유발하는 폭력행위'로 정의된다. 유형은 사이버 명예훼손, 개인정보 침해, 성폭력, 사이버 스토킹, 협박이나 공갈 및 기타 폭력행위로 인간의 인격권과 자유권 등 기본적 인권침해에 해당하는 범죄이다.

최근(2012년 10월 기준) 자료에 의하면 몸을 만지거나 성적 부끄러움을 갖게 하는 말과 행동인 성추행의 피해 경험이 있다고 답한 학생도 1만 5,362명에 이르렀다. 이는 피해 경험 학생의 9.2%에 해당하는 수치다. 이번 실태조사에서 서술형 문항의 응답 결과를 보면 초등학교 때는 여학생 치마 들치기 등이 추행의 유형이었지만 중·고교에서는 성폭력으로 커지는 경향이다.

이런 범죄는 예전 부모 세대와는 달리 인터넷 메신저, 커뮤니티, 카페, 휴대전화에 익숙한 청소년들이 의사소통의 수단으로 온라인을 이용하는 빈도가 높아지면서 괴롭힘의 수단으로도 악용되고 있는 것이다. 또 사이버공간을 이용한 범죄의 증가는 네티즌의 윤리의식이 큰 문제로 지적된다.

비대면성과 익명성이라는 인터넷 특징을 이용한 범죄에 대한 강력한 처벌도 필요하지만 어렸을 때부터 인터넷 윤리교육을 강화해 건전한 사이버공간을 조성하는 노력도 필요하다.

청소년 사이버범죄를 줄이기 위해서는 올바른 인터넷 이용 문화가 정착돼야 한다. 청소년들에게 사이버범죄 유형을 설명해주고, 정보화의 순기능과 역기능을 이해하게 해 주는 일이 필요하다. 인터넷으로 무심코 하는 장난이 다른 사람에게는 회복하기 힘든 피해를 줄 수 있고, 당사자가 처벌을 받을 수도 있다.

인터넷은 정보획득 수단으로 건전하게 활용돼야 한다. 채팅을 할 때도 적당한 수준의 문자를 사용해 우리 한글을 보호해야 한다. 이와 함께 경찰 등의 상담 및 신고기관 사이트도 숙지하고 있어야 한다. 피해 발생 시 신속히 신고해야 피해를 줄일 수 있다.

5. 사이버폭력 위험수위 관련법안 재검토해야

대한민국은 초고속 인터넷통신망을 구축한 정보화 선진국이다. 인터넷이 생활필수품화돼 있으며 이용률은 계속 증가할 것으로 예측된다. 이로 인해 정보화의 순기능이 강조되지만 역기능도 만만치 않게 나타나고 있다.

역기능의 대표적인 것이 인터넷 등 정보통신매체를 이용한 사이버폭력이다. 경찰청 자료에 따르면 전국 경찰에 적발된 사이버폭력 건수는 2007년 8월 말 현재 7,558건에 이른다.

2005년 9,227건, 2006년 9,436건, 2007년 1만2,905건, 지난해 1만3,819건 등으로 증가 추세가 뚜렷하다. 특히 사이버폭력 중 가장 큰 비중을 차지하는 사이버 명예훼손은 2005년 3,094건에서 지난해 4,451건, 지난 8월 현재 2,695건으로 크게 늘고 있다.

위와 같은 사이버 공간을 이용한 범죄증가 현상은 네티즌의 윤리의식이 큰 문제로 지적된다. 비대면성과 익명성이라는 인터넷 특징을 이용한 범죄에 대한 강력한 처벌도 필요하지만 어렸을 때부터 인터넷 윤리교육을 강화해 건전한 사이버공간을 조성하는 노력도 필요한 것으로 판단된다.

아울러 오늘날과 같은 뉴미디어 사회에서의 관련법 적용에 대한 재점검도 필요하다고 본다. 정보통신망을 이용한 범죄의 구성요건이나 고의 없이 행해지는 청소년 범죄에 대해서는 초범이고, 미성년자일 경우 각하를 할 필요도 있다.

또한 사회 복귀와 재범방지를 위해 미국 경찰이 실시하고 있는 훈방제도를 도입하거나 영국의 경고제도 등은 활용할 만한 가치가 있다고 본다. 이로 인해 청소년 전과자 양산도 예방할 수 있다고 본다.

해커

범죄의 온상 다크웹과 아동음란물 | 위협적인 사이버 암시장 다크웹 |

전 세계 해커들의 집단 어나니머스 | 주목 받는 해커 이야기

1. 범죄의 온상 다크웹과 아동음란물

2019. 10. 16. 전 세계는 23세의 한국인 청년이 자신의 침실에서 운영하던 하나의 사이트를 주목했다. 바로 세계 최대의 아동음란물 사이트인 '웰컴투비디오(Welcome to Video)'의 운영자와 이용자들을 대거 적발했다고 미국 법무부가 발표한 것이다. 한국과 미국, 영국 등 전 세계 32개국 수사기관이 공조한 결과였으며, 검거된 인원 338명 중 한국인은 223명(71.9%)으로 나타나 충격을 주고 있다.

현재 운영자는 「아동·청소년의 성보호에 관한 법률」과 「정보통신망 이용 촉진 및 정보보호 등에 관한 법률」 위반 혐의로 징역 1년6월의 실형을 받고 복역 중이다. 그는 2018년 8월 미국에서도 아동음란물 홍보 및 유포와 자금 세탁 등 9개 혐의로 기소된 상태이며, 출소 후 미국에 송환될 가능성이 제기되고 있다.

수감 중인 운영자가 올린 아동음란물은 총 8TB 분량이며, 이용자들은 100만건 이상의 파일을 다운받았다. 8TB는 영화 2,048편에 해당하는 방대한 분량이며, 시청시간만 4,096시간에 달한다는 미 법무부의 발표이다. 운영자는 2년 8개월간 유료회원 4,000여명에게 4억원 상당의 비트코인 등 가상통화를 챙겼다.

웰컴투비디오는 구글이나 네이버 등 일반 검색엔진으로는 확인되지 않고, 익스프롤러나 크롬 등을 통해 접속할 수 없는 다크웹(Darkweb)을 이용했다. 다크웹은 토르(TOR: The Onion Router)라는 특정 환경의 인터넷 브라우저에서만 접속되는 웹사이트이다. 아이피 등을 추적하기 어렵기 때문에 접속자들 간에 아동·청소년 이용 음란물이 버젓이 유통되고, 마약이나 무기 밀매가 이뤄지는 등 범죄의 온상으로 여겨진다.

우리가 일반적인 구글 등 검색엔진으로 접속할 수 있는 웹은 서피스웹(Surface Web)이라고 한다. 세상의 모든 정보를 서비스할 것 같은 이 웹의 인터넷 서비스 비중은 전체의 4% 정도에 불과하다. 나머지 96%는 서피스웹에 상대되는 개념인 딥웹(Deep Web)에 속한다. 딥웹은 데이터베이스로 수집되지 않는 정보들의 총체이다.

다크웹은 딥웹의 일부이지만 딥웹과는 구별해 부른다. 암호화된 네트워크에 존재하기 때문에 보통의 검색엔진이나 브라우저로는 방문할 수가 없다. 즉 수면 아래 노출되지 않은 딥웹의 심해에 해당하는 웹이다. 한국에서 다크웹 접속자가 2016년 말 일일 평균 5,156명에서 2019. 7. 11. 15,951명으로 세배 이상 증가한 것으로 나타났다. 그만큼 국내에서도 테러음모 등 각종 불법행위가 이루어지는 다크웹의 접속은 인터넷을 이용한 불법행위의 위험성도 높아진 것을 입증한다.

이 운영자는 서버와 사용자가 서로 알 수 없는 철저한 익명성을 보장하는 다크웹에서 아동음란물을 공급했다. 영어로 운영되는 해당 사이트 운영자가 받은 처벌은 고작 징역 1년6월이다. 나이가 어린 초범이고, 반성하고 있다는 법원의 판단에 의해 깃털보다 가벼운 처벌로 끝났다.

미국은 아동음란물 수천건을 다운 받은 40대 미국인 이용자를 징역 15년형에 처했으며, 아동성폭행 영상을 업로드 한 영국인 이용자는 징역 22년형, 1회 접속하여 1회 다운로드 한 다른 영국인 이용자는 징역 70개월 및 보호관찰 10년의 중형을 받았다.

국내에서 아동불법촬영물 제작 및 유통은 「아동·청소년의 성보호에 관한 법률(아청법)」에 의거 무기징역 또는 5년 이상의 유기징역에 처해진다. 아동·청소년 음란물인 줄 알면서도 단순히 소지한 경우에도 1년 이하의 징역 또는 2천만원 이하의 벌금형이다.

이 운영자에 대한 솜방망이 처벌에 네티즌들도 합당한 처벌을 촉구하는 청와대 국민청원이 현재 진행 중이다. 추천 청원 1위에 오르며, 2019. 11. 11. 현재 참여인원은 29만 명이 넘는다. 음란물 유통 등으로 조사를 받은 피의자들은 인터넷에서 형량을 줄이기 위한 다양한 방법을 모색하기도 한다. 아동음란물을 대수롭지 않게 생각하는 피의자들의 태도 역시 논란거리이다.

익명성과 유동성을 특징으로 하는 다크웹의 이용자가 누구이며, 어떤 일을 하는지 알기 어렵다는 건 범죄의 속성과 맞물린다. 각종 범죄의 통로가 되는 다크웹에 대한 경찰수사도 한층 강화되었다. 다크웹의 범죄자들에게 당장은 아니라도 반드시 잡힌다는 강한 메시지를 전달할 필요가 있다. 이번 경찰의 강력한 단속으로 다크웹이 범죄의 안전지대라는 인식이 완전히 사라지길 기대한다.

2. 위협적인 사이버 암시장 다크웹

정보통신기술의 발전으로 우리 생활영역에서 사이버공간이 차지하는 부분은 점점 확대되고 있다. 사이버공간이 확대되는 만큼 이 공간을 이용한 사이버위협 등 역기능도 다양하게 나타나고 있다. 최근 사이버공간은 사이버범죄자들에 의하여 익명성 보장이 강화된 폐쇄된 공간으로 이동하는 특징이 나타나고 있다.

이들은 폐쇄된 사이버공간에 숨어 국가가 금지하는 다양한 유형의 각종 범죄로 사이버공간을 위협하고 있다. 사이버 암시장(Cyber Black Market)의 일종인 '다크웹(Dark Web)'의 등장은 오늘날 사이버범죄수사에서 가장 강력한 도전이 되고 있다. 다크웹은 네이버, 구글 등과 같이 포털사이트에서 검색이 가능한 콘텐츠 영역인 '표면웹(Surface Web)'과 달리 검색사이트에서 잡히지 않은 '딥웹(Deep Web)'이라는 콘텐츠에서 특정 소프트웨어로만 접속 가능한 콘텐츠 영역이다.

우리가 접하고 있는 서피스웹(표면웹)과는 반대되는 딥웹의 지하세계에 해당하는 다크웹(심층웹)은 불법적인 것으로 가득한 어둠의 사이버공간이다. 범죄자들은 인터넷에서 흔적을 남기지 않아 추적이 어려운 다크웹이라는 이 공간에 숨어 아동·청소년이용음란물 유통과 마약이나 무기거래 등의 범죄들마저 손쉽게 실현하고 있다.

일명 '블랙마켓'이라 불리는 딥웹을 이용한 불법행위는 심각하다. 청부해킹으로 위협적인 정보통신망 침해행위와 해킹 툴과 DB, 인증서 등도 판매한다. 접속 IP와 모바일 정보를 변조하여 숨기고, 비전문가도 쉽게 악성코드 제작 및 배포가 가능한 악성코드 제작기도 판매하고 있다. 이 제작기는 구매자가 원하는 옵션들을 선택하면 그에 맞게 악성코드를 생성하고, 백신 탐지우회 기능도 제공하는 악성프로그램이다.

또한 일종의 모바일용 신분증과 같이 통신회선 가입자들의 식별정보를 담고 있는 유심카드(USIM Card) 판매와 DDoS 공격도 대행하고 있다. 웹 서버에서 작동하는 소프트웨어의 일종으로 클라이언트 기계의 취약점을 겨냥해 악성코드를 업로드 하는 일종의 사이버무기인 익스플로잇 킷(Exploit Kit)[95] 구매도 가능 하는 등 매우 다양하다.

이와 같은 불법행위는 다크웹에서 주고받는 모든 정보가 암호화하고, 익명화되어 접속자가 누구인지 파악이 어렵기 때문에 가능하다. 익명으로 회원 가입만 하면 마약 등 구매가 가능하며, 비트코인 등 암호화폐 자체도 익명성을 나타내 판매자와 구매자의 추적이 어렵다.

과거 미군 당국이 개발한 다크웹은 모든 데이터가 암호화돼 사용자를 특정하기 어렵고, 서버가 해외에 있어 해당 수사기관과 공조 없이는 다크웹을 이용한 범죄를 추적하기에는 한계가 발생된다. 과거에는 일부 범죄자나 해커 등만 이용하는 공간으로 치부되기도 했다.

현재 전 세계 블랙마켓 규모는 2,000조원 이상으로써 사이버 관련 시장 규모가 지속적으로 증가하는 것으로 추정된다. 이와 같은 천문학적인 블랙마켓의 중심에는 러시아와 중국이라는 거대 국가가 있다. 그리고 다크웹에서 불법행위를 판매하려는 자들 중에는 사기범들도 있을 것이다.

현재 국내의 다크웹 일일 접속자 수는 2017년 5천명에서 2018년에는 1만명으로 나타나 1년 만에 2배로 증가했다. 이중 상당수는 범죄와 연관된 것으로 추정할 수 있다. 현재의 사이버범죄수사에서 가장 강력한 도전이 되고 있는 다크웹은 그 폐쇄성으로 인해 수사기관이 증거를 확보하기는 매우 어렵다.

수면 위에 노출되어 인터넷 데이터 파악이 가능한 표면층은 수면 아래 딥웹의 1/10 수준이라는 보고도 있다. 검색 엔진을 통해 데이터 등 색인 (Index)되지 않는 딥웹이라는 넓은 사이버 지하공간의 심층부에 해당하는 다크웹을 이용한 불법행위의 급증은 사이버범죄자 추적을 더욱 어렵게 할 것이다.

위협적인 사이버범죄의 온상이 되고 있는 다크웹에 대한 수사 활동은 강화되어야 한다. 흔적을 남기지 않는 다크웹에 대한 해킹수사를 허용하는 등 보다 강력한 수사권 부여도 요구된다. 어둠의 인터넷인 다크웹에 대한 지속적인 연구로 수면위의 표면층과 같이 다크웹의 색인도 공개되어야 한다.

2. 전 세계 해커들의 집단 어나니머스

흔히 정부 기관에서 '기밀문서'라고 하는 문서 중에는 블랙리스트 (Blacklist)가 있을 수 있다. 이런 기밀문서들을 입수하여 대중에 공개하는 것으로 명성이 높은 위키리크스(Wikileaks)[96]로 인해 에콰도르 정부가 해킹 시도에 골머리를 앓고 있다. 위키리크스의 설립자 '줄리안 어산지'를 영국 런던 주재 자국 대사관에서 내쫓았기 때문이다. 현재 미국은 어산지를 군사기밀 유출혐의로 기소하고, 영국 정부에 송환을 요청한 상태다.[97]

에콰도르 정부는 어산지가 4. 11. 영국 대사관에서 생겨난 이후 중앙은행을 비롯한 외무부 등 정부기관 웹사이트를 겨냥한 해킹시도 건수가 하루에 4,000만 건에 달한다고 발표했다. 자국에 대한 사이버공격 순위도 세계 51위에서 31위로 뛰어올랐다고 덧붙였다. 해킹과 관련해 특정 단체를 언급하지는 않았지만 국제 해커조직 어나니머스(Anonymous)로부터 해킹 위협을 받은 적이 있다고 밝혔다.

2008년부터 활동한 것으로 알려진 어나니머스는 미국·영국·북한·시리아 정부기관 등에 사이버공격을 가해 유명해진 국제 해킹단체다. 리더 (Leader)가 없는 '익명'인 이 조직은 전 세계에서 점조직으로 활동한다. 무정부주의자들인 이들은 정치적 목적으로 해킹을 투쟁수단으로 하며, 구성원 수도 몇 명인지 모른다. 인터넷을 이용한 해킹을 투쟁수단으로 하는 새로운 형태의 행동주의자들인 핵티비스트(Hacktivist)[98]의 한 종류이다.

해킹실력은 대부분 보통 수준을 넘지 못하는 것으로 추정되며, 컴퓨터 시스템과 네트워크를 공격하기 위해 다른 사람이 개발한 스크립트나 프로그램을 사용하는 사람을 경멸적으로 부르는 스크립트 키디(Script Kiddie) 또는 스키디(Skiddie)라고 칭하기도 한다. 스크립트 키디 등은 해킹에 대한 지식 없이 해킹 툴을 사용하는 해커를 일컫는다.

특별히 정해진 철학이 없는 이들은 아주 느슨하고, 분산된 조직체계를 갖고 있다. 주로 인터넷 검열과 통제 등에 반대하며, 독재 정부, 단체, 회사 등을 공격 목표로 삼는다. 해킹 작전을 '명령'한다기 보다는 '아이디어' 차원에서 제시하고, 동의하는 해커들이 이를 실행에 옮기는 형태로 활동한다.

구성원들의 신원정보 미공개와 신문, 방송 등의 매체는 공격하지 않는다. 가입을 원하는 누구든지 조직원이 될 수 있으며, "Operation North Korea, Operation NSA" 등 형태로 Twitter, 채팅프로그램 IRC(Internet Relay Chat) 등으로 해킹작전을 선포하기도 한다.

2008년에는 미국의 신흥종교인 사이언톨로지(Scientology)를 공격했다. 이 종교가 신자인 할리우드 배우 톰 크루즈(Tom Cruise)의 인터뷰 영상이 인터넷에 게재되자 '초상권 침해'라며 삭제를 요청했다. 이에 어나니머스는 해당 영상을 삭제하는 것은 인터넷 검열이라면서 사이언톨로지 인터넷 사이트를 중심으로 공격했다. 어나니머스 최초의 사이버테러인 이 공격은 세계를 깜짝 놀라게 했으며, 이 사건 이후로 세계 최고의 해킹 단체로 불리게 되었다.

2011년에는 아동음란물 사이트를 공격해 해당 사이트를 공중 분해했다. 2013년에는 북한의 인공위성 발사를 탄도미사일 발사로 결론짓고 북한의 주요인터넷 사이트인 우리민족끼리, 고려항공, 노동신문, 조선중앙 등을 마비시켰다.

2015년에는 이슬람 극단주의 무장세력(IS)의 반인륜적인 테러로 무고한 희생자들이 생겨나자 IS 상대 선전포고를 했다. 그 후 IS와 관련된 것으로 의심되는 SNS 계정 5천개 이상을 차단하고, IS 대원들의 IP를 추적해 그들이 사용하는 PC 위치를 공개하기도 했다.

이 집단은 현실에서는 존재하지 않는 것 같지만 사이버공간에서는 세계 어떤 단체도 초토화시킬 수 있는 막강한 해킹그룹(Group)이다. 이들의 공격을 받은 단체들은 치명적인 치부가 들어나거나 공개적인 망신을 당하기도 한다. IRC를 통한 내부 의사소통과 Twitter, Facebook, Youtube 등을 이용하여 공개적으로 작전을 알리고, 정보 공개와 의견을 표명하는 어나니머스의 공격은 국제적으로 두려운 해킹 조직이다.

3. 주목 받는 해커 이야기

정보통신기술(ICT) 영역의 확장으로 사이버공간도 함께 확장되어 사이버범죄와 테러가 급증하면서 국민의 안전과 기업의 경제활동도 위협받고 있다. 국가의 지원을 받는 조직화된 사이버공격은 국가안보에도 심각한 영향을 끼칠 수 있다.

사이버공격의 중심에는 '해커(Haker)'가 있다. 해커는 컴퓨터 시스템을 즐기고, 깊이 탐구하는 사람이라고 요약한다. 즉 컴퓨터 등 정보통신망 시스템 내부구조나 동작에 심취되어 이를 연구하면서 즐기는 사람으로서 선의의 '화이트해커(White Hacker)'와 악의 또는 고의의 '블랙해커(Black Hacker)'로 나눌 수 있다. [99]

화이트 햇(White hat)으로도 불리는 화이트해커는 컴퓨터 등 정보통신망 시스템의 취약점을 미리 알아내어 다른 해커의 침입으로부터 시스템을 보호하는 해커다. 보호 대상의 보안시스템 취약점을 찾아내어 이를 보강하기 위한 목적으로 해킹을 감행하는 해커를 의미한다.

화이트해커와 반대되는 개념의 블랙해커는 금전이나 정치적 목적 또는 재미 등의 고의를 갖고서 컴퓨터 등 시스템 해킹을 일삼는 해커다. 블랙해커는 크래커(Cracker), 블랙 햇 해커(Black hat Hacker), 침입자(Intruder), 공격자(Invader) 등 여러 가지 의미로 표현되기도 한다.

해커는 컴퓨터 등에 집착이 강하고, 작동 프로그램의 원리 및 구동에 관심과 호기심이 많으며, 한 분야에 지나치게 몰두하기도 한다. 또한 자신의 해킹업무에 자부심이 강하며, 괴짜(Geek)가 자주 나타나기도 한다. 일반인이 생각하는 해커는 내성적이고, 어떤 일에 지나치게 열중하는 광적(ヲタク, 오타구)이며, 대인을 기피하는 범죄자로서 몇 초 만에 해킹하는 것으로 알고 있는 것과는 거리가 있다.

해커와 남성 군인을 비교해보면 여자가 거의 없고, 오로지 상대방에 대한 공격이 중요하며, 나름대로 높은 명예심을 갖고 있다는 공통점을 찾을 수 있다. 반면에 해커는 혼자의 생각과 판단으로 규제가 없이 자유롭게 행동하면서 목표물의 틀을 깨는 것을 좋아하고, 개성이 강하다는 차이점이 있다.

해커의 일반적인 해킹절차는 상대방 컴퓨터 등 공격목표에 대한 틈이나 하자 등 취약한 정보를 수집하고, 수집된 정보를 기반으로 목표물을 공격하기 위한 악성프로그램(Malware)을 만들어 공격한다. 그 후 공격으로 활용된 침입 흔적 등을 선택적으로 제거하고서 지속적으로 목표물의 정보를 해킹하여 유출하거나 파괴한다. 파괴에는 특정 실행 시간을 정하거나, 웹사이트를 교체하기도 하며, 목표물의 기밀문서를 공개하기도 하여 피해는 매우 심각하다.

해킹 목적은 처음에는 단순히 재미로 시작하다가 자기 과시로 나타나며, 컴퓨터 등 목표물의 운영자나 관리자 상대 금전을 요구하기도 한다. 그리고 자신과 노선을 달리하는 정부나 기업·단체 등의 인터넷 웹사이트를 해킹하는 핵티비즘(hacktivism)으로 활동하기도 하며, 군사적 위협으로 공격하기도 한다.

한국의 해킹실력은 뛰어나다. 작년 한국의 화이트해커팀(DEEKOR)은 세계 최대 해킹방어대회[100]에서 2015년에 이어 두 번째로 우승했다. 2위는 미국팀, 3위는 대만이다. 과학기술정보통신부가 증가하는 보안인력

수요 등을 고려해 '차세대 보안리더 양성 프로그램'[101] 교육을 매년 확대한 결과로 판단된다.

2018년 말 정보보안 전문인력교육 및 자격인증 서비스를 제공하는 대표적인 글로벌 비영리 기관 ISC 스퀘어드(iSC-squared)는 사이버보안 내 부족한 인원이 290만 명이라는 보고서를 발표했다. 1년 전인 2017년 말 발표한 190만 명보다 1/3이 급증했다. 날로 심화되는 사이버공간의 치열한 공방전에 대비하기 위해서는 화이트해커(정보보안전문가)의 중점 양성이 요구된다.

모바일
포렌식

알아야 할 디지털 증거의 기본 | 모든 디지털 매체는 흔적을 남긴다 |

모바일 포렌식으로 알 수 있는 정보

1. 알아야 할 디지털 증거의 기본

현대를 살아가는 우리는 스마트폰 등 디지털 매체와 함께하는 일상이다. 전 국민의 90% 이상이 이용하는 스마트폰은 잠시라도 떨어질 수 없는 신체의 일부가 되었다. 사회 환경이 물질로 이루어진 아날로그 세상에서 0과 1로 이루어지는 디지털 혁명의 물결은 일상생활을 포함하여 우리의 삶 전체에 영향을 미친다.

우리가 일상에서 쉽게 접촉하는 디지털기기는 컴퓨터, 노트북, CCTV, 휴대폰, 태블릿, 네비게이션, 블랙박스, 디지털 카메라 등 매우 다양하다. 그리고 디지털 저장매체도 하드디스크, SSD(Solid State Drive), SD메모리, USB메모리, CD, DVD 등이 있다. 이러한 다양한 종류의 디지털 기기나 매체는 반드시 흔적(기록)을 남긴다.

디지털 매체의 기록은 디지털 데이터(전자정보)로 남게 된다. 디지털 데이터란 전자적 방법으로 저장되거나 네트워크 및 유선과 무선 통신 등을 통해 전송중인 정보를 말한다. 디지털 증거(전자증거)는 디지털 데이터 중 사건사실의 증명에 필요한 디지털 데이터이다. 어느 사건과 관련하여 범행자체나 범죄와 피해자 또는 범죄자와의 연관성을 입증하는 일체의 디지털 정보를 말한다.

이와 같은 디지털증거는 보관증거와 생성증거로 구분한다. 디지털기기에 저장된 증거가 보관증거이고, 디지털 기기에 의해 자동으로 생성된 증거가 생성증거이다. 일반적인 디지털증거의 내용물은 보관증거로 볼 수 있으며, 특성정보는 생성증거로 볼 수 있다.

디지털 데이터와 증거는 비가시성, 취약성, 대규모성, 복제 용이성, 휘발성, 초국경성 등의 특성을 갖는다. 육안으로 디지털 데이터 식별이 불가능한 것이 비가시성이다. 증거의 경우 적절한 장치 없이는 증거의 존재 및 내용을 바로 인식할 수 없기 때문에 증거로 사용하기 위해서는 내용물의 출력이나 복제 등 반드시 일정한 절차가 필요하다.

디지털 증거는 위조와 변조가 간단하고, 쉽게 삭제될 수 있는 취약성이 있다. 기술의 급속한 발전으로 방대한 분량의 디지털 데이터를 하드디스크 등 물리적 매체에 저장할 수 있는 것이 대규모성이다. 디지털 증거는 복제를 통해 동일한 사본을 만들 수 있으며, 이 경우 원본과 복제본의 구별이 불가능하다. 따라서 증거법 일반원칙상 증거는 원본이 제출되어야 하나 복제 용이성으로 복제한 사본을 증거로 채택하기도 한다.

복제한 사본을 증거로 채택하기 위해서는 사본과 원본의 동일성(Identity)이 입증돼야한다. 동일성은 수집된 증거가 원래의 증거와 같은 것을 요구하는 요건이다. 전자정보와 같은 특수한 대상은 현행 법령과 판례는 동일성을 요구한다. 대법원도 전자정보의 동일성 인정을 위해 신뢰성과 무결성을 요구하고 있다. 디지털 증거는 위조와 변조, 그리고 삭제가 매우 용이하다. 이런 취약성은 동일성과 무결성 입증에 매우 중요하다.

그래서 사본은 동일성과 무결성을 입증하기 위해서 일종의 디지털 지문으로 인식되는 해쉬값(Hash Value)을 반드시 표기하고 있다. 전자정보를 암호학적 수학연산(해시알고리즘)을 통해 고정된 짧은 길이로 변환

한 값이 해쉬값이다. 디지털 데이터는 단 1Bit의 값이 변경되더라도 완전히 다른 값이 생성(산출)되기 때문에 원본과 사본의 동일성을 입증하기 위한 해쉬값은 매우 중요하다. 해쉬값의 숫자는 0부터 9까지, 영문 알파벳 대문자는 A부터 F까지(16진수) 32자나 40자, 또는 64자로 표기하고 있다(예. 50D22547857D090CA89F75BD5D0F0FF2).

일반적으로 파일을 열어 보는 것만으로는 해쉬값이 변경되지 않지만 파일형식이나 프로그램 등에 따라 열어볼 때 해쉬값이 변경되는 경우도 있다. 때문에 디지털 증거는 동일성과 무결성이 입증되어야 한다. 0과 1의 조합으로 이루어진 디지털 물질은 여러 가지 다양한 정보를 디지털화하여 생산하고, 전달하여 유통되고 있다. 이런 정보는 간단한 조작으로 쉽게 변형이 될 수 있음을 알아야 한다.

현대 사회는 우리의 일상 전체가 디지털화 되고 있다. 새로운 디지털 매체의 등장과 함께 모든 아날로그 상황이나 정보를 디지털화하는 혁명은 계속될 것이다. 이런 혁명의 중앙에 있는 디지털 기기나 매체 등 모든 디지털은 반드시 흔적을 남긴다. 이 흔적이 바로 디지털 증거임을 알아야 한다.

2. 모든 디지털 매체는 흔적을 남긴다

현대사회는 정보통신기술과 함께하는 디지털 데이터사회라고 표현해도 과언(過言)은 아니다. 스마트폰을 비롯한 컴퓨터, CCTV, 자동차, 냉장고, TV, 스마트 홈, 디지털시계, 복사기, 개인용 정보단말기(PDA) 등 우리 주변의 디지털기기 종류는 헤아릴 수 없을 만큼 다양하다.

우리가 아침에 기상해서 직장에 출근하여 업무를 시작할 때까지 어떤 디지털 매체와 접속하는지 예를 들어보자. 잠자리에서 일어나 네이버 뉴스를 검색하고, 카톡 내용을 확인한다. 그리고 엘리베이터를 이용하여 주차장으로 이동한 후에 차량에 탑승한다. 이동은 네비게이션의 안내에 따르며, 건물 또는 사무실은 지문인식이나 출입증으로 인식하여 출입한다. 그 후 사무실에서 컴퓨터를 켜고 업무를 시작한다.

이와 같이 집을 나서서 사무실에 도착하여 업무 개시까지 접속하는 디지털 매체는 다양하다. 네이버 검색이나 카톡 확인은 네이버서버나 카톡서버에 접속 흔적을 남기며, CCTV, 블랙박스, 네비게이션 등 다양한 매체에도 기록을 남긴다. 즉 이동상의 모든 디지털 매체에 흔적을 남기는 것이다.

디지털은 0과 1의 조합인 2진수이다. 디지털은 0과 1로 이루어지는 이진법 논리를 사용해서 각종 조합을 만든 후에 그것의 조작과 처리를 통해 수많은 정보를 생산하고, 유통해 전달한다. 디지털은 아날로그와 대응되며, 디지털시계와 같이 데이터를 한 자리씩 끊어서 표현되므로 애매모호한 점이 없이 정밀도가 높다.

디지털은 모든 증거를 남기고 있다. 디지털 증거는 0과 1의 디지털 형태로 저장되거나 전송되는 증거가치가 있는 무체물 정보이다. 무체물은 공기와 같이 보이지 않고, 존재에 대한 인지도 어렵다. 그렇지만 디지털 정보는 흔적을 남겨서 보인다. 디지털 증거(Digital Evidence)를 오프라인 증거와 비교해보자.

오프라인 증거는 범행도구인 흉기나 칼 등과 같이 유체물이기에 눈에 보여 만져볼 수 있다. 또한 쉽게 훼손되지 않으며, 훼손이 되었다 해도 그 흔적을 찾기는 그리 어렵지 않다. 그러나 온라인 디지털 증거는 무체물인 정보이기에 눈에 보이지 않아 만져볼 수 없다. 또한 정보는 쉽게 훼손이 되며, 훼손된 흔적을 찾기도 어렵다.

디지털 정보인 디지털 데이터는 범죄증명이나 민사소송 등 사건해결에 필요한 디지털 증거로 남는다. 잘 보이지 않는 비가시성과 삭제나 변경 등이 용이해 증거조작의 가능성이 커 무결성이나 진정성에 취약하다. 디지털 데이터는 복제가 용이하기 때문에 사본과 원본의 구별도 쉽지 않다.

대형 서버시스템이나 파일서버가 조사 대상일 경우 수집해야 하는 데이터양도 방대하다. 디지털 데이터의 수집과 분석에는 전문적인 기술이 필요하며, 전원이 차단되거나 시간이 지나면 사라지는 휘발성 데이터는 조사 시점의 상태를 판단할 수 있는 중요한 역할을 한다.

이와 같은 디지털 데이터의 특징을 갖고 있는 디지털 증거에 대한 법원의 증거능력 판단기준은 엄격하다. 데이터의 정확성을 보장하는 무결성과 동일성, 증거분석의 전문성과 관련성 등도 중요하다. 그리고 증거능력 증명방법도 디지털 지문인 해시값(복사된 디지털 증거의 동일성을 입증하기 위해 파일 특성을 축약한 문자열)과 참여수사관 증언, 봉인 등을 필요로 한다.

경찰청 사이버안전국 자료에 의하면 디지털 증거분석도 매년 증가하고 있다. 2016년 32,281건이던 증거분석이 2017년에는 37,294건으로 증가됐으며, 2018년에는 45,103건으로 대폭 증가했다. 특히 스마트폰 등 모바일기기에 대한 증거분석은 2016년 26,408건에서 2017년 31,284건으로 83.3%라는 높은 비중을 차지하고 있다. 일상화 된 스마트폰이 범죄 증거에 많이 활용됨은 시사하는 바가 크다.

아날로그는 디지털의 모태다. 컴퓨터 등 디지털 매체의 등장은 아날로그 세상을 변화시키고 있다. 자연과 물질, 그리고 문화적 창조물 등 비물질적인 아날로그 세계를 구성하는 것이 모두 디지털로 전환될 수 있다. 현재는 물질을 구성하는 최소단위인 원자(atoms)에서 2진 정보량의 기본단위인 비트(bits)로 이동하는 디지털 혁명시대다. 이러한 혁명은 돌이킬 수도, 멈출 수도 없다. 일상생활을 포함한 우리의 삶 전체에 영향을 미치는 디지털 매체는 반드시 흔적을 남긴다는 사실을 알아야 한다.

3. 모바일 포렌식으로 알 수 있는 정보

스마트폰 등 IT 기기와 일상생활이 연결된 지능정보사회[102]에서는 개인정보와 디지털 데이터는 매우 중요하다. 세간의 이목이 집중된 사건에서는 '디지털 포렌식(Digital Forensic)'이라는 용어가 자주 등장한다. 과학적 증거수집과 분석기법인 디지털 포렌식은 통화기록과 이메일 접속기록, 그리고 각종 디지털 데이터 등의 정보를 수집하고, 분석하여 범죄와 관련된 증거를 확보하는 수사기법이다.

디지털 포렌식이 스마트폰과 태블릿 PC, 그리고 휴대용 정보단말기(PDA) 등의 모바일기기 분석기술로 확장된 '모바일 포렌식(Mobile Forensic)'[103]이란 용어도 새롭지 않다. 손이나 몸에 간편하게 지니고 다닐 수 있는 모바일기기에서 데이터를 수집하고, 복구하여 분석한 데이터를 범죄수사나 법적분쟁의 증거로 활용하는 과학적 조사기법이 모바일 포렌식이다.

최근 모바일기기의 발달과 공급으로 인해 공공기관 중심이었던 모바일 포렌식은 민간분야까지 확대되고 있다. 모바일기기가 개인 필수품으로 사용되고 있는 정보통신기술(ICT) 사회에서는 사용자의 전반적인 기록이 모바일기기 안에 디지털정보로 남아 있고, 디지털기술의 발달로 모바일기기가 범죄에 이용되는 경우도 많다.

지워진 데이터 복구는 물론 모바일기기에서 수집한 데이터를 근거로 발생한 행위의 사실관계를 규명하기 위한 분석기술은 중요하다. 휴대기기에는 스마트폰을 포함한 휴대폰, 태블릿 PC, PDA 등 종류가 다양하다. 이들 기기는 PDA 장치와 GPS 장치, 그리고 내부메모리와 통신 기능을 모두 갖춘 디지털 장치이기 때문이다.

모바일 장치는 컴퓨터 포렌식과 달리 포렌식 방법이나 절차가 다소 다르기 때문에 그 특성을 이해해야 한다. '유심칩'이라고 불리는 USIM카드[104]

는 가입자 식별 모듈(Universal Subscriber Identity Module)을 구현한 IC카드이며, 유럽 디지털 이동통신시스템(GSM) 단말기의 필수 요소이다. 유심은 단말기 뒤에 들어가는 슬롯과 이에 끼워 넣는 작은 카드이다. 모바일의 저장장치는 전원이 끊겨도 저장된 정보가 지워지지 않는 비휘발성 기억장치인 플래시 메모리(Flash Memory)를 사용하며, 기타 외장 메모리카드(SMC) 등을 사용하기도 한다. 이 장치에는 주소록(연락처, 이름, 전화번호, 전자메일 주소), 통화내역(수·발신 통화, 부재 중 통화, 통화시간), SMS(수·발신 문자), MMS(수·발신 사진, 비디오 등 미디어파일), 전자메일(수·발신 전자메일), 웹브라우저 기록, 사진(캡처한 사진, 다운로드와 전송받은 사진), 비디오(캡처한 비디오, 다운로드와 전송받은 비디오), 음악(다운로드와 전송받은 파일)이 저장된다.

또한 문서(장치 응용 프로그램, 다운로드와 전송받은 문서), 캘린더(캘린더 항목, 약속), 네트워크 통신(GPS 위치), 지도(길 찾기와 다운로드된 지도), 소셜네트워크 데이터(Facebook, Twitter, LinkedIn, Google+, WhatsApp)와 같은 응용프로그램에 저장된 데이터, 삭제된 데이터(삭제된 정보) 등 이용정보는 거의 다 저장된다.

전화통화가 주목적인 피처폰(Feature phone)[105]은 전화번호, 문자메시지, 통화내역, 사진, 동영상, 기기 정보를 알아낼 수 있다. 스마트폰은 일반컴퓨터 기능과 GPS 기능, 그리고 무선LAN 기능 등이 융합되어 인터넷이 가능하기 때문에 이메일이나, 인터넷 접속기록, 각종 미디어 정보를 확인할 수 있다.

USIM 카드는 일반적으로 전화번호만 기록하는 것으로 이해하고 있으나 전혀 그렇지 않다. 사용자의 연락처나 문자메시지 등 각종 정보를 저장할 수 있기에 USIM카드는 매우 중요한 모바일 포렌식 분석 자료이다.

디지털
사회

디지털사회와 범죄예방을 위한 정신문화의 중요성 | 디지털사회의 역기능 막아야 |

대한민국의 가상괴물 사냥을 경계하라

1. 디지털사회와 범죄예방을 위한 정신문화의 중요성

현대 사회는 디지털혁명(Digital Revolution)과 컴퓨터의 융합으로 인한 디지털사회(Digital Society)[106]이다. 우리는 디지털사회에서 인터넷으로 연결된 네트워크를 통해 전 세계의 수많은 정보를 공유하는 '정보통신기술(ICT)사회'에 살고 있다. 이러한 정보의 바다속에서 인간의 지식은 엄청난 속도와 양으로 증가하고 있다. 인간의 삶을 풍요롭게 하기 위해 창출된 정보와 지식의 바다에 오히려 인간이 익사할지도 모를 정도다.

물론 인간의 두뇌는 이러한 엄청난 정보를 그때그때 상황에 맞게 융합(Convergence)해 사용하도록 진화했다. 이제 머릿속에 외우는 '암기'의 시대는 지나고, 수많은 지식과 정보를 엮어 전혀 새로운 결과를 창출하는 능력이 성패를 좌우하는 새로운 현상이 나타나고 있다. 이러한 와중에 인간의 지식은 그 깊이가 얕아지고, 인류 문화자체도 경박해지는 그 야말로 '위기의 시대'에 봉착하고 말았다.

그러나 아무리 시대가 바뀌고, 패러다임이 바뀐다 해도 절대로 버릴 수 없는 인류문화의 기초가 있다. 그것은 바로 '종교'와 '철학'이다. 문화의 뿌리가 바로 여기에 있기 때문이다. 그런데 다양한 문화권이 함께 공존하는 이른바 '글로벌시대(The Era of Globalization)'가 되면서 다른 문화에 대한 몰이해와 배척 때문에 생기는 문명의 충돌과 민족 간 갈등이 이어지고 있다.

지금 이 순간에도 지구촌은 수많은 테러와 전쟁으로 몸살을 앓고 있다. 아울러 오늘날 첨단 디지털환경의 발전으로 많은 역기능도 발생되고 있다. 사이버테러, 사이버공격, 사이버전쟁, 인터넷대란, 사이버음란물, 사이버도박 등 많은 사이버범죄를 낳고 있다.

이와 같은 글로벌 환경하의 갖가지 갈등과 문제점을 피하고, 해결하기 위해서는 다양한 문화에 관한 기본적 이해가 가장 중요한 과제로 부각된다. 일반적으로 철학, 종교, 법 등이 주요 정신문화로 제시되고 있다.

철학은 '무엇에 대하여 어떻게 생각해야 하는가'를 고민하는 학문이다. 철학을 통해 우리는 인간 본연의 모습은 물론, 현대 물질문명 속에서 살아가고 있는 현대인의 자세 및 사고방식을 반추해 볼 수 있다. 따라서 철학은 현대 문명사회에서 결코 포기할 수 없는, 시대를 이끄는 지식의 산실이자 삶의 지혜이다.

앞으로도 철학의 역할은 과학기술과 더불어 더욱 확대될 것이다. 또한 세계가 글로벌화 되는 시점에서 세계질서를 주도하고 있는 서구 문명과 경쟁하려면, 그들의 철학에 대한 이해가 반드시 선행되어야만 경쟁력을 가질 수 있을 것이다.

한편 종교는 철학과 더불어 우리 인간의 마음속에서 생명의 근원과 행복 조건의 본질에 대하여 깊이 있는 성찰을 가능하게 해 주는 인간 최고의 정신문화라고 할 수 있다. 인간 정신문화 양식의 하나로 인간의 여러가지 문제 중에서도 가장 기본적인 것에 관하여 경험을 초월한 존재나 원리와 연결된 의미를 부여하고, 또 그 힘을 빌려 통상의 방법으로는 해결이 불가능한 인간의 문제, 고민 등을 해결하려는 것이다.

아울러 현대 사회에서 사회규범을 대표하는 '법'에 대한 고찰도 정신문화 탐구에 있어 빼놓을 수 없는 필수 요소이다. 만인의 만인에 대한 투쟁에서 오는 사회 혼란을 해결하고, 조화와 복지를 도모하기 위하여 법은 필요한 것이다. 곧 사회가 있는 곳에는 법이 있다. 법은 국가 내에서 존재하는 다른 어떠한 사회의 강제규범보다도 우월한 국가 규범이다.

이들 정신문화가 오늘날 디지털사회를 살아가는 우리에게 있어서 여전히 가장 중요한 역할과 기능을 할 것이다. 철학과 종교, 그리고 법의 주요 내용을 알고 통섭적(Consilience)[107] 결과를 이끌어냄으로써 정보통신기술의 미래사회를 대비한 우리의 정신문화를 탐구해봐야 한다.

2. 디지털사회의 역기능 막아야

오늘날 디지털사회(digital society)의 발달과 그에 따른 풍족한 문화는 우리 생활을 편리하게 만들고 있다. 쏟아지는 새로운 지식과 수많은 정보가 인터넷을 통해 실시간으로 전달되고, 궁금한 정보는 언제든지 인터넷이나 스마트폰으로 검색해 알 수 있다. 현대인은 '디지털 홍수' 속에서 살고 있는 것이다.

고도화된 인터넷 환경이란 정부 정책, 마케팅, 학술연구 등에 있어서의 빅데이터 이용 환경, 모바일 활성화를 가능케 한 클라우드 시스템, 융합에 의한 유비쿼터스(Ubiquitous) 환경을 완성시킬 사물인터넷(IoT) 등을 가리킨다. 그렇지만 이용 과정에서 개인정보 유출 문제가 심각하게 발생할 수 있다. 특히 해킹에 노출될 수 있기 때문에 경우에 따라서는 사물인터넷 해킹을 통해 문명의 이기가 흉기로 둔갑할 수도 있다.

디지털사회는 우리 모두에게 순기능뿐 아니라 역기능도 제공한다. 바로 사이버범죄 또는 디지털범죄 등이다. 이 범죄는 디지털문화의 발전과 함께 피폐해진 우리의 정신문화를 더욱 병들게 하고 있다.

인터넷 환경의 고도화에 따라 사이버범죄도 유비쿼터스 범죄 또는 고도의 사이버범죄로 진화하고 있기에 인터넷 환경의 대대적인 수술이 필요함을 일깨워주고 있다. 고도화된 인터넷 환경과 관련하여 해킹 또는 관리 부실로 인한 정보 유출의 책임을 강화하는 등 정보통신망법 등 정보통신 관련 법률 정비도 뒤따라야 한다.

나아가 인터넷 이용자들의 윤리의식 또한 제고돼야 함은 물론이다. 이러한 과정을 통해 고도의 인터넷, 디지털사회에서의 이용자들의 자율규제 의식, 즉 올바른 정신문화가 정착될 수 있을 것이다. 또한 어릴 때부터 올바른 인터넷 사용 교육을 강화해 역기능을 예방하고 범죄피해로부터 보호하는 것도 중요하다.

3. 대한민국의 가상괴물 사냥을 경계하라

2017. 1. 24. 국내에 출시된 '포켓몬 고((Pokémon GO)'가 선풍적인 인기몰이를 하고 있다. 모바일 증강현실(AR) 기술과 지도 데이터를 접목하여 걸어 다니면서 포켓몬을 포획하는 형태의 '포켓몬 고' 게임이 한국을 가상괴물 사냥에 빠지게 하고 있다. 이달 1일 현재 안드로이드 스마트폰 이용자 775만 8,295명이 '포켓몬 고'를 내려 받는 등 다운로드 수만 1,000만회를 기록하고, 일일 사용자도 700만 명으로 추산하고 있다.

당초 게임업계에서는 해외보다 한참 늦은 출시 시기와 추운 날씨 등을 흥행의 장애물로 봤다. 하지만 이 게임은 업계의 우려와 달리 사회적 현상으로 확산되는 양상이다. 단기간에 사회에 미친 영향도 상당하다. 포켓몬이 자주 출몰하는 지역으로 사람들이 이동하면서 고궁에 인파가 몰리고, 동네 문화유적 주변이 북적거리는 기현상이 생겼다. 포켓스톱과 몬스터볼, 포켓몬들이 대결하는 체육관 등 게임 속 용어들은 사회관계망서비스(SNS)를 뒤덮었다.

'포켓몬 고' 열풍에 따른 범죄피해도 예상된다. 미국 등에서는 희귀 포켓몬이나 아이템이 들어있는 계정을 고가에 판매한다는 계정거래를 빙자한 인터넷 사기와 사용자 핸드폰을 원격 제어할 수 있는 악성코드 '드로이드잭(DroidJack)'을 게임 설치파일에 넣어 악성코드를 유포한 사례도 있다.

무료게임이 유료로 전환된다는 이메일을 보내 사용자가 피싱 사이트에 접속하도록 유도하거나, 포켓몬을 잡으러 폐광산에 들어갔다가 고립되어 구조되기도 했다. 또한 보행하면서 게임 중, 해안 절벽에서 추락하거나 부주의로 인한 교통사고 사례도 다수 발생되었다. 그리고 게임자들을 특정장소로 유인하여 금품을 강취하거나, 포켓몬 획득을 위해 사유지에 침입하는 범죄행위도 나타났다.

국내에서도 돈을 받고 대신 포켓몬을 잡아주는 아르바이트와 더 많은 포켓몬을 잡기 위한 위성항법장치(GPS) 조작앱(App)이 등장하는 등 부작용도 나타났다. '포켓몬 삼매경'으로 인한 교통사고를 우려한 경찰도 2월 말까지 집중관리에 들어갔다.

향후 국내에서도 게임 설치파일 등 관련 앱 다운로드 시에 악성코드 감염 및 게임 관련 이메일이나 문자를 이용한 피싱범죄가 예상되며, 희귀 포켓몬이나 아이템으로 유인, 계정거래를 빙자한 인터넷 사기도 발생될 수 있다. 그리고 안전사고나 다중운집 지역에서의 소매치기 또는 몰카 등 범죄도 발생될 수 있기에 주변에 대한 경계도 필요하다.

아울러 출처를 알 수 없는 앱은 스마트폰에 설치를 금지하고, 희귀 포켓몬을 사고판다는 거래사기에 대한 주의도 필요하다. 안전하게 게임을 하는 포켓몬 트레이너(Trainer)의식도 있어야 하며, 포켓몬 열풍은 안전에 빨간불이 발생될 수 있다는 각별한 인식도 가져야 한다.

개인정보

침해

국민안전을 위한 개인정보보호의 중요성 | 디지털사회와 개인정보침해 |

ICT강국! 프라이버시 침해를 경계하자

1. 국민안전을 위한 개인정보보호의 중요성

방송통신위원회의 자료에 따르면 2011년부터 2017년 6월까지 약 7년 동안 유출된 개인정보가 2억 건에 달한 것으로 나타났다. 하루 평균 8만 건에 이르는 소중한 개인정보가 유출된 셈이다.

인간으로서 존엄과 가치를 가지며, 사생활의 비밀과 자유를 침해받지 않아야 할 헌법상의 소중한 권리인 개인정보가 침해를 받고 있다. 개인은 정신적 피해뿐만 아니라 명의도용 및 피싱범죄에 의한 금전적 피해 등 각종 범죄에 노출된다.

2015년 9월 '뽐뿌' 커뮤니케이션의 회원정보 195만 건과 2017년 3월 '여기어때' 숙박업 회원정보 97만 건이 해킹으로 유출되었고, 2016년 7월에는 '인터파크'의 회원정보 1,000만건이 악성코드 침입으로 유출이 됐다. 지난해 말에는 국내 여행사 고객정보 20만건을 해킹한 해커가 정보를 인질로 잡고 비트코인을 요구했다.

매년 반복돼 유출된 개인정보는 '공공재(Public Goods)'가 된 것이다. 이런 공공재는 2차 범행의 기초자료로서 범죄를 생산하고, 피해자는 지속적으로 불안한 지위에 놓이는 등 결국 피해는 개인이 전적으로 감수하는 상황이다.

급기야 정부에서는 100대 국정과제로 선정된 '국민인권을 우선하는 민주주의 회복과 강화'의 실천과제로서 개인정보보호 거버넌스(Governance)[109]와 무분별한 개인정보 이용 제재 강화 등 개인정보 보호 강화를 추진하고 있다.

경찰에서도 기업이나 기관 등과 일반 개인의 구직이나 대출 알선 등 특수한 사정으로 인해 상대적으로 우월한 지위에 있는 개인정보 처리자 등에 대한 단속을 강화하고 있다. 개인정보 침해행위, 해킹을 통한 개인의 위치정보 유출 및 의뢰 행위와 스파이앱 이용, 도청이나 위치추적 등을 의뢰하거나 실행하는 행위 등 기술적 수단을 통한 개인정보 탈취행위를 집중단속 대상이다.

또 온라인을 통한 각종 개인정보 D/B(Data Base) 불법거래와 유통, 그리고 광고와 알선행위 등 유출된 개인정보의 불법매매 또는 유통행위와 탈취, 유출된 개인(금융)정보를 이용한 피싱·파밍·몸캠피싱 등도 진중 단속대상이다. 사이버 금융범죄, 불법 취득한 타인의 계정정보를 이용한 해킹, 가상화폐 탈취, 타인의 카드정보로 복제 신용카드 제작과 사용, 타인 명의의 대포폰 개통 및 유통행위 등 불법 취득한 개인정보를 활용한 2차 범죄도 단속대상이다.

개인정보침해 예방을 위해서는 불필요하거나 방치된 개인정보는 모두 삭제하고, 주민등록번호는 법령상 근거가 있는 경우에만 수집을 하며, 과도한 수집이 없는지 기준이나 서식을 정비해야 한다. 또한 개인정보는 안전하게 보관하며, 목적이 달성되면 지체 없이 파기하고, 개인정보의 제공이나 위탁이 적정한지 살펴보고 개선해야 한다.

주민등록번호 유출로 피해를 당했거나 피해가 우려되는 사람은 주민등록번호를 변경할 수 있는 변경제도를 적극 홍보하는 등 행정안전부와 방송통신위원회 등 유관부처의 긴밀한 협조도 요구된다.

개인정보는 정보통신기술(ICT) 시대를 살아가는 국민모두의 소중한 재산이다. 이제는 우리 모두가 개인정보를 보호하는데 소홀함이 없어야 한다. 우리가 과거보다 개인정보 노출이 심한 세상에 살고 있다고 하지만 프라이버시 시대가 살아진 것은 아니다.

프라이버시나 개인정보의 보호문제는 인간에 대한 진지한 고민이나 철학적 기반이 없이는 속 시원한 해결방법이 나올 수 없다. 단순히 개인정보를 잘 보호하자는 논의는 의미가 없다. 인간행위 및 사고에 대한 철저한 분석을 통해 근원적이고, 체계적인 이론과 실무를 정립해 나가는 것이 필요하다. 프라이버시 권리의 근간은 인격권이며, 인격은 인간의 중심이기 때문이다.

2. 디지털사회와 개인정보침해

정보통신기술(ICT) 강국인 대한민국은 인터넷과 스마트폰의 발달로 생활의 편리성이 매우 높다. 하지만 햇볕이 있으면 그림자가 있듯이 디지털사회의 역기능도 다양하다. 잊을만하면 터지는 개인정보유출이 인간의 프라이버시를 침해하고 있다.

개인정보는 인간으로서 존엄과 가치를 가지며, 사생활의 비밀과 자유를 침해받지 않아야 할 소중한 헌법상의 권리이다. 이 같은 권리가 개인정보 유출로 침해를 받고 있다. 개인은 정신적 피해뿐만 아니라 명의도용 및 피싱범죄에 의한 금전적 피해 등 각종 범죄에 노출된다.

개인정보 침해로 인해 개인은 명의도용, 사용자 계정탈취, 보이스피싱, 메신저피싱, 스팸메일, 프라이버시 침해 등으로 사회활동에 지장을 초래하고, 범죄에 악용되는 등 정신적인 피해까지 받을 만큼 심각성은 크다. 기업은 법정 손해배상 제도와 징벌적 손해배상으로 매출감소 및 이미지 추락으로 인한 회복비용 등으로 존폐에 이를 수도 있다.

현재 개인정보 환경은 개인정보 대량집적에 따라 유출사고도 초 대형화되며, 전 국민의 개인정보가 유출대상이다. 기존의 정보통신업 외에 기타 사업 분야, 비영리단체 분야에서도 문제발생 가능성이 제기되는 등 개인정보 취급분야가 확대되고 있다.

스마트폰, 클라우드 컴퓨팅, CCTV, 위치정보, 빅데이터 등 새로운 기술에 기반 한 개인정보보호 이슈도 발생하고 있다. 이용자들의 집단소송, 민원의 지속적 증가와 법원에서도 이용자들의 적극적인 권리행사를 인정하는 등 정보주체의 인식도 변화하고 있다.

불법수집이나 해킹, 관리소홀로 개인정보가 유출되며 모바일, 메신저, 게시판 등으로 연락하거나, USB, 이메일 등으로 정보가 유통된다. 위와 같이 유통된 개인정보는 전화, 문자발송을 위한 영업활동, 불법(도박)사이트 등 계정등록, 대포물건(통장, 핸드폰, 자동차 등) 개통이나 구매에 이용되기도 한다.

개인정보침해 예방을 위해서는 불필요하거나 방치된 개인정보는 모두 삭제를 하고, 주민등록번호는 법령상 근거가 있는 경우에만 수집을 하며, 과도한 수집이 없는지 기준이나 서식을 정비하여야 한다.

개인정보는 안전하게 보관하며, 목적이 달성되면 지체 없이 파기하고, 개인정보의 제공이나 위탁이 적정한지 살펴보고 개선하여야 한다. 개인정보는 ICT시대를 살아가는 국민모두의 소중한 재산이다. 이제는 우리 모두가 개인정보를 스스로 보호하는데 소홀함이 없도록 해야 한다.

3. ICT 강국! 프라이버시 침해를 경계하자

세계 최고수준의 정보통신기술(ICT) 강국인 대한민국은 정보화 순기능으로 인한 생활의 편리성이 매우 높다. 하지만 정보화 사회의 역기능도 각 분야에서 다양하게 나타나고 있다. 사이버공간을 이용한 사이버권리 침해, 잊을만하면 터지는 개인정보 유출 등이 그것이다.

최근에는 인터넷 종합쇼핑몰인 인터파크의 데이터베이스(DB) 서버가 해킹당해 회원 1,030만여명의 아이디·이름·전화번호·생년월일·이메일 주소 등 개인정보가 유출됐다. 인터파크는 지능형 지속가능 위협(Advanced Persistent Threat·APT)에 노출된 것으로 밝혔다.[109] 경찰은 해커가 APT의 대표적인 표적 공격기법인 스피어 피싱(Spear Phishing)을 쓴 것으로 보고 있다. 대상자 중 1명이라도 메일을 열면 해커가 원격으로 시스템을 조작할 수 있는 악성코드가 DB서버에 침투하게 하는 수법이다.

국내에서 발생한 개인정보 유출사건 중 2014년 KB국민·NH농협·롯데카드 유출사건의 규모가 가장 크다. 당시 회원정보 1억건 이상을 카드회사에 파견된 용역업체 개발자가 빼돌렸다. 같은 해 1,200만명의 개인정보가 KT고객센터 해킹으로, 회원 113만명의 전화번호 등이 소셜커머스 '티몬'의 해킹으로 각각 유출됐다.

개인정보 침해에 따른 피해는 다양하게 나타난다. 개인은 정신적 피해뿐만 아니라 명의도용 및 피싱범죄에 의한 금전적 피해 등 각종 범죄에 노출된다. 기업은 이미지 실추 및 소비자단체 등의 불매운동, 피해자들에 의한 집단적 손해배상 청구 등으로 존폐 위기에 직면할 수 있다. 프라이버시 라운드의 대두에 따른 ICT산업의 수출애로, 전자정부의 신뢰성 및 국가브랜드 하락 등 국가적 피해도 크다.

최근 APT 공격이 급증하면서 정부는 정보보안최고책임자(CISO: Chief Information Security Officer) 의무도입까지 추진하는 등 개인정보보호에 전력을 기울이고 있다. 인터넷 쇼핑몰·금융기관 등을 대상으로 지난해에 CISO 도입을 의무화하고 개인정보보호의 책임을 맡겼다. 그러나 권한이 크지 못해 실제 경영 과정에서 제대로 된 대응이 나오지 못하고 있다.

많은 기업의 최고경영자(CEO)는 사고가 난 뒤에 관심을 가진다. CEO가 처음부터 적극적으로 개인정보보호에 나서야만 유출 사고도 줄일 수 있다. 개인정보 유출 뒤에도 기업의 적극적인 대응도 필요하다.

「정보통신망 이용촉진 및 정보보호 등에 관한 법률」은 "개인정보 분실·도난·누출 사실을 안 때에는 이용자 및 방송통신위원회(또는 한국인터넷진흥원)에 24시간을 경과하여 통지 신고해서는 안 된다"고 규정하고 있다.[110]

온라인쇼핑몰이나 인터넷 관련 기업의 경우 임의보험인 개인정보유출 배상책임보험을 의무보험으로 전환할 필요도 있다. 그래야만 개인정보 유출을 당한 고객이 손해를 보상받을 수 있다.

소비자의 개인정보관리에 대한 신뢰는 디지털 경제의 지속적인 성장에 필수적이다. 개인정보 보호는 전자상거래와 고객관리나 금융거래 등 사회의 구성과 유지, 그리고 발전을 위해 필수적이다. 개인정보는 기업의 수익 창출을 위한 자산적 가치이기도 하다.

개인정보는 ICT 시대를 살아가는 국민의 소중한 재산이다. 개인정보를 보호하는데 소홀 함이 없도록 해야 한다. 프라이버시나 개인정보의 보호문제는 인간에 대한 진지한 고민이나 철학적 기반이 없이는 속 시원한 해결방법이 나올 수 없다. 단순히 개인정보를 잘 보호하자는 논의는 의미가 없다.

인간행위 및 사고에 대한 철저한 분석을 통해 근원적이고 체계적인 이론과 실무를 정립해 나가는 것이 필요하다. 프라이버시 권리의 근간은 인격권이며, 인격은 인간의 중심이기 때문이다.

사이버
도박

사이버도박으로부터 잃어버린 나를 찾자 | 파멸의 늪! 사이버도박 중독 |

SNS서 더 은밀해진 도박의 늪

1. 사이버도박으로부터 잃어버린 나를 찾자

2018년도 대한민국의 정보통신기술(ICT) 국가경쟁력은 '세계 1위'라는 세계경제포럼(Davos Forum)의 평가다. [111] 그러나 위와 같은 ICT 발달의 역기능 중 하나가 도박사이트에 쉽게 접속할 수 있다는 접근성이다. 사행산업통합감독위원회(사감위)의 실태조사 보고서에 따르면 불법 도박시장은 2008년 53조7,000만원, 2012년 75조1,000만원으로 매우 빠르게 증식했다. 2016년은 83조8,000억원으로 같은 해 국방예산 40조원의 2배 이상인 천문학적 금액이다.

특히 도박장이 누구나 쉽게 접속할 수 있는 온라인으로 옮겨지면서 사이버도박 유혹의 손짓은 더욱 강렬해지고 있다. 경찰은 사이버도박 등 불법 사설도박 근절을 위해 전국 17개 지방경찰청에 전담수사 부서를 신설하고, 도박차단을 위한 정부 각 부처와의 공감대도 확산시키고 있다.

2019년 1월 초부터는 사이버도박 근절을 위한 특별단속을 실시하고 있다. 조직적으로 도박사이트 운영에 가담한 총책과 관리책, 그리고 통장모집책이나 인출책들에 대하여 형법상 '범죄단체조직죄'[112]를 적용하여 구속하고, 국세청에 범죄수익을 통보하여 탈루한 세금도 환수하겠다는 의지도 확고하다.

불법 온라인 도박은 그 규모가 증가하는 가운데 2차 범죄로 이어지고 있다. 작년에는 도박자금을 마련하기 위해 인터넷 여행카페에서 예약대행 명목으로 피해자 62명으로부터 1억원 상당을 편취한 피의자를 구속했다.

그리고 웹툰(Webtoon)이나 음란물 등 불법 콘텐츠 사이트가 수입원 역할을 하는 것으로 나타났다. 웹툰 9만여 편을 복제하여 해외사이트에 게시 후, 도박과 성인물을 홍보하여 9억5,000만원 상당의 부당이득을 취득한 운영자도 검거했다.

또한 2천100억 규모의 불법 경마사이트를 운영한 운영자 29명 등 피의자 126명도 검거(구속 8)했다. 이 피의자들 중에는 전국 관리대상 조직폭력배 35개派, 66명이 포함되어 사이버도박 사이트가 조직폭력배들의 자금원으로 활용되는 등 각종 폐해가 양산되어 사회적으로 심각성도 큰 상황이다.

이번 특별단속에는 전국의 사이버수사관이 도박사이트 운영자와 프로그램 개발 및 제공자, 그리고 광고 조직과 인출 조직, 서버 제공자 등도 엄정하게 단속하고 있다. 또한 사행산업통합감독위원회, 국민체육진흥공단, 한국마사회 등과 정보를 교류하는 등 유관기관과 협업하여 단속 효과도 극대화될 것으로 기대된다. 동남아 등 해외에서 서버와 사무실을 운영하는 운영자 등의 검거를 위해 경찰주재관을 적극 활용하는 등 해외공조도 강화하고 있다.

'공급'을 불러일으키는 '수요' 차단을 위해 도박행위자들은 원칙적으로 입건 중이다. 도박방지를 위한 홍보와 예방교육, 그리고 한국도박문제관리센터와 연계하여 도박 중독자에 대한 재활과 치료도 병행 중이다.

최근 사이버환경의 급격한 발달로 청소년들까지 도박으로 인한 피해를 입고 있다. 불법 사이버도박은 자신의 삶뿐 아니라 가족들의 삶까지 파괴하는 범죄이기에 호기심으로도 접속하지 않는 것이 중요하다.

도박중독은 정신장애진단통계메뉴얼(DSM-5)[113]에 공식적으로 분류된 정신질환이다. 우연이나 행운에 대한 집착을 내려놓고, 나를 지키는 마음에서 도박으로부터 탈출해야 한다. 도박에서 탈출하지 못하면 자신뿐만 아니라 가족 등 주변인들도 파멸의 늪에 빠질 수 있음을 알아야 한다.

2. 파멸의 늪! 사이버도박 중독

세계 최고의 IT 강국인 대한민국은 인터넷과 스마트폰의 발달로 불법 도박사이트 운영방식이 지능화하고, 은밀화하며, 다국화하고 있다. 특히 도박장이 온라인으로 옮겨지면서 도박의 접근 용이성은 과거와 크게 달라졌다. 이에 도박의 유혹 손짓은 더욱 강렬해진 것도 부인할 수 없는 사실이다.

불법도박 규모는 2011년 75.1조원에서 2015년 83.8조원으로 11.6% 이상 증가했다. 사설 스포츠 도박 등 온라인 도박 비중도 2011년 32.9%에서 2015년 55.9%로 23% 이상 증가했다. 그동안 경찰의 계속된 특별단속에도 불법도박 규모는 지속적으로 증가하고 있다. 모바일을 이용한 온라인 도박은 학생들에게 쉽게 노출되고 있는 상황이다.

사행산업통합감독위원회의 2015년 청소년 도박문제 실태조사에 따르면 재학 중 청소년 도박 위험군 4%, 문제군 1.1%, 학교 밖 청소년 도박 위험군 10.8%, 문제군 9.2%으로 나타났다. 같은 해 형사정책연구원 자료에선 문제성·병적 도박자의 70%가 20세 이전에 도박을 시작한 것으로 드러났다.

더욱 심각한 문제는 높은 재범률이다. 2014년 대검찰청 도박범죄통계에 따르면 재범률은 72.2%를 기록했다. 이처럼 심각한 도박문제의 근본적

해결을 위해선 주기적인 특별단속과 함께 조기 예방교육 및 행위자 치유와 재활이 필요하다.

경찰에서는 날로 심화되고 있는 도박의 예방 및 재범방지를 위해 치유와 재활 지원에 대한 홍보를 하고 있다. 한국도박문제관리센터와 연계해 상담과 치유, 재활 지원 활동을 수행 중이다. 또한 사이버범죄 예방전문강사와 학교전담경찰관 등을 활용한 예방교육의 강화와 온·오프라인 병행 홍보로 도박문제 해결에 대한 관심을 높이고 있다.

이처럼 경찰과 관계기관의 지속적 예방과 홍보, 단속이 가동되고 있음에도 불구하고 도박 수요로 인한 공급이 끊이지 않고 있다. 이에 따라 운영자와 개발자 이외 행위자에 대해서도 형사처벌을 하는 방안을 적극 고려해 봐야 한다.

현란하게 움직이는 화면, 일상생활에서 만져보기 어려운 액수의 판돈, 달콤하면서도 위험한 유혹을 호기심 많은 10대 청소년들도 피해 가지 못한다. 어쩌면 지금 우리들 옆에 있는 가족이나 친구도 일확천금이라는 검은 유혹에 흔들리고 있을지도 모른다. 도박은 승산 없는 게임으로 이길 수가 없다.

파멸이라는 늪에 빠지지 않기 위해 도박은 절대로 하지 말아야 한다. 또 지금 이 순간 도박을 하고 있다면 즉각 멈춰야 한다. 늪에 빠지는 것은 순간이지만 빠져나오는 것은 힘들다.

3. SNS서 더 은밀해진 도박의 늪

현재 대한민국의 도박은 사회문제화 될 정도로 심각한 상황이다. 사이버도박은 인터넷을 이용해 도박행위를 하거나 도박장을 개설하는 행위이다. 세계 최고의 IT강국인 대한민국은 인터넷 및 스마트폰의 발달로 불법 도박사이트 운영방식이 지능화하고, 은밀화 및 다국화 되고 있다. 또한 접근 용이성과 강한 중독성 등으로 급속히 확산 추세다. 도박장이 인터넷과 스마트폰과 같이 온라인(on-line)으로 옮겨지면서 유혹의 손짓이 더 강렬해 졌다.

방통통신심의원회에서는 2013년 3만5,899건, 2014년 4만5,800건, 2015년 5만399건, 2016년 1분기 1만2,697건의 도박사이트를 시정요구 해 그 건수가 매년 증가하고 있다. 우리나라 성인 중 200만명 이상이 도박중독을 경험했고, 2015년 불법도박의 규모는 금년 국방예산의 2배가 넘는 100조 원대로 추산되어 대한민국이 도박으로 몸살을 앓고 있다.

사이버도박은 중독으로 인한 근로의욕 상실 및 실직, 탈세, 돈세탁 등 다양한 사회적 문제를 야기한다. 특히 도박자금 마련을 위한 인터넷사기, 회사자금 횡령, 절도 등 2차 범죄로 이어져 악영향이 심각하다. 이로 인해 도박행위자는 가정파탄이나 자살 등에 이르는 반면, 운영자들은 호화생활을 영위하고 있다.

2006년 오프라인상의 '바다이야기'가 성인 PC방과 연계한 온라인 '바다이야기'로 성행하면서 시장 규모는 계속 확대되었다. 사이버도박은 2007년 강력단속으로 주춤하였으나, 현재는 도박이 합법인 나라에 서버를 두고 내국인 상대 영업 및 대포통장 사용 등으로 추적에 어려움이 많다. 또한 엄격히 선별한 이용자에게만 사이트 주소와 입금계좌를 문자메시지로 발송하여 특별 관리하고 있다. 불법수익금은 현금화하거나 동산 또는 부동산 투자 등을 통해 은닉 또는 자금세탁으로 지하경제를 음성화하고 있다.

2015년에는 유명 야구선수가 원정도박을 한 혐의로 구단에서 방출됐고,[114] 프로농구선수를 포함한 전·현직 스포츠인 26명이 경찰에 적발되기도 했다. 이 외에도 유명 연예인들이 불법스포츠 도박을 한 사실이 알려지며 논란이 되기도 했다.

이처럼 불법도박이 사회 곳곳에 뿌리를 내리고 있어 심각한 문제가 되고 있다. 도박의 보편적인 시작경로는 인터넷 개인방송과 페이스북, 인스타그램(Instagram) 등의 SNS다. 축구를 비롯해 농구, 야구, 배구 등 불법 스포츠도박의 배후에는 조직폭력배들이 연계된 경우도 많다.

자금난에 시달리는 조폭들에게는 더없이 달콤한 돈벌이 수단이며, 동남아 카지노 곳곳은 이미 우리나라 조폭들의 각축장이 됐다. 경찰청은 2012년 2,962명, 2013년 2,047명, 2014년 5,950명의 사이버도박 사범을 검거해 그 숫자도 증가하고 있다.

경찰의 지속적인 단속에도 불구하고 '수요로 인한 공급'이 계속 발생함에 따라 운영자·개발자 이외 행위자에 대해서도 대대적인 단속으로 형사처벌 및 예방활동 전개가 필요하다.

경찰은 불법 스포츠도박, 경마 경륜 경정, 카지노 등 도박사이트 운영자 및 도박 프로그램 개발·유통자, 국내외 도박서버 관리자 및 브로커(도박 사이트 운영자와 국내외 서버 관리자와 운영자를 중계), 도박사이트를 통한 고액 상습 도박행위자 등을 상시 집중단속하고 있다.

도박사이트 운영에 가담한 총책, 관리책, 통장모집책, 인출책 및 사이트 개발·유통자 등은 목적성, 조직성, 지속성 등을 조사해 형법 제114조 '범죄단체조직죄'로 의율 경각심을 높인다. 도박행위자는 원칙적으로 금액 불문 모두 수사대상자로 선정하고, 3회 이상 도박 범죄경력자는 구속수사를 원칙으로 하며, 초범, 소액 도박행위자에 대해서도 '즉결심판' 등 형사처벌을 강화하고 있다.

또한 범죄로 취득한 동산 및 부동산에 대해 '기소전몰수보전'하고, 은닉한 현금에 대해서도 끈질기게 추적한다. 혐의내용이 특정되면 '수사 착수 시부터' 도박운영자와 행위자 명단 및 이용 계좌정보 등을 국세청에 통보하고 있다.

현란하게 움직이는 화면, 일상생활에서 만져보기 어려운 액수의 판돈,

달콤하면서도 위험한 유혹을 호기심 많은 10대 청소년들도 피해 가지 못했다. 고스톱, 포커, 경마 등 온라인 사행성 게임 경험율도 46.1% 달한 것으로 나타났다. 청소년들에게 도박 및 인터넷 중독에 대한 예방교육으로 경각심을 일깨워야 한다.

어쩌면 지금 우리들 옆에 있는 가족이나 친구도 일확천금이라는 검은 유혹에 흔들리고 있을지도 모른다. 도박은 승산 없는 게임으로 이길 수도 없다. 파멸이라는 늪에 빠져 패가망신하지 않으려면 도박은 멈춰야 한다.

악성
코드

경찰서 사칭 이메일 유포를 통한 악성코드 감염 피해 주의

한국형 랜섬웨어 주의보

1. 경찰서 사칭 이메일 유포를 통한 악성코드 감염 피해 주의

2019. 2. 12. 경찰청 사이버안전국은 '랜섬웨어(Ransom Ware) 피해 경보'를 발령했다. 최근 경찰서를 사칭한 '온라인 명예훼손 관련 출석통지서'라는 제목으로 "출석요구서.rar" 파일이 첨부된 악성코드 유포 이메일이 발견된 것이다. 이와 같은 메일을 수신할 경우에는 절대로 첨부 파일을 클릭하지 않도록 주의해야 한다. 첨부 파일을 실행하면 워드파일로 위장하고 있던 악성코드가 실행되어 컴퓨터가 랜섬웨어에 감염된다.

메일 내용은 발신자를 ○○○○경찰서 등으로 하여 "1. 조사목적 : 온라인 명예훼손 2. 조사기간 : 2019. 2. 11~3. 1 3. 조사기준일 : 2019. 1. 22 4. 조사인원 : 미정 5. 조사방법 : 대면 및 서면조사" 등이다. 그러나 경찰 등 수사기관에서는 이메일로 사건 관련 출석요구를 하지 않는다.

몸값(Ransom)과 소프트웨어(Software)의 합성어인 랜섬웨어는 시스템을 잠그거나 데이터를 암호화해 사용할 수 없도록 한 후에 이를 인질로 사용자에게 비트코인 등 금전을 요구하는 악성 프로그램인 사이버인질범이다. 이 악성코드에 감염되면 복원이 거의 불가능하며, 범인들의 요구를 이행한다고 해도 복원이 보장되지 않고, 범죄를 더 조장하는 결과를 초래하게 된다.

랜섬웨어는 이메일, 웹사이트, P2P 사이트 등 다양한 전송 매개체를 통해 유포된다. 악성코드는 사용자가 알 수 없도록 파일이나 오피스 문서 파일에 숨어 시스템 또는 데이터를 공격한다. 최근에는 활동영역을 확장해 안드로이드 스마트폰 데이터까지 위협하는 상황이다. 특히 신뢰할 수 없는 사이트는 경계를 해야 한다. 이런 경우에는 단순히 홈페이지를 방문만 해도 랜섬웨어에 감염될 수 있다.

필자도 금년 초에 해외사이트를 방문했다가 사이버인질범 피해를 당한 바 있다. 당시 노트북뿐만 아니라 노트북에 연결된 이동저장매체(USB) 자료까지 암호화 된 황당한 사례를 경험했다. 다행히 별도의 저장매체에 저장된 자료가 있어 데이터 손실은 크지 않았다. 안타깝지만 주변에서도 다양하게 랜섬웨어 피해관련 상담을 경험한 바 있다.

국내외 악성코드와 보안위협에 실시간 대응하는 AhnLab ASEC(시큐리티대응센터, AhnLab Security Emergency response Center)의 '2018년 랜섬웨어 동향'에 의하면 2018년 한 해 동안 안랩에 접수된 랜섬웨어 샘플 수는 120만건으로 나타났다. 감염 보고 건수는 2017년의 83만2,000건보다 1.5% 증가한 84만5,000건으로 나타나 감염된 시스템이 많다는 것을 예상할 수 있다.

랜섬웨어 감염 시는 피해를 최소화하는 조치가 필요하다. 외장하드나 공유폴더도 함께 암호화 되므로 신속히 연결을 차단하고, 인터넷선과 PC 전원도 함께 차단한다. 또한 PC의 하드 디스크를 분리하여 암호화가 되지 않은 파일은 백업하고, 증거를 보존한 상태에서 신속하게 신고하여야 한다. 증거조사가 끝나면 하드 디스크는 전문 보안업체를 통해 치료하고, 감염된 PC는 포맷 후에 최신 버전의 백신 등을 설치하여 사용한다.

랜섬웨어는 무엇보다 예방이 가장 중요하다. 악성코드 유포 이메일 피해를 예방하기 위해서는 신뢰할 수 있는 최신 버전의 백신 프로그램을 설치하여 유지해야 한다. 윈도우 등 운영체제(OS)와 사용 중인 프로그램은 항상 최신 버전으로 업데이트하고, 중요자료는 네트워크에서 분리된 별도 저장장치에 정기적인 백업도 필요하다.

출처가 불분명한 이메일 또는 첨부 파일은 실행에 주의하고, 랜섬웨어 전용 백신을 사용하는 것이 좋다. 해킹 상담이나 원격 점검 또는 피해 신고는 한국인터넷진흥원(인터넷침해대응센터. www.krcert.or.kr)을 이용한다. 몇 번의 마우스 클릭이나 무심코 접속한 사이트에 숨겨진 악성 코드로 인한 피해는 매우 심각하다. 한 번의 실수로 중요한 데이터나 소중한 사진 등 자료를 상실하는 사이버인질범의 피해자로 전락하지 않아야 한다.

2. 한국형 랜섬웨어 주의보

대한민국은 세계 최고의 정보통신기술(ICT) 강국이다. 특히 정보통신 발달로 인한 기능은 전 생활 영역에서 활발하게 발전되고 있다. 그러나 정보통신환경이 발달하는 만큼 범죄 영역도 확장되고, 그 수법도 진화하고 있다.

인터넷 사용자의 컴퓨터 내 파일을 암호화하고 그것을 푸는 대가로 금원을 요구하는 사이버인질범인 한국형 랜섬웨어(Ransom Ware)가 전파되고 있다. 경찰청 사이버안전국은 2017년 2월 중순경 기존 영문 전자우편이나 취약한 누리집(Homepage)에서 랜섬웨어가 유포됐던 것과 달리, 최근에는 자연스러운 한글 전자우편 형태로 배포되고 있다고 밝혔다.

예약 관련 문의나, 회사 지원, 명함 제작 등의 내용이 담긴 능숙한 한글피싱 전자우편으로 신종 한국형 랜섬웨어인 '비너스락커

(Venuslocker)'[115]가 전파되고 있어 각별한 주의가 필요하다. '비너스락커' 랜섬웨어는 피해자 PC의 파일을 .venusp 혹은 .venusf 확장자로 암호화하며, 2016년 12월 말부터 국내 공공기관이나 기업 등에 유포되고 있다.

한국형 랜섬웨어는 암호를 풀기 위해서는 현재 120만원에 상당하는 1비트코인을 72시간 이내에 입금할 것을 요구한다. 비트코인은 랜섬웨어 공격비용 지불수단으로 많이 사용되는 익명거래가 가능한 가상통화다. '비너스락커' 랜섬웨어는 2016. 12. 말에 비트코인 지불을 위한 한글 안내 화면을 도입해 최초로 국내에 유입됐다.

2017년 1월 중순에는 악성코드 분석을 방해하기 위해 소스코드를 읽기 어렵게 난독화 기능을 추가하였다. 그리고 2월에는 국내 맞춤형으로 .hwp의 확장자를 가진 한글문서 암호화 기능을 추가하는 등 그 수법이 계속 진화되고 있다. 특히 해당 랜섬웨어는 연말정산(2016. 12.)과 인사발령(2017. 1.), 구인구직(2017. 2.) 등의 특정 시기에 맞춰 각기 다른 내용으로 유포됐다. 기존 랜섬웨어가 2016. 6. 뽐뿌 등 일부 커뮤니티 누리집 접속자들에게 유포됐던 것과는 달리 고도화된 피싱 전자우편과 결합하여 다수의 공공기관과 금전 지불능력이 있는 소상공인에게 맞춤형으로 배포됐다.

또한 유포 자가 피해자와 전자우편 답장을 주고받는 등 기존 사례와 차별화된 양상을 보이고 있으며, 특히 자연스러운 한국어를 구사한다는 점에서 한국인이 범행에 가담한 정황도 포착된다.

랜섬웨어는 무엇보다 예방이 가장 중요하다. 랜섬웨어 예방을 위해서는 중요한 자료를 별도의 외부 저장장치나 인터넷에 백업을 해야 한다. 출처가 불명확한 전자우편의 첨부파일은 실행하지 않아야 하고, 신뢰할 수 없는 누리집을 통해 내려 받은 파일은 실행에 주의가 필요하다. 또한 운영체제, 인터넷 익스플로러 등 소프트웨어를 최신 버전으로 업데이트해

사용하고, 악성코드에 감염된 누리집에 특정 소프트웨어의 업데이트가
되지 않은 사용자가 접속할 시 자동으로 감염 보안 프로그램을 반드시
사용하되, 필요시에는 랜섬웨어 전용백신을 사용하는 것이 좋다.

'비너스락커' 랜섬웨어는 첨부파일이 .doc 확장자나 .jpg 확장자로 보이
지만 실제로는 .lnk(바로가기) 확장자일 경우가 많다. 따라서 이중 확장
자(.doc.lnk 혹은 .jpg.lnk)를 가진 문서나 이미지 파일이 첨부파일에 포
함되어 있을 경우 실행에 각별히 주의해야 한다.

인터넷
게임

게임 중독과 게임 강국 |

게임중독 역기능 경각심 가져야

1. 게임 중독과 게임 강국

2019. 5. 25. 세계보건기구(WHO)는 '게임 중독도 질병'이라고 분류한 새 국제질병분류를 194개국 대표들의 반대 없이 통과시켰다. WHO는 게임을 하고 싶은 욕구를 참지 못하고, 다른 관심사나 일상생활보다 게임하는 것을 우선시하며, 이로 인해 삶의 문제가 생겨도 게임을 중단하지 못하는 과몰입 증상[116]이 12개월 이상 지속되는 경우를 게임 중독(Game Addict)으로 정의했다.

'게임 중독'은 게임에 대한 통제력의 약화 또는 그 어떤 것보다 게임을 우선순위에 두는 지속적인 행동 패턴이다. WHO가 '게임이용장애(Gaming disorder)',[117] 즉 게임 중독이라 부른 증상에 대해 '6C51'이란 질병코드를 부여하기로 했다. 게임 중독을 그냥 두면 안 되는 심각한 병이라는 데 전 세계가 의견 일치를 본 것이다.

국내에서도 게임 중독으로 인한 크고 작은 사건들이 많이 발생되었다. 금년 5월에는 "게임에 방해된다고 2개월 아기 죽인 아빠의 잔혹 수법"이라는 제하의 뉴스 기사와 2018년 서울 강서구 PC방 살인은 게임 중독이 영향을 미쳤다는 국감자료이다. 2016년 경기도에서는 20대 아들이 "게임을 그만하라"는 아버지를 흉기로 살해하는 등 다양하다. 2001년 3월 광주의 중학생이 초등학생 남동생을 숨지게 한 사건은 게임 중독이 얼마나 참담한 비극을 부를 수 있는지를 보여주었다.

국내 게임업체 대부분은 중독성이 높은 다중접속 역할수행 게임인 'MMORPG(Massive Multiplayer Online Role Playing Game)'[118]을 주력으로 개발하고 있다. 이 게임은 다수 이용자가 온라인으로 접속해 분신과 같은 캐릭터를 키우면서 역할을 수행하는 게임이다. 현실의 사회적 지위와 같은 캐릭터를 키우기 위해서는 매일 접속해야 하며, 해킹 또는 아이템을 구매하면서 사기 등 범죄에 연루되기도 한다.[119]

한국콘텐츠진흥원의 2018년 게임이용자 실태조사에 의하면 10대 91.9%, 20대 86.9%, 30대 84.0%, 40대 53.0%, 50대 50.3%이며, 60대도 36.0%로 나타났다. 10대는 10명중 9명이 게임을 하는 등 조사 연령대가 평균 67% 이상이 게임을 하는 것으로 나타나 우리 생활 속 놀이문화의 큰 축으로 자리 잡았다.

전 국민의 과반 수 이상이 이용하는 온라인 게임은 다양한 즐거움을 줄 수 있다. 게임은 게이머(Gamer)들과의 의사소통을 원활하게 하고, 이용자의 스트레스를 해소하기도 한다. 캐릭터를 키우는 대리만족으로 기분을 전환하는 등 반드시 부작용만 있는 것은 아니다.

문제는 앞서 언급한 바와 같이 일상생활에 지장을 초래할 수 있는 중독성이 문제이다. 일부 게이머들은 일상생활을 제대로 영위하지 못할 정도로 심각한 과몰입 증상을 겪고 있다. 게임 중독으로 탈선한 학생들은 하나같이 극심한 정체성 혼란을 겪고 있으나 그것이 게임 때문이라는 것을 인정하지 않아 좀처럼 치유가 되지 않는다.[120]

세계 게임시장 규모는 연 160조원이고, 국내시장은 약 13조원이라는 보고가 있다. 게임 중독을 질병으로 지정하면 게임 산업은 위축되면서 2023년부터 3년간 최대 11조원의 경제적 손실도 예상했다. 이중 절반이 넘는 6조 3,400억원의 손실이 국내에서 발생될 것이란 전망도 나와 국내 게임업계의 반발도 크다.

관련 업계에서는 "4차 산업혁명 시대에 가중중요한 분야 중 한틀을 차지하는 게임이나 콘텐츠 산업의 뿌리가 흔들릴 것"이라고 염려하고 있다. 관련부처도 "게임을 마치 사행성 도박 산업으로 연결해 보는 것이 안타깝다"면서 "게임을 질병코드로 등록하는 것은 신중할 필요가 있다"는 의견이다. 주무부처인 보건복지부는 6월 중 관계부처와 전문가, 관련 단체 등으로 협의체를 구성해 후속준비에 착수한다고 한다.[121]

이번 게임 중독에 대한 기준은 2022년부터 적용되며, 각국 정부는 해당 통계도 발표해야 한다. 게임 중독을 예방하기 위해서는 정부가 술과 담배에 부과하는 세금처럼 게임에 대해서도 별도의 세금을 부과하는 새로운 규제를 만들 가능성도 높다. 게임 중독으로부터 국민건강을 지키고, 게임 강국인 국내의 게임 산업도 성장시키는 두 마리의 토끼를 잡는 현명한 정책이 입안되길 기대한다.

2. 게임 중독 역기능 경각심 가져야

2015년 3월 중순에 발생한 7살의 신원영군 사망사건으로 많은 국민들이 충격을 받았다. 검찰은 원영군 계모 김모씨와 친부 신모씨에 대해 살인과 사체유기, 아동복지법 위반 등 3가지 혐의를 적용해 구속기소 했다. 한겨울 욕실에 가둬놓고 끼니조차 제대로 주지 않아 사망한 원영군의 계모는 모바일 게임 중독이 살인의 한 원인으로 분석된다. 지난해 7월부터 최근까지 7개월간 4,000여만원을 게임 아이템 구입에 사용한 것으로 나타났다.[122]

계모는 공격력이나 방어력을 업그레이드하고, 무기나 방패 등 보호 장비

아이템을 획득하여 적을 쳐부수는 대규모 다중사용자 온라인 롤플레잉 게임(MMORPG)[123]에 중독된 것이다. 게임머들은 게임 속 캐릭터는 가상세계 속에 존재하는 분신처럼 여겨서 무기나 방패, 옷과 액세서리를 구입하고자 돈을 마구 쓰며, 이렇게 모은 아이템을 더 높은 가격에 판매도 한다.[124]

문제는 이런 게임머들의 중독으로 사회문제가 발생한다는 것이다. 부천에서 생후 3개월 미만의 영아를 폭행치사 한 20대 부부도 게임을 즐겼다.[125] 부천 초등생 시신 훼손 사건의 아버지도 일정한 직업 없이 PC방에서 게임 아이템을 팔기도 했다. 지난해 말에는 인천에서 아버지가 게임 중독에 빠져 11살짜리 어린 딸을 2년간 집안에 가두고 상습 학대했다. 결국 이 아이는 맨발로 탈출했다. 게임 캐릭터는 애지중지하고, 자녀는 굶기고 학대한 비정한 부모들이다.[126]

최근 잇따라 발생한 아동학대 사건은 젊은 부모들의 게임중독 문제의 심각성을 보여준다. 게임중독이 뇌를 바꾸면서 행동도 달라진다고 한다. 뇌가 게임중독에 빠져 일단 손상되면 중독 전 상태로 돌아가기 어렵다. 치료를 통해 행동이 정상으로 돌아온 듯해도 다시 마약을 접하게 되면 일반인보다 마약을 더 강력하게 원하는 것과 같은 이치다.

21세기 정보화 사회에서는 정보통신기술(ICT) 환경을 가까이하지 않을 수가 없다. 그로 인하여 인터넷 중독 현상이 나타나며, 과도한 통신 및 현실세계와 가상세계의 혼동 등으로 인한 각종 사회병리 현상이 나타나고 있다. 특히 게임 중독으로 인한 충동성 조절 장애 등 심각한 증상은 반사회적 행동으로 이어질 수 있다.

전문가들은 게임 중독자들이 충동조절에 어려움을 겪게 되고, 이로 인해 아이에게 쉽게 폭력을 가하게 된다고 분석한다. 게임 중독은 본인뿐만 아니라 주변 사람들에게도 영향을 미친다. 폭발적으로 성장하는 게임 산업을 무작정 제재할 수 없는 상황이지만, 게임 중독의 폐해가 점점 심각해 대책이 필요하다.

법원에서도 치료 명령 등을 통해 게임 중독자들의 재범을 막으려고 하지만 충분치 않은 부분이 있다. 일상생활이 무너질 정도의 중독성이 있는 게임중독은 질병으로 관리해야 한다. 요즘 발생되는 부모의 아동학대는 그 부모들이 이미 이전부터 게임에 친숙, 중독돼 있었던 것이다. 때문에 젊은 부모에 대한 게임 중독 예방시스템 구축도 필요하다. 또한 게임 산업을 장려만 할 것이 아니라 중독으로 인한 개인, 사회적 피해회복에도 국가와 게임업체들의 책임 있는 관심도 요구된다.

게임 중독 등 인터넷의 역기능 해소를 위해 다양한 예방 및 상담 치료 프로그램을 확대하고, 건전한 게임문화 조성 캠페인을 추진해야 한다. 인터넷 게임을 제공하는 게임사에서도 일정기간 게임이 진행되면 휴식을 취하게 하는 프로그램(Cooling Off)을 확대해야 한다. 게임으로부터 청소년을 보호할 수 있도록 게임 산업육성의 큰 틀도 바뀌어야 한다.

또한 건전한 사이버 공간을 조성하기 위해서는 네티즌들의 윤리의식이 큰 문제로 지적된다. 어려서부터 인터넷 윤리교육을 강화하여 건전하고, 안전한 사이버공간을 조성하는 노력도 긴요하다.

경찰
이야기

대한민국 임시정부 경찰의 활동과 역사적 의의 |

식물도 자랄 때 선을 지킨다

1. 대한민국 임시정부 경찰의 활동과 역사적 의의

2019년은 3·1운동 및 대한민국 임시정부 수립 100주년이 되는 해다. 1919년 4월 대한민국 임시정부 수립기록에는 '대한민국' 국호 결정과 '대한민국 임시헌장' 채택, 그리고 민주공화제에 의한 의회와 정부 구성이 결의됐다. 국민주권주의에 입각해 세워진 대한민국은 국민 의사를 수립하고, 의회(임시의정원)를 구성하며, 정부(임시정부)를 조직한 한국 역사상 민주국가를 수립하기 위한 첫걸음이었다.

절차와 제도를 중시한 임시정부는 모든 행정기구를 법에 의거 조직하고, 대한민국 임시정부 경찰 또한 법에 의거 설치되어 활동했다. 1919. 4. 25. '대한민국 임시정부 장정'에는 경찰조직인 내무부 경무국 직제와 분장사무가 처음으로 규정됐다.

그해 8월 5일 내무부가 개편되고, 같은 달 12일 백범 김구 선생이 초대 경무국장으로 취임하면서 본격적 경찰 활동이 시작됐다. 김구 선생은 임시정부 경찰의 기틀을 정립하고, 일본 제국주의 공세로부터 임시정부를 수호하여 초기 임시정부 정착과 발전에 크게 기여했다.

1919. 12. 1. '임시지방연통제'는 각 도에 경무사를, 각 부(府)와 군(郡)에

경무과를 설치하는 등 지방경찰 조직을 설치했다. 1920년 3월 국무원령 제2호는 외지에 거류하는 대한인의 자치제를 실시하기 위한 '임시거류민단체'를 공포하여 4월 20일부터 시행했다.

1941. 10. 17. 중국 중경(충칭)의 임시정부는 내무부 산하 조직으로 경위대를 조직해 경위 사무를 담당하는 임무를 맡았다. 1943. 3. 30. 국무회의에서는 '대한민국 잠행관제'를 제정해 내무부 소관 사무는 헌정주비(憲政籌備), 의원선거, 지방자치, 경찰위생, 농상공무, 종교, 자선, 민중단체 등에 관한 사무로 규정했다.

1945년 들어 적의 정보를 수집하거나 적지에서 인원을 끌어들이는 공작이 중요해지면서 경무과와 경위대 소속원이 특수임무를 수행하기도 했다. 한국광복군훈련반에서 훈련을 받은 다수의 학도병 출신자들 중 일부는 임시정부 한복판에서 정부를 수호하고, 요인들을 보호하는 경위대로 활동했다. 경위대는 1945. 11. 23. 임시정부 요인들의 1진 환국 때 김구 주석을 경호하기도 했다.

국민주권주의를 지향한 대한민국 임시정부는 기본적으로 정부 관제와 지방 연통제를 통해 경찰이 국민의 기본권을 수호하도록 제도화했다. 임시정부 경찰은 당면 임무인 임시정부를 수호하고, 교민을 보호하면서 국민주권을 실현한 것이다.

또한 영토주권의 제약 속에 임시정부 수호와 요인 보호, 그리고 교민사회 치안 유지와 안전 및 재산 보호 등의 임무를 수행했다. 경무국과 경무과, 의경대와 경위대 등 임시정부 경찰은 교민의 생명과 재산을 보호하고, 최일선에서 임시정부를 지켜내는 역할을 완수했다. 독립달성을 위해 사명을 다한 임시정부 경찰은 광복 때까지 존속되었다.

그럼에도 불구하고 임시정부 경찰의 실체와 역할, 그리고 역사적 의의를 제대로 파악하지 못해 온 것이 현실이었다. 임시정부 경찰은 비밀리에 임무를 수행하고, 그 흔적을 남기지 않았다. 이것이 임시정부 경찰 역사를 파악하고 연구하는 데 한계 요인으로 작용한 것이다.

2018년 경찰청의 '대한민국 임시정부 경찰 활동의 의의와 그 계승·발전에 관한 연구'가 임시정부 경찰에 대한 첫 종합적 연구였다. 대한민국 임시정부 경찰과 정부기구 연구는 이제 시작에 불과하다. 경찰청의 이번 연구는 향후 학계의 임시정부 연구 등 정부의 정책연구 방향성을 제시한 것으로 평가된다.

2. 식물도 자랄때 線을 지킨다

국화과 식물인 '망초'는 곧바로 선 줄기에 잎이 무수히 많다. 언뜻 보기에는 무질서하게 잎을 피우고 있는 듯 보이지만 잎의 배치에 일정한 규칙이 있다. 식물이 잎 사이를 벌려가는 것을 '잎차례'라고 하는데, 자작나무 오리나무 등 무수히 많은 식물들이 일정한 각도의 잎차례를 유지하며 성장하고 꽃을 피운다.

서울경찰은 매일경제신문과 함께 '선선선 캠페인'을 적극적으로 실천하고 있다. '교통안전선, 질서유지선, 배려양보선'을 캐치프레이즈로 보다 안전하고, 질서가 바로 선 행복한 도시로 발돋움하려고 한다.

'교통안전선'은 원활한 교통소통과 교통안전 확보를 위해 보행자와 차량이 준수하고, 따라야 할 안전표지와 신호 및 관련 법규 등을 포괄하는 의미다. 일상생활 속 가장 보편적인 법질서인 교통질서를 확립해 사회 전반의 법질서 수준을 몇 단계 더 높이는 파급효과도 거둘 수 있다.

'질서유지선'은 각종 집회나 시위나 다중운집 행사의 안전을 지키는 핵심가치다. 서울이 세계적 도시로 자리매김하고 있음에도 집회나 시위 문화는 아직까지 선진국 수준에 미흡한 게 사실이다. 수도 서울의 브랜드 가치를 한층 더 높이고, 불법적 집회·시위로 인한 막대한 사회적 비용을 절감하는 열쇠를 바로 질서유지선이 쥐고 있다.

마지막으로 '배려양보선'은 사회공동체를 구성하는 개개인들이 상생하고, 하께 공존하기 위해 갖춰야 할 미덕을 담고 있다. 이웃과의 층간소음, 주차 갈등 해결은 물론 더불어 사는 우리 공동체의 잠재적 불안 요인들을 원만히 해결할 수 있다.

올해를 계기로 시민들이 선에 대한 의미를 되새겨보는 계기가 됐으면 하는 바람이 간절하다. 좀 더 적극적으로, 그리고 자발적으로 이들 선을 하나씩 존중하다 보면 안전과 질서에 대한 사회적 공감대는 빠르게 확산될 수 있다.

개개인의 관심과 실천이 모일 때 일상 속 우리가 알면서도 모른 체하는 '비정상 관행'도 수월하게 정상화할 수 있다. 식물들의 아름다운 질서를 보여주는 잎차례를 다시 한번 떠올린다. 식물의 똑똑한 진화 과정에는 서로를 위한 간절한 바람과 배려가 녹아 있다. '선선선'도 우리가 똑똑하고, 아름답게 공존할 수 있는 잎차례의 지혜와 다르지 않다.

게재
언론사

(1) [정순채 칼럼] 지식정보화 사회와 정보보호의 중요성(2019.08.07. 아시아타임즈)

(2) [정순채 칼럼] 삶을 바꾸는 '사물인터넷'과 보안(2019.07.26. 아시아타임즈)

(3) [정순채 칼럼] '정보통신기술 융합'과 '융합보안'(2019.07.11. 아시아타임즈)

(4) [정순채 칼럼] '사이버전쟁'은 시작되었다(2019.07.04. 아시아타임즈)

(5) [정순채 칼럼] '사이버보안'과 영화 '기생충'(2019.06.27. 아시아타임즈)

(6) [정순채 칼럼] '사이버위협'과 '사이버보안'의 중요성(2019.06.20. 아시아타임즈)

(7) [정순채 칼럼] '국가 사이버안보 전략'을 환영한다(2019.05.02. 아시아타임즈)

(8) [정순채 칼럼] 홀수 해에 우려되는 '사이버보안 관제'의 문제점(2019.04.04. 아시아타임즈)

(9) [정순채 칼럼] 되돌아보는 2018년 '사이버공격'(2019.03.20. 아시아타임즈)

(10) [정순채 칼럼] 2019년에 경계해야 할 '7대 사이버공격'(2019.01.29. 아시아타임즈)

(11) [정순채 칼럼] 보안강화가 최선인 '해킹 피해예방'(2018.12.23. 아시아타임즈)

(12) [정순채 칼럼] 국민생활 안전과 '사이버공간 안전 확보'(2018.08.20. 아시아타임즈)

(13) [기고] 전쟁터라는 경각심을 갖어야 할 '사이버공간'(2016.11.06. 디지털타임스)

(14) [기고] 선제 대응이 필요한 北 사이버도발(2016.03.20. 디지털타임스)

(15) [기고] 경계해야 할 北의 '대남 사이버테러'(2016.01.19. 헤럴드경제)

(16) [기고] 적극적인 양성이 필요한 화이트해커(2016.01.06. 디지털타임스)

(17) [기고] 국민이 불안한 '6·25 사이버테러'(2013.08.09. 헤럴드경제)

(18) [정순채 칼럼] 카카오톡 등 SNS 이용 '불법촬영물'과 '허위사실' 유포(2019.03.25. 아시아타임즈)

(19) [정순채 칼럼] 중한 처벌 대상인 '성적영상물' 유포는 근절되어야 한다(2019.02.07. 아시아타임즈)

(20) [정순채 칼럼] '웹하드 카르텔'을 단속해야 하는 이유?(2019.01.14. 아시아타임즈)

(21) [정순채 칼럼] '사이버 성폭력'의 문제점(2018.12.02. 아시아타임즈)

(22) [정순채 칼럼] 경계해야 할 '그루밍 성폭력'(2018.11.20. 아시아타임즈)

(23) [정순채 칼럼] '디지털성범죄'는 영혼의 살인을 동반하는 사회적 살인이다(2018.10.30. 아시아타임즈)

(24) [정순채 칼럼] 속칭 '듣는 야동(음란성 ASMR)' 제작 · 유포도 범죄행위이다(2018.10.16. 아시아타임즈)

(25) [정순채 칼럼]척결되어야 할 '아동·청소년이용음란물'(2018.10.04. 아시아타임즈)

(26) [정순채 칼럼] '불법촬영물 유포'는 없어야 한다(2018.09.10. 아시아타임즈)

(27) [정순채 칼럼] '불법촬영물'은 인간존엄에 대한 테러다(2018.08.07. 아시아타임즈)

(28) [기고] 중한 처벌이 필요한 '몰래카메라 촬영 범죄'(2018.07.31. 헤럴드경제)

(29) [기고] 은밀해진 '독버섯' 사이버 유해물(2017.09.07. 디지털타임스)

(30) [기고] 워터파크 몰카! 당신이 피해자라면(2015.08.29. 머니위크)

(31) [기고] 아동음란물을 보는 사람들에게(2004.07.31. 동아일보)

(32) [기고] 날로 지능화하는 불법사금융 피해 막아야(2019. 11. 18. 아시아경제)

(33) [정순채 칼럼] 사기 등 지능범죄 증가 원인과 대책(2019.10.09. 아시아타임즈)

(34) [정순채 칼럼] 서민을 불안, 불신, 불행하게 만드는 사기범죄(2019.09.18. 디지털타임스)

(35) [정순채 칼럼] 휴가철 '인터넷사기' 예방(2019.07.18. 아시아타임즈)

(36) [정순채 칼럼] 똑똑해지는 '메신저피싱' 등으로부터 '곳간'을 지키자!(2019.04.18. 아시아타임즈)

(37) [정순채 칼럼] 경계해야 할 설 명절 전·후 '인터넷사기'(2019.01.24. 아시아타임즈)

(38) [정순채 칼럼] 사전 예방이 최선인 이메일 무역사기(2019.01.07. 아시아타임즈)

(39) [정순채 칼럼] '정보통신기술 이용 금융사기'의 실체! 이것만은 알자(2018.11.07. 아시아타임즈)

(40) [정순채 칼럼] 당하지 말아야 할 '사이버 금융사기'(2018.09.03. 아시아타임즈)

(41) [정순채 칼럼] 신종 금융사기 '로맨스 스캠'(2018.07.18. 아시아타임즈)

(42) [정순채 칼럼] 꽃뱀의 진화, '신종 몸캠피싱'(2018.02.15. 디지털타임스)

(43) [정순채 칼럼] 인터넷 개인방송의 문제점과 대책(2019.10.23. 아시아타임즈)

(44) [정순채 칼럼] 불법유해정보와 피해자 구제 권리(2019.04.25. 아시아타임즈)

(45) [정순채 칼럼] '허위사실 유포'로부터 사회신뢰도 회복을(2018.09.26. 아시아타임즈)

(46) [정순채 칼럼] '가짜뉴스'는 명백한 범죄행위이다(2018.04.05. 헤럴드경제)

(47) [정순채 칼럼] 미투! 사실 이야기 했는데 명예훼손(2018.03.14. 디지털타임스)

(48) [특별기고] 알아야 할 '명예훼손 분쟁조정제도'(2017.12.27. 헤럴드경제)

(49) [기고] 중한 처벌이 필요한 '사이버인격권 침해 범죄'(2017.09.05. 머니투데이)

(50) [기고] 체계적 예방책이 필요한 악풀(2016.11.06. 디지털타임스)

(51) [기고] 세월호 관련 악성 글 막아야 할 SNS 등(2014.05.14. 국민일보)

(52) [정순채 칼럼] 5G 시대의 정보보호는 국가 경쟁력이다(2019.11.06. 아시아타임즈)

(53) [정순채 칼럼] 인공지능과 정보보호! 두 마리 토끼를 잡자(2019.10.30. 아시아타임즈)

(54) [정순채 칼럼] 드론 공격과 안티드론(2019.10.16. 아시아타임즈)

(55) [정순채 칼럼]드론 비행 조정과 관련한 보안규제 문제점(2018.12.17. 아시아타임즈)

(56) [정순채 칼럼] '4차 산업혁명 시대'의 불안한 미래에 맞서려면(2018.12.11. 아시아타임즈)

(57) [정순채 칼럼] 가상 상황으로 검토해 본 '드론 비행과 실정법위반'(2018.10.31. 아시아경제)

(58) [정순채 칼럼] 치안활동 도입이 시급한 '생명을 살리는 드론', (2018.10.10. 아시아타임즈)

(59) [정순채 칼럼] 알아야 할 차명계좌(대포통장) 명의자 처벌(2019.09.04. 아시아타임즈)

(60) [정순채 칼럼] 전화금융사기 등 사기범죄 피해금 회수방법(2019.08.28. 아시아타임즈)

(61) [정순채 칼럼] 전화금융사기! 인공지능으로 잡는다(2019.08.21. 아시아타임즈)

(62) [기고] 전화금융사기 예방은 '무대응의 원칙'으로(2019.08.20. 아시아경제)

(63) [정순채 칼럼] 누구도 예외가 없는 전화금융사기(2019.02.25. 아시아타임즈)

(64) [정순채 칼럼] 피해자 순번 없이 진화하는 전화금융사기(2018.09.16. 아시아타임즈)

(65) [기고] 보이스피싱 사기의 법칙(2015.11.06. 헤럴드경제)

(66) [정순채 칼럼] 사이버범죄 예방의 선구사 '예방교육 전문 강사'(2019.03.28. 아시아타임즈)

(67) [정순채 칼럼] '사이버범죄' 정의와 유형(2019.02.13. 아시아타임즈)

(68) [기고] 4월 2일은 '사이버범죄 예방의 날'(2017.03.14. 아시아투데이)

(69) [기고] 사이버치안 강화 서둘러야(2014.11.05. 헤럴드경제)

(70) [기고] 강화해야 할 사이버범죄 대응시스템(2013.10.11. 헤럴드경제)

(71) [기고] 필요한 사이버공격 피해 예방법(2013.05.31. 헤럴드경제)

(72) [기고] '청소년 불법 다운로드' 포탈도 책임을(2009.03.04. 중앙일보)

(73) [기고] 가상화폐 악용 막아야(2019.10.28. 아시아경제)

(74) [정순채 칼럼] 대책이 시급한 암호화폐 해킹 대응방안(2019.09.16. 아시아타임즈)

(75) [정순채 칼럼] 해커들에게 위협 받는 '암호화폐 시장'(2019.06.12. 아시아타임즈)

(76) [정순채 칼럼] 비트코인 등 '가상통화'와 사이버보안의 문제점(2019.03.10. 아시아타임즈)

(77) [기고] 경계해야 할 가상통화 관련 범죄위험성(2018.02.07. 머니투데이)

(78) [기고] 지속적 보안관리가 필요한 인터넷 전문은행(2017.08.29. 디지털타임스)

(79) [정순채 칼럼] 소리 없는 학교폭력! '사이버불링' 대책(2018.12.31. 아시아타임즈)

(80) [기고] '사이버폭력'은 근절돼야 한다(2018.07.04. 아시아투데이)

(81) [기고] 사라져야 할 '3대 사이버반칙'(2017.05.07. 디지털타임스)

(82) [기고] 사이버폭력 대책(2012.10.24. 경기신문)

(83) [기고] 사이버폭력 위험수위 관련법안 재검토해야(2009.12.30. 세계일보)

(84) [정순채 칼럼] 범죄의 온상 다크웹과 아동음란물(2019.11.13. 아시아타임즈)

(85) [정순채 칼럼]위협적인 사이버 암시장 '다크웹'이란?(2019.05.22. 아시아타임즈)

(86) [정순채 칼럼] 전 세계 해커들의 집단 '어나니머스'(2019.05.15. 아시아타임즈)

(87) [정순채 칼럼] 주목 받는 '해커(Haker)' 이야기(2019.05.08. 아시아타임즈)

(88) [정순채 칼럼] 알아야 할 디지털 증거의 기본(2019.11.16. 아시아타임즈)

(89) [정순채 칼럼] 모든 디지털 매체는 흔적을 남긴다(2019.08.01. 아시아타임즈)

(90) [정순채 칼럼] '모바일 포렌식'으로 알 수 있는 정보(2019.04.11. 아시아타임즈)

(91) [기고] '디지털사회'와 범죄예방을 위한 정신문화의 중요성(2017.03.30. 아시아투데이)

(92) [기고] 디지털사회의 역기능 막아야(2017.02.10. 국민일보)

(93) [기고] 대한민국의 '가상괴물 사냥'을 경계하라(2017.02.09. 헤럴드경제)

(94) [기고] 국민안전을 위한 '개인정보보호의 중요성'(2018.01.28. 아시아투데이)

(95) [기고] '디지털사회'와 '개인정보침해'(2017.01.12. 경기신문)

(96) [기고] ICT 강국! '프라이버시 침해'를 경계하자(2016.08.25. 아시아투데이)

(97) [정순채 칼럼] '사이버도박'으로부터 잃어버린 나를 찾자(2019.01.21. 아시아타임즈)

(98) [기고] 파멸의 늪! 사이버도박 중독(2017.12.20. 아시아타임즈)

(99) [기고] SNS서 더 은밀해진 '도박의 늪'(2016.08.18. 디지털타임스)

(100) [정순채 칼럼] 경찰서 사칭 이메일 유포를 통한 '악성코드 감염' 피해 주의(2019.02.17.
아시아타임즈)

(101) [기고] 한국형 '램섬웨어' 주의보(2017.04.04. 디지털타임스)

(102) [정순채 칼럼] '게임 중독'과 '게임 강국'(2019.05.29. 아시아타임즈)

(103) [기고] 게임 중독 역기능 경각심 가져야(2016.04.21. 디지털타임스)

(104) [기고] 대한민국 임시정부 경찰의 활동과 역사적 의의(2019.03.04. 아시아경제)

(105) [독자칼럽] 식물도 자랄 때 線을 지킨다(2015.03.09. 매일경제)

주(註)

1 2018. 12. 20. 개최된 '2018 서울 사물인터넷 실증사업 사례발표회' 자료 인용

2 모든 렌즈가 두렵다…여전한 'IP 카메라' 해킹(2019.04.10. 아시아경제)

3 2016년 10월 미국의 주요 도메인 네임시스템 제공업체인 DYN을 대상으로 한 DDoS 공격이 발생하여 미국 내 주요 1,200여개 사이트가 3~4시간동안 마비되었다. 이는 공격자가 IoT 디바이스들이 알려진 취약점과 출고 당시 기본패스워드를 사용하고 있는 점을 이용하여 IoT 기기로 봇넷을 만들 수 있는 미라이(Mirai) 악성코드를 감염시켰고, 이를 DDoS공격에 이용한 사례이다.

4 대부분의 IoT 사용자는 관리자 혹은 접속 가능한 계정의 패스워드를 출고 당시 기본 패스워드 그대로 사용하거나, 안전하지 않은 패스워드를 사용하는 등 패스워드 설정미흡으로 정보유출이 발생된다. 그러므로 출고 당시 초기 패스워드를 변경하고, 주기적으로 특수문자를 포함한 8자리 이상의 추측이 어려운 비밀번호를 설정하여 비인가 된 사용자의 접근을 통제해야 한다.

5 IoT 통신에 암호화를 히지 않거나, 취약한 암호방식을 사용할 경우 공격자는 암호 알고리즘의 취약점을 이용해 디바이스에 접근하여 사용자의 영상정보와 같은 특정정보를 탈취할 수 있다. 이와 같은 보안위협을 방지하기 위해서 IoT 디바이스 간 송·수신하는 데이터의 암호화가 필요하다. 때문에 안정성을 보장하는 보안통신 프로토콜(Protocol)기반 보안설정이 가능한 제품을 이용하며, IoT 기기를 통해 수집된 개인정보 전송 시 보안 프로토콜 적용 여부도 확인해야 한다.

6 보안위협을 방지하기 위하여 인가된 사용자인지 확인하고, 비인가자의 보안위협에 대응할 수 있도록 ID, 패스워드 외에 IP나 MAC 주소 필터링 등의 다양한 인증 수단을 이용하는 IoT 디바이스 체크방법이다.

7 알려진 취약점으로 인한 악성코드 감염과 정보유출 등을 방지하기 위해서 제조사에서 알려진 취약점을 해결한 버전 배포와 보안공지 내용을 정기적으로 확인하는 등 펌웨어를 늘 최신 버전으로 유지할 수 있도록 해야 한다.

8 하나의 물품에 하나의 번호를 부여하도록 운영돼 있는 정부의 상품분류를 복합물품에 대해서도 번호를 부여하기로 했다. 조달청은 4차 산업기술을 적용한 신기술 복합물품의 공공조달 시장진입 지원을 위해 '복합품명 분류제도'를 2019. 4. 1.부터 시행한다고 밝혔

다. 물품목록번호는 조달청이 물품의 제조업체별·모델별로 각각 부여하는 번호로서 나라장터 종합 쇼핑몰의 전자상거래 및 정부 보유물품 관리에 필수적인 국가기준 데이터이다. 그동안 인공지능(AI)과 사물인터넷(IoT) 등 신기술을 적용한 복합물품은 목록번호가 없어서 공공조달시장 진입이 어려웠다. 신기술 복합물품의 형태는 물품+물품, 하드웨어+소프트웨어, 물품+서비스 등으로 나타난다.

9 물리적보안과 정보보안을 융합한 보안 개념이다. 각종 내·외부적 정보 침해에 따른 대응은 물론 물리적 보안장비 및 각종 재난·재해 상황에 대한 관제까지를 포함하는 복합보안이다.

10 스턱스넷(Stuxnet)은 2010년 6월에 발견된 웜 바이러스이다. 발전소·공항·철도 등 기간시설을 파괴할 목적으로 제작되었으며, 바이러스 코드 안에 스턱스넷으로 시작하는 이름의 파일이 많이 붙여진 이름이다.

11 1998년 3월에 발생한 표적공격으로 기업의 민감한 사안을 다루는 정보를 대상으로 삼았다. 해커들은 네트워크에 침입하여 백도어(Back Door)를 심었고, 이를 통해 기존 시스템에 악성코드를 실행하여 손쉽게 시스템에 침투해 정보를 훔쳤다. 관련 수사관들은 침투당한 시스템의 정확한 규모를 파악하지 못했고, 구체적인 해결방안 및 책임범위에 대해서도 결론을 내리지 못했다. 문라이트 메이즈 공격은 2년 이상 주요 인사 정보 및 군사지도, 병력구성 등 많은 정보를 지속해서 유출했다.

12 2003년 이후 미국의 군사연구기관과 방위산업체, 항공우주국(NASA) 등 주로 첨단우주 분야에 조직인 사이버공격이 지속됐다. 미국은 공격 진원지가 중국이라고 밝히면서 군부가 고용한 해커집단일 가능성 높다고 추정했다. 이들 해커집단을 지칭하는 일명 '타이탄 레인(Titan Rain)' 사건은 미-중 사이버전 신호탄이라 할 수 있다.([손영동의 사이버세상]<7>끝을 알 수 없는 미·중 사이버전. 2015.08.25.)

13 당시 미국의 버락 오바마 대통령은 2014. 12. 21. 북한의 사이버 도전에 대한 미국의 강력한 신속대응(rapid response) 방침을 표현하면서 '받은 만큼 되돌려 주는' 입장을 "Will respond in a place and time and manner that we choose(우리가 선택한 장소와 시간과 방식으로 응답할 것)"로 표현 했다.

14 2010년경부터 정부부처를 해킹하여 자료를 빼낸 것으로 추측되는 북한의 해킹 조직이다. 이 조직은 현재도 암호화폐를 탈취하는 등 지속적인 공격을 하는 것으로 나타났다.

15 2018. 2. 9. 개막식 때 발생한 평창동계올림픽 서버공격은 서버계정을 탈취하고, 내부를 악성코드로 감염시켰다. 악성코드는 서버부팅 방해 및 파괴 형태였다. 일시 마비됐던 조직위 홈페이지는 다음날 오전 8시경 복구됐으며, 도핑파문으로 평창 동계올림픽 출전이 금

지된 러시아가 사이버테러를 할 가능성이 제기되기도 했다.

16 네트워크의 말단에 접속된 IT 기기인 PC, 노트북, 서버용 컴퓨터와 같은 기기들을 말하며, 해커들은 이 기기들의 취약점을 노려 공격한다.

17 대형사고가 발생하기 전에 그와 관련된 수많은 경미한 사고와 징후들이 반드시 존재한다는 것을 밝힌 법칙이다. 1931년 허버트 윌리엄 하인리히(Herbert William Heinrich)가 펴낸 <산업재해 예방 : 과학적 접근, Industrial Accident Prevention : A Scientific Approach>이라는 책에 소개된 법칙이다. 업무 성격상 수많은 사고통계를 접했던 하인리히는 산업재해 사례분석을 통해 하나의 통계적 법칙을 발견하였다. 그것은 바로 산업재해가 발생하여 중상자가 1명 나오면 그 전에 같은 원인으로 발생한 경상자가 29명, 같은 원인으로 부상을 당할 뻔한 잠재적 부상자가 300명 있었다는 사실이었다. 하인리히 법칙은 1:29:300법칙이라고도 부른다.

18 의사가 효과 없는 가짜 약이나 꾸며낸 치료법을 환자에게 제안했다. 그러나 환자의 긍정적인 믿음으로 인해 병세가 호전되는 현상이다. 심리적 요인에 의해 병세가 호전되는 현상으로 위약(僞藥)효과, 가짜약효과라고도 한다.

19 감염된 선박들은 해당 컴퓨터를 포맷하고서 손실된 자료를 다시 작성한 것으로 알려졌다. 하지만 인터넷에 접속된 메인컴퓨터에는 선박이 입항할 해당국가 관청과 오가는 수속서류를 포함하여 운항에 필요한 긱종 자료가 들이있이 손실이 적지만은 않을 것으로 보인다.(파이낸셜뉴스. 한국 유명선사 선박 수척 랜섬웨어 피해... 2019.04.01.)

20 2017. 5. 12.부터 영국, 러시아, 중국 등 150여개 국가에서 정부기관을 비롯해 글로벌 기업의 업무가 마비되는 등 20만여 건의 피해를 발생시킨 마이크로소프트(MS) 윈도 운영체제의 취약점을 노린 랜섬웨어. 감염된 컴퓨터에는 20개국의 언어로 비트코인을 지급하면 풀어주겠다는 메시지를 띄웠다.

21 2003. 1. 25. 대한민국 인터넷망이 서비스 거부 공격으로 마비된 사건이다. 마이크로소프트사의 SQL 서버의 허점을 이용하는 슬래머 웜이 이 사건을 일으켰다. 이 사건은 슬래머 웜에 감염된 PC들이 대량의 데이터를 생성해 KT 혜화전화국에 있는 DNS 서버에 트래픽을 집중시키면서 시작되었다. KT 혜화전화국이 공격에 의해 마비되자 전국적인 트래픽이 다른 백본망으로 우회하기 시작했고, 다른 DNS 서버도 순차적으로 마비되어 갔다.

22 2019. 5. 17. 서울 광화문 프레스센터에서 열린 '국가 사이버 안보 전략에 대한 평가와 향후 전략' 토론회에서는 참석자들 사이에 국가 사이버안보 전략의 후속조치로 법·제도 개선이 필요하다는 의견이 오갔다. 청와대 국가안보실 차원에서 처음으로 마련된 국가 사이버안보 전략의 이행을 위해서 '사이버안보 기본법 제정'이 필요하다는 의견이다.

23 지능정보사회는 고도화된 정보통신기술 인프라를 통해 생성, 수집, 축적된 데이터와 인공지능(AI)이 결합한 지능정보기술이 경제, 사회, 삶 모든 분야에 보편적으로 활용됨으로써 새로운 가치가 창출되고 발전하는 사회이다. 데이터와 지식이 기존 생산요소(노동, 자본 등)보다 중요해지고, 다양한 제품, 서비스 융합으로 산업간 경계가 붕괴되며, 지능화된 기계를 통한 자동화가 지적노동 영역까지 확장되는 등 경제, 사회 전반에 혁신적인 변화가 발생되는 사회이다.

24 정보통신기술(ICT)의 자원과 보안시스템에 대한 운영 및 관리를 말하며, 각종 침입에 대하여 중앙관제센터에서 실시간으로 감시 및 분석, 대응하는 관제시스템이다.

25 사이버위협 인텔리전스 네트워크(Cyber Threat Intelligence Network)는 사이버 위협 정보 공유 및 침해사고 공동대응을 위해 2014년 12월부터 구성돼 운영되고 있는 협의체이다. 한국인터넷진흥원, 안랩, 이스트시큐리티, NSHC, 하우리, 잉카인터넷, 빛스캔이 보안업체로 참여하고 있다.

26 암호화폐(Cryptocurrency)와 납치(Hijacking)를 합성한 신종 사이버위협 용어이다. 해커들은 주로 웹사이트를 공격해 채굴 프로그램 코드를 심어 놓고, 여기에 접속한 사람들의 PC를 암호화폐 채굴에 사용하는 방식이며, 일반인 PC를 암호화폐 채굴에 이용하는 신종 사이버범죄이다.

27 한국인도 3만명이 노출된 것으로 나타났다.

28 정보·통신 시스템이 아닌 사람의 심리를 이용하여 원하는 정보를 얻는 공격 기법이다. 신뢰할 수 있는 사람으로 위장하여 인터넷 메신저, 트위터 등을 통해 사람에게 접근하는 채널이 다각화됨에 따라 지인으로 가장하여 원하는 정보를 얻어내는 공격방법에 접근하는 해킹 기법이다.

29 봇넷(Botnet)은 인터넷에 연결되어 있으면서 위해를 입은 여러 컴퓨터들의 집합이다. 사이버 범죄자가 트로이 목마 또는 이 밖의 악성 소프트웨어를 이용해 빼앗은 다수의 좀비 컴퓨터로 구성되는 네트워크이다.

30 '경찰청 사이버캅'의 주요 기능은 사이버캅 번호검색창에 거래상대방의 전화번호(계좌번호)를 직접 입력·검색하여 거래상대방이 인터넷사기로 경찰에 피해신고 된 적이 있는지 확인할 수 있다(최근 3개월 동안 3회 이상 인터넷사기로 신고 된 전화번호(계좌번호)에 한함). 전화 수·발신 시 자동으로 알려주는 기능도 함께 제공하며, 스미싱·파밍 탐지(차단) 기능이 제공된다.(단 스미싱·파밍 탐지 전용 앱과 함께 사용을 적극 권장) 신종 또는 이슈가 되는 사이버범죄에 신속히 대비할 수 있도록 실시간으로 피해예방 경보 메시지를 발송하고, 이 메시지는 가족이나 친구들과도 공유가 가능하다. 사이버범죄 신고(상담)가 가능

하며, '사이버범죄 예방수칙' 및 '경찰청에서 운영 중인 앱' 안내(다운로드 화면 바로 연결 포함)도 제공한다.

31 어떤 부분에서 문제를 해결하면 또 다른 부분에서 새로운 문제가 발생하는 현상을 가리키는 말이다. 풍선의 한쪽을 누르면 다른 쪽이 불룩 튀어나오는 것처럼 어떤 부분의 문제를 해결하면 다른 부분에서 문제가 다시 발생하는 현상을 가리키는 말이다. 사회적으로 문제가 되는 특정 사안을 규제 등의 조치를 통해 억압하거나 금지하면 규제조치가 통하지 않는 또 다른 경로로 우회하여 유사한 문제를 일으키는 사회적 현상을 의미한다.

32 제114조(범죄단체 등의 조직) 사형, 무기 또는 장기 4년 이상의 징역에 해당하는 범죄를 목적으로 하는 단체 또는 집단을 조직하거나 이에 가입 또는 그 구성원으로 활동한 사람은 그 목적한 죄에 정한 형으로 처벌한다. 다만 형을 감경할 수 있다.

33 2016. 9. 9. 함경북도 길주군 풍계리에서 실행된 북한의 5번째 핵실험이다. 출력은 TNT 약 10kt 규모이다.

34 2016. 1. 6. 함경북도 길주군 풍계리에서 실행된 북한의 4번째 핵실험이며, 출력은 TNT 약 6kt 규모로 1.5세대 원자력무기인 증폭 핵 분열탄 실험으로 추측하고 있다.

35 2016. 3. 9. 청와대는 "북한이 우리 정부 외교·안보분야 주요 인사의 스마트폰을 해킹해 통화내역과 문자메시지 등을 절취한 사실은 우리나라와 국민안위와 직결되는 심각한 도발"이라고 밝혔으며, '사이버 안보와 관련한 청와대 대국민 메시지'를 발표하고, "이것은 핵관련 도발에 이어 우리나라를 마비시키고, 교란시키려는 또 다른 도발의 한 면인 것"이라고 비판했다.

36 과학기술 관련 전문가들이 2005년 12월 NGO(비정부기구)로 창립한 과실연은 2016년 새해의 미리 보는 과학기술 10대 뉴스를 29일 발표했다. 과실연이 지난해 말 발표한 '2015년 미리 보는 과학기술 10대 뉴스'에서는 메르스 유행, 원전 폐로 등장 등 적중률이 70%에 달했다.

37 2015. 3. 25. 정부는 정보통신기술(ICT) 분야 9대 전략산업을 정하고, 집중 투자·지원·육성하기로 한 'K-ICT 전략'을 수립해 발표했다. ICT 산업에 향후 5년간 총 9조원을 투입해 ICT 산업 성장률을 8%로 높이고, 2020년까지 생산 240조원, 수출 2,100억달러를 달성한다는 목표다.

38 '점혈전략(點穴戰略)'은 인체의 급소가 되는 '점'(點)을 공략해 상대방을 무력화시키는 전략이다. 가장 많이 적용되고 있는 분야는 역시 '사이버전'(Cyber Warfare)이다. 정보시스템의 약점과 급소 부위의 혈(穴)을 눌러 전체를 마비시킴으로써 최대의 효과를 추구하는 것이다.

39 데프콘(DEFCON)은 미국 라스베이거스에서 열리는 국제 해킹대회이며, 한국은 2015년, 2018년 등 2번 우승했다.

40 차세대 보안리더 양성 프로그램(BoB: Best of the Best)은 과학기술정보통신부가 주최하고, 한국정보기술연구원이 주관하고 있다. 이 BoB는 정보보안 분야에 재능 있는 인재를 발굴하여 국내 최고 수준의 정보보안 전문가로 구성된 멘토단의 도제식 교육 및 서바이벌 형식으로 진행되는 세계적인 보안리더 양성 교육과정으로 명성을 드높이고 있다.

41 국제 사이버범죄대응 심포지엄(ISCR: International Symposium on Cybercrime Response)은 2000년부터 경찰청 주관으로 매년 개최되어 2019년 올해 제 20주년이 되었다. 이 심포지엄은 세계적 규모의 사이버범죄 관련 법집행기관 국제회의이다. 초국경적인 사이버위협과 공격에 신속히 맞서기 위해 각국 법집행기관 및 관계기관 간의 실질적 국제공조 협력 기반을 구축하는 것을 주목적으로 한다. 2013년에는 5월 22일부터 서울 종로구 JW메리어트 호텔에서 2박 3일 일정으로 개최됐다.

42 북한이 2013. 2. 12. 함경북도 길주군 풍계리에서 강행한 핵실험이다. 북한은 3차 핵실험에서 기존의 플루토늄이 아닌 고농축우라늄을 원료로 사용했다고 주장했다

43 형법 제31조(교사범) ①타인을 교사하여 죄를 범하게 한 자는 죄를 실행한 자와 동일한 형으로 처벌한다.
② 교사를 받은 자가 범죄의 실행을 승낙하고 실행의 착수에 이르지 아니한 때에는 교사자와 피교사자를 음모 또는 예비에 준하여 처벌한다.
③ 교사를 받은 자가 범죄의 실행을 승낙하지 아니한 때에도 교사자에 대하여는 전항과 같다.
형법 제32조(종범) ①타인의 범죄를 방조한 자는 종범으로 처벌한다.
② 종범의 형은 정범의 형보다 감경한다.

44 아동·청소년의 성보호에 관한 법률 제11조(아동·청소년이용음란물의 제작·배포 등)
⑤아동·청소년이용음란물임을 알면서 이를 소지한 자는 1년 이하의 징역 또는 2천만원 이하의 벌금에 처한다.

45 웹하드(Webhard) 업체를 이용해 불법 파일을 올리는 누리꾼을 불법 헤비업로더라 부른다. 2019년 4월 초에 전남지방경찰청 사이버수사대는 웹하드 사이트에 불법 음란물을 대량 유통한 혐의(정보통신망 이용촉진 및 정보보호 등에 관한 법률 위반 혐의)로 A(37)씨를 구속하고, 공범 1명은 불구속했다. 이들은 2018년 9월부터 2019년 4월까지 광주의 한 오피스텔에서 컴퓨터 16대를 설치하고 웹하드 사이트 5곳에 25만건의 불법 영상을 게시해 7천300만원의 부당 이득을 취한 혐의를 받고 있다.

46 「전기통신사업법」 제22조의5(부가통신사업자의 불법촬영물 등 유통방지) 제22조제1

항에 따라 부가통신사업을 신고한 자(제22조제4항 각 호의 어느 하나에 해당하는 자를 포함한다)는 자신이 운영·관리하는 정보통신망을 통하여 일반에게 공개되어 유통되는 정보 중「성폭력범죄의 처벌 등에 관한 특례법」 제14조에 따른 촬영물 또는 복제물(복제물의 복제물을 포함한다)이 유통되는 사정을 신고, 삭제요청 등을 통하여 명백히 인식한 경우에는 지체 없이 해당 정보의 삭제, 접속차단 등 유통방지에 필요한 조치를 취하여야 한다.

47「정보통신망 이용촉진 및 정보보호 등에 관한 법률」 제44조의7(불법정보의 유통금지 등)

③ 방송통신위원회는 제1항제7호부터 제9호까지의 정보가 다음 각 호의 모두에 해당하는 경우에는 정보통신서비스 제공자 또는 게시판 관리·운영자에게 해당 정보의 처리를 거부·정지 또는 제한하도록 명하여야 한다. <개정 2016. 3. 22., 2018. 12. 24.>

1. 관계 중앙행정기관의 장의 요청[제1항 제9호의 정보 중「성폭력범죄의 처벌 등에 관한 특례법」 제14조에 따른 촬영물 또는 복제물(복제물의 복제물을 포함한다)에 대하여는 수사기관의 장의 요청을 포함한다]이 있었을 것.

48 채팅의 한 종류인 랜덤채팅은 채팅 서비스를 제공하는 사이트에 접속하면 무작위로 채팅 상대를 정해주는 서비스이다. 따라서 특정 인물을 만나 대화를 하기 위한 용도가 아니라, 불특정 낯선 사람을 만나 대화할 수 있다.

49 자율 감각 쾌락 반응(Autonomous Sensory Meridian Response)은 주로 청각을 중심으로 하는 시각적, 청각직, 촉각직, 후각적, 혹은 인지적 자극에 반응히여 나타나는 형언하기 어려운 심리적 안정감이나 쾌감 따위의 감각적 경험을 일컫는 말이다. 흔히 심리 안정과 집중에 도움을 준다고 알려진 백색소음 등의 새로운 활용으로 볼 수도 있다. 하지만 이 현상에 대한 일화적 증거는 있지만 과학적 증거나 연구 검증된 자료는 거의 없어서 ASMR 현상의 성격과 분류에 대해서는 논란이 있다.

50 제9조(아동포르노물 관련 범죄)는 다음과 같다.

1. 각 당사국은 다음의 행위를 국내법상 범죄로 하는데 필요한 입법 및 그 밖의 조치

a. 컴퓨터 시스템을 통하여 배포할 목적으로 아동 포르노를 제작하는 행위

b. 컴퓨터 시스템을 통하여 아동포르노물을 이용하도록 하거나 제공하는 행위

c. 컴퓨터 시스템을 통하여 아동포르노물을 배포 또는 전송하는 행위

d. 본인이나 타인을 위해 컴퓨터 시스템을 통하여 아동포르노물을 획득하는 행위

e. 컴퓨터데이터 저장매체 또는 컴퓨터시스템에서 아동포르노물을 소지하는 행위

2. 제1항 아동포르노물에는 다음 행위를 시각적으로 묘사하는 포르노물 포함

a. 성적으로 노골적인 행위를 실연하는 미성년자

b. 성적으로 노골적인 행위를 미성년자가 실연하는 것처럼 행위 하는 사람

c. 성적으로 노골적인 행위를 미성년자가 실연하는 것처럼 보여주는 사실적 영상

3. 미성년자는 18세 이하. 최저 16세 이상으로 규정

51 세상을 떠난 사람들이 생전에 인터넷에 남긴 흔적인 '디지털 유산'을 청소해주는 온라인 상조회사이다. 온라인 인생을 지워주기 때문에 디지털 장의사라고도 불린다. 그러나 최근에는 피해자의 요구에 의해 불법촬영물이나 명예훼손 성 게시물 등을 전문적으로 지워주고 있다.

52 여성가족부가 운영하는 디지털 성범죄 피해자 지원센터는 디지털 성범죄 피해자의 요청에 따라 동영상 삭제를 중점적으로 지원하고 있다. 센터에서 상담을 받으면 삭제 지원요원이 유출된 동영상이 게시된 사이트를 찾아 삭제 요청과 동시에 방송통신심의위원회에 심의를 요청한다. 또한 피해자가 경찰에 신고하면 피해 증거 수집 등 수사도 지원하며, 센터는 삭제 지원을 요청한 동영상의 유포 여부를 정기적으로 확인해준다.

53 2018. 04. 09. 개인성행위 동영상과 지인 합성사진 등의 성범죄 정보에 한층 더 신속하고 강력하게 대응한다는 방침에 의거 '디지털성범죄 대응팀'을 신설했다.

54 정부는 5개 관계부처(교육부·법무부·행안부·여가부·경찰청) 장·차관들과 차장이 공동으로 불법촬영 범죄를 근절하고, 안전한 사회를 만들기 위한 특별 메시지를 2018. 6. 15. 10시 정부서울청사에서 발표했다. 이 자리에서 정부는 불법촬영과 성차별로 고통 받는 여성들의 공포와 분노에 대해 깊이 공감하고, 우리 사회에서 불법촬영이 완전히 근절될 수 있도록 모든 기관이 나서서 가능한 모든 수단과 자원을 동원하겠다고 밝혔다.

55 '몰카 범죄'는 2018. 12. 18. 「성폭력범죄의 처벌 등에 관한 특례법」이 개정 시행되면서 5년 이하의 징역 또는 3000만원 이하의 벌금형으로 상향되었다.

56 「성폭력범죄의 처벌 등에 관한 특례법」 제14조에 의거 동의 촬영 후에 비동의 유포도 비동의 촬영과 같은 형량에 해당한다. 영리 목적 비동의 유포는 벌금형이 없어 7년 이하의 징역형이라는 중한 처벌을 받는다. 또한 자신의 신체 촬영물을 동의 없이 유포한 경우도 5년 이하의 징역 또는 3천만원 이하의 벌금형이다. 유포객체에 '촬영물' 外 촬영물의 '복제물'도 추가하여 5년 이하의 징역이나 3천만원이하의 벌금에 처해진다.

57 휴대폰을 갖고 있는 모든 이용자로 대상은 제한 없으며, 긴급 상황 시 앱터치로 112신고 및 위치정보 제공한다. 이용방법은 스마트폰 상에서 112앱 다운로드(검색어: 112긴급신고 - 등록자가 플레이스토어 등에서 앱 다운받아야함) → 본인 확인 절차 거쳐 정보 입력(가입 시 이름, 휴대폰번호, 사진, 성별, 나이, 긴급연락처 등록 후 이용 가능) → 위급 상황 시 '긴급 신고하기' 3초 이상 터치하여 신고한다.

58 2015년 여성 샤워실에 설치된 몰카 촬영 영상이 유포되며 몰카 범죄의 심각성에 대한

사회적 관심을 불러일으킨 '워터파크 몰카' 사건은 인기 검색어 3위를 기록했다.

59 통계청 보도자료(2019.07.03.)

60 이미 생산된 제품을 여럿이 함께 공유해서 사용하는 협력 소비경제이며, 대량생산체제의 소유 개념과 대비된다. 2008년 하버드대학교의 로런스 레식(Lawrence Lessig) 교수가 처음 사용한 용어로써 제품이나 서비스를 소유하는 것이 아니라, 필요에 의해 서로 공유하는 활동을 공유경제라고 한다.

61 이메일 발송자의 서버를 도메인 네임서버(DNS)에 등록시킨 후, 수신자의 서버에 메일이 도착하면 등록된 서버로부터 발송된 것인지를 확인하는 기술이며, 발송자 일치 여부를 통해 각종 사이버공격을 피할 수 있다.

62 대외거래의 위험에서 기업을 보호하기 위한 제도이며, 주로 한국무역보험공사와 정부 출연에 의해 조성된 수출보험기금으로 운영된다. 이처럼 보험금을 정부예산으로 지급한다는 점에서 일반보험과 차이가 있다.

63 인터넷의 상용과 디지털 환경의 도래와 함께 활발하게 논의되는 것이 바로 '잊힐 권리'다. 잊힐 권리에 대한 명확한 정의는 없으나 대개 '기록이 저장되어 있는 영구적인 저장소로부터 특정한 기록을 삭제할 수 있는 권리' 또는 '자신의 정보가 더 이상 적법한 목적을 위해 필요치 않을 때, 그것을 지우고 더 이상 처리되지 않도록 할 개인의 권리'다. 이처럼 생신은 쉬운 반면 삭제외 피기기 용이하지 않은 인터넷 환경에서 잊힐 권리를 도입해야 할 필요성이 인식되고 있는 반면 현행법상 삭제 범위나 표현의 자유, 알 권리 등과 충돌할 가능성이 매우 높다.(미디어 법. 2013. 2. 25. 이재진)

64 황색언론(黃色言論, yellow journalism)은 원시적 본능을 자극하고, 흥미본위의 보도를 함으로써 선정주의적 경향을 띠는 저널리즘이다. 독자의 시선을 끌기 위해 인간의 불건전한 감정을 자극하는 범죄·괴기 사건·성적 추문 등을 과대하게 취재·보도하는 저널리즘의 경향이다. 공익보다 선정성 경쟁에 입각해 기사를 작성하고, 사실관계를 파악하는 일에도 소홀하다. 정언유착 혹은 권언유착이 이루어질 경우 옐로 저널리즘은 정권의 치부를 가리거나 정권에 불리한 기사에 대한 물타기 기사로 이용될 수 있다.(위키백과. 2019. 10. 17)

65 학교 내 연구실에서 일어난 국립대학 교수의 제자 성추행 사건과 관련하여 여성단체가 기소 전후에 그 교수들의 실명, 신분 및 범죄혐의내용을 자신의 인터넷 홈페이지에 게재하고 아울러 소식지에 담아 배포한 경우, 문제가 된 표현이 공인의 공적 활동과 밀접한 관련이 있는 내용이고, 학내에서 발생한 성폭력 문제는 공적 관심 사안으로서 사회의 여론 형성에 기여하는 측면이 강하며, 피고인들은 위 민간단체의 대표들로서 사건 발생 이후 피해 여학생 등과의 상담을 거쳐 사건 내용을 파악하고 진상조차 및 대책마련을 촉구하는 활동

을 벌이던 중 자신들의 홈페이지 및 소식지에 그 주장 내용을 담은 성명서를 옮겨 담거나 요약하여 게재하였을 뿐 위 피해자와의 사이에 어떠한 개인적 감정도 존재하지 아니하였고, 피해자가 명예훼손적 표현의 위험을 자초하였으며, 그 표현 자체도 피해자를 비하하는 등의 모욕적인 표현은 전혀 없고 객관적인 진실과 함께 자신들의 요구사항을 적시하고 있는 점에 비추어, 그러한 행위는 공공의 이익을 위한 것으로서 비방의 목적이 있다고 단정할 수 없다.(大法院 2005.4.29., 2003도213)

66 2017. 1. 경기 의왕경찰서는 애니메이션 캐릭터와 결혼했다며 방송까지 출연했던 한 20대 남성이 자신을 비난한 네티즌들을 고소하고, 합의금 수천만 원을 뜯어낸 혐의로 구속했다. 피고소인들은 대학생과 취업준비생 등 대부분 여성들이었는데 취업에 문제가 생기는 것은 물론 큰 손해를 입게 될 것이라고 협박해서 댓글 작성자로 피고소인 260명 중 50여명으로부터 약 3천만 원의 합의금을 받아낸 혐의이다.

67 가해자의 불법행위에 대해 피해자가 입은 재산상의 손해 원금과 이자에 형벌적 요소로서의 금액이 추가적으로 포함되어 배상하도록 한 제도이다. 보상적 손해배상만으로는 예방적 효과가 충분하지 않기 때문에 고액의 손해배상을 하게 함으로써 장래에 그러한 범죄나 부당행위를 다시 반복하지 않도록 하는 데 목적이 있다.(시사상식사전. pmg 지식엔진 연구소)

68 제2조(정의) 이 법에서 사용하는 용어의 정의는 다음 각 호와 같다.

1. "학교폭력"이란 학교 내외에서 학생을 대상으로 발생한 상해, 폭행, 감금, 협박, 약취·유인, 명예훼손·모욕, 공갈, 강요·강제적인 심부름 및 성폭력, 따돌림, 사이버 따돌림, 정보통신망을 이용한 음란·폭력 정보 등에 의하여 신체·정신 또는 재산상의 피해를 수반하는 행위를 말한다.

1의2. "따돌림"이란 학교 내외에서 2명 이상의 학생들이 특정인이나 특정집단의 학생들을 대상으로 지속적이거나 반복적으로 신체적 또는 심리적 공격을 가하여 상대방이 고통을 느끼도록 하는 일체의 행위를 말한다.

1의3. "사이버 따돌림"이란 인터넷, 휴대전화 등 정보통신기기를 이용하여 학생들이 특정학생들을 대상으로 지속적, 반복적으로 심리적 공격을 가하거나, 특정 학생과 관련된 개인정보 또는 허위사실을 유포하여 상대방이 고통을 느끼도록 하는 일체의 행위를 말한다.

69 2014. 4. 16. 인천에서 제주로 향하던 여객선 세월호가 진도 인근 해상에서 침몰하면서 승객 304명(전체 탑승자 476명)이 사망·실종된 대형 참사다.

70 적의 미사일을 실시간으로 탐지하고, 공격으로 이어지는 공격형 방위시스템이다. 북한이 핵이나 미사일 등을 발사하기 전에 우리 군이 이를 먼저 탐지해 먼저 타격한다는 개념

이다. 적의 미사일을 실시간으로 탐지해 무기의 종류와 위치를 식별한 뒤 공격수단 선정, 타격여부 결정, 공격 실시로 이어지는 공격형 방위시스템을 지칭한다.

71 알파고와 이세돌 간의 2016. 3. 9.부터 15일까지 하루 한 차례의 대국으로 총 5회에 걸쳐 서울의 포 시즌스 호텔에서 진행된 바둑 대결이다. 최고의 바둑 인공지능 프로그램과 바둑의 최고 중 최고 인간 실력자의 대결로 주목을 받았다. 최종 결과는 알파고가 4승 1패로 이세돌에게 승리하였다.(위키백과. 2019. 10. 17)

72 본 가이드라인은「정보통신망 이용촉진 및 정보보호 등에 관한 법률」('18.9.18. 일부 개정, '19.3.19. 시행, 법률 제15751호)의 개정 내용(국외재이전 동의)을 반영하고 있고, 사업자의 개인정보보호에 대한 법적 의무 이행을 지원하기 위해 마련되었다.

73 공정한 경쟁이 불가능한 상황을 비유적으로 이르는 말이다. 어느 한쪽에게 일방적으로 유리한 제도나 질서가 있을 때, 그 상대방은 기울어진 운동장 아래편에서 공을 차는 것처럼 경쟁에서 이기기 힘들다는 뜻이다.(시사상식사전. pmg 지식엔진연구소)

74 사우디아라비아의 국영 석유화학 및 정유사이며, 본사는 사우디아라비아 샤르키야 주 다란에 있다. 명칭의 유래는 "AR"abian-"AM"erica Oil "CO"mpany(아랍-미국 석유회사)의 약자다.(나무위키. 2019. 10. 17)

75 제82조(벌칙) ① 다음 각 호 어느 하나의 업무에 제공되는 무선국의 무선설비를 손괴(損壞)하거나 물품의 접촉, 그 밖의 방법으로 무선설비의 기능에 장해를 주어 무선통신을 방해한 자는 10년 이하의 징역 또는 1억원 이하의 벌금에 처한다.<개정 2014. 6. 3.>

1. 전기통신 업무

2. 방송 업무

3. 치안유지 업무

4. 기상 업무

5. 전기공급 업무

6. 철도·선박·항공기의 운행 업무

② 제1항에 따른 무선설비 외의 무선설비에 대하여 제1항에 해당하는 행위 한 자는 5년 이하의 징역 또는 5천만원 이하의 벌금에 처한다.

③ 제1항과 제2항의 미수범은 처벌한다.

76 제129조(초경량비행장치 조종자 등의 준수사항) ①초경량비행장치의 조종자는 초경량비행장치로 인하여 인명이나 재산에 피해가 발생하지 아니하도록 국토교통부령으로 정하는 준수사항을 지켜야 한다. 지상목표물을 육안으로 식별할 수 없는 상태 및 인구가 밀집된 지역이나 그 밖에 사람이 많이 모인 장소의 상공에서 인명 또는 재산에 위험을 초래할

우려가 있는 방법으로 비행을 금지하는 조종자 준수사항을 위반하면 과태료를 부과 받을 수 있다.(제129조제1항)

77 한국은 2019. 4. 3. 11시를 기해 국내 이동통신 3사와 과학기술정보통신부는 세계 최초로 5G 이동통신 서비스를 시작했다. 2018. 12. 1. 세계 최초 5G 전파를 송출한지 약 4개월 만에 국제 사회에서 세계 최초 5G 상용화 국가로 인정받았다.

78 '경찰 드론 설계자, 드론 아키텍트(Architect)' 이병석 경정과 한국인지과학산업협회 사무총장 권희춘 박사가 손을 잡고 공동집필해 2018. 9. 출판했다.

79 딥러닝은 사물이나 데이터를 군집화하거나 분류하는 데 사용하는 기술이다. 예를 들어 컴퓨터는 사진만으로 개와 고양이를 구분하지 못한다. 하지만 사람은 아주 쉽게 구분할 수 있다. 이를 위해 '기계학습(Machine Learning)'이라는 방법이 고안됐다. 많은 데이터를 컴퓨터에 입력하고 비슷한 것끼리 분류하도록 하는 기술이다. 딥러닝 기술은 컴퓨터가 마치 사람처럼 생각하고 배울 수 있도록 하는 기술을 말한다.

80 2007. 4. 4. 경찰청에서 주최한 '보이스피싱 관계기관 실무협의회' 자료에 의하면 2006. 5. 18. 우리은행 인천 간석동 지점에서 피해자가 국세청을 사칭한 사기 전화를 받고, 800만원을 이체한 사건이 국내 최초 보이스피싱 사건이다.

81 2018. 12. 18. 정부는 전기통신금융사기(통칭 '보이스피싱')대응을 위한 「전기통신금융사기 방지대책 협의회」를 개최(주관: 금융위)하였다. 최근 보이스피싱 현황에 대해 점검하고, 국민들의 재산 보호를 위해관계기관 합동으로 마련한 보이스피싱 종합대책은 신·변종 금융사기 등 보이스피싱 수단별 대응, 대포통장 관련 사전예방·사후제재 강화, 해외를 거점으로 하는 보이스피싱 조직 등에 대한 엄정 대응 등이다.

82 'Wag the Dog'을 우리말로 풀이하면 '꼬리가 개의 몸통을 흔든다'로 해석된다. 하극상 혹은 주객전도의 경우를 이른다.

83 폭력조직을 무겁게 처벌하기 위해 적용해 온 '범죄단체 조직죄'를 보이스피싱 조직 총책에게 물어 징역 20년의 높은 형량을 확정한 대법원의 첫 판결이 나왔다. 대법원 1부(주심 김용덕 대법관)는 2017. 10. 30. 범죄단체 조직 및 활동, 특경법상 사기 등 혐의로 기소된 보이스피싱 조직 박모(46)씨의 상고심에서 징역 20년을 선고한 원심 판결을 확정했다고 밝혔다. 범죄수익 19억5천만원에 대한 추징명령도 그대로 유지됐다(연합뉴스 인용. 보이스피싱 총책에 '범죄단체조직죄' 첫 적용…징역 20년 확정. 2017.10.30.)

84 2013. 3. 20. KBS·MBC·YTN과 농협·신한은행 등 방송·금융 6개사 전산망 마비 사태가 발생한 사건을 말한다. 이후 4월 10일 민·관·군 사이버위협 합동대응팀은 이번 사이버테러의 수법과 접속 기록을 정밀 조사한 결과 북한 정찰총국의 소행인 것으로 결론냈다.

85 불법 다운로드 혐의로 고소된 청소년 중 저작권법 위반 전력이 없는 청소년이 우발적으로 저작권을 침해한 경우에 1회에 한하여 조사 없이 각하 처분 되며, 각하 처분과 함께 각 가정에 재범 시 엄한 처벌을 받을 수 있다는 내용의 우편 통지문도 발송된다. 지난 2007년 전남 담양의 한 고등학생이 저작권 침해로 형사고소와 합의금 요구를 받은 후에 극단적인 선택을 하는 비극이 발생했다. 이후 2009년부터 우발적 침해의 경우 1회는 조사 없이 각하하는 제도가 마련되어 현재까지 시행중이다.

86 미국 경찰은 소년범에 대한 체포, 면담단계에서 일정한 표준과 지침에 따라 선도프로그램 수강을 전제로 훈방하고 있다. 다이버전은 현실적으로 1960년대 미국에서 범죄의 증가와 이에 따른 법원의 부담가중, 교도소의 과밀수용이 문제가 되어 경미한 범죄에 대한 비범죄화 내지 교정시설의 선별수용, 형사절차에서의 선별처리 등의 다양한 대처방안이 논의되었다. 다이버전은 범죄인에게 유죄판결을 피할 수 있도록 하여 낙인효과를 방지하며, 형사사법제도에 융통성을 부여하여 범죄를 효과적으로 처리할 수 있도록 하고, 과밀수용을 방지하여 교정의 효과를 극대화할 뿐만 아니라 각종의 시설 내 처우의 폐단을 극복할 수 있는 가장 합리적인 대안으로 주장되고 있다.

87 영국 경찰은 비행소년 발견 시 소년에 대한 조치를 하고, 초범이고 경미한 범죄시 재범의 경우 기소될 수 있다는 엄중한 경고를 하고서 훈방하는 경고제도를 운영하고 있다. 일본의 경우는 경미소년범 처리시 재범 우려 없고, 형사·보호처분이 필요 없다고 인정되는 경우 송치서만 월 1회 가정재판소에 송부(간이송치·심리불개시 종결)을 하고 있다.

88 2001년 국제회계기준위원회(IASB)가 만든 글로벌 회계기준이다. 기업이 국경을 벗어나 글로벌 시장에서 활동하는 일이 많아지면서 기업을 평가 할 수 있는 객관적인 세계 공통 기준이 필요하다는 인식이 퍼지면서 탄생했다. 기업의 경영 활동과 재무 상태를 단일한 기준으로 회계장부에 적어야 소비자, 투자자, 금융회사, 각국 정부 등이 객관적이고, 투명하게 기업의 상황을 비교·분석할 수 있다는 것이다. 한국은 2011년 IFRS를 자산 규모 2조원 이상인 상장 기업에 적용하기 시작했고, 2013년부턴 모든 상장 기업에 적용하고 있다. 2018년 4월 기준으로 국내에서 사업을 할 때 IFRS를 적용해야 하는 국가는 144개국이다.

89 네트워크에 참여하는 모든 사용자가 관리 대상이 되는 모든 데이터를 분산하여 저장하는 데이터 분산처리기술을 말한다. 거래 정보가 담긴 원장을 거래 주체나 특정 기관에서 보유하는 것이 아니라 네트워크 참여자 모두가 나누어 가지는 기술이라는 점에서 '분산원장기술(DLC;distributed ledger technology)' 또는 '공공거래장부'라고도 한다. 블록체인은 거래 내용이 담긴 블록(Block)을 사슬처럼 연결(chain)한 것이라 하여 붙여진 명칭이다.

90 자금세탁방지와 테러자금조달차단을 위한 정책을 개발·촉진하고, 관련 국제규범을 제정하며, 그 이행을 감독하는 역할을 하는 국제기구이다. 흔히 'FATF(영문 약어)' 또는 'GAFI(불문 약어)'로 표기한다. 1989년 파리에서 열린 G7 정상회의를 통해 금융시스템을 이용한 자금세탁에 대처하려는 목적으로 설립되었다.

91 거래소가 북한 해킹공격 대상으로 알려졌다.

92 조직 현장의 구성원에게 업무 재량을 위임하여 자주적이고, 주체적인 체제 속에서 사람이나 조직의 의욕과 성과를 이끌어 내기 위한 '권한부여', '권한이양'의 의미이다.

93 나비의 작은 날갯짓이 날씨 변화를 일으키듯, 미세한 변화나 작은 사건이 추후 예상하지 못한 엄청난 결과로 이어진다는 의미이다. 나비 효과는 과학 이론이었으나 사회현상을 설명하는 광범위한 용어로 사용된다.

94 우주의 현상은 본질적으로 무질서한 방향으로 진행되며, 따라서 전체 엔트로피는 증가한다는 법칙을 '엔트로피 법칙'이라고 한다. 이에 따르면 지구상의 모든 유용한 자원은 종국적으로는 무용한 쓰레기로 변한다는 것이다.(정 완 著 '사이버엔트로피' 프롤로그 인용)

95 2018년 국내에서는 총 13,652건의 익스플로잇 킷 공격이 발견된 것으로 조사됐다. 이는 전 세계 4위에 해당하는 수치다. 익스플로잇 킷 공격 발생 국가 1위는 일본으로, 총 260,861건이 발생했다. 대만과 미국이 각각 53,777건, 15,802건으로 뒤를 이었다('트렌드마이크로'의 2018 위협 결과 보고서. 2018 Security Roundup Report) 인용).

96 'http://www.wikileaks.org'는 정부나 기업의 비리, 불법행위를 고발하는 사이트로 2006년 12월 호주 출신 줄리언 어산지가 수십 개국 후원자들의 지원을 받아 설립했다.

97 2019년 6월 말 현재 어산지는 영국에 체류하고 있으며, "미국에서 공정한 재판을 받기 어렵다"라는 추종자들의 송환 반대에 의해 미국으로의 송환은 어려울 것으로 판단한다는 보도가 다수이다.

98 핵티비스트란 해커(Hacker)와 행동주의자(Activist)의 합성어로, 인터넷을 통한 컴퓨터 해킹을 투쟁수단으로 사용하는 새로운 형태의 행동주의자들을 말한다.

99 록히드마틴의 조직 내 전략의 취약점을 발견하여 공격하는 역할을 부여받은 팀인 'Red Team'과 반대로 보안관리 직원 역할을 하는 'Blue Team'과 비교할 수 있는 개념이다.

100 1993년 6월 미국 라스베이거스에서 시작해 매년 여름 열리는 컴퓨팅 해킹 국제 경연 대회(DEFCON)이다.

101 2012년부터 국가적 사이버 난제 해결을 목적으로 과학기술정보통신부가 주최하고, 한국정보기술연구원(KITRI)에서 주관하고 있는 사이버보안 인재 양성 프로그램이며, 'BEST of the BEST'(BoB) 이라고도 불린다.

102 지능과 연결을 기반으로 한 사회가 지능정보사회다. 인간이 주도하는 사회가 아니라 인간과 사물이 함께 지능을 가지고 주도하는 사회가 된다. 지능정보기술을 기반으로 경제는 물질 경제를 넘어서 서비스 경제화 되고, 공유 경제로 발전한다. 소프트파워가 중요해지고, 사회의 지배 양식은 수직적인 위계적 지배 질서가 아니라 수직·수평적인 혼계적 지배 질서로 변화하고 혼성 문화로 변화한다.(4차 산업혁명. 2016.10.20. 김대호)

103 모바일 포렌식은 PC나 서버 등 디지털 저장장치에서 복구하거나 분석한 데이터를 법적 증거로 활용하는 과학 수사기법인 '디지털 포렌식'의 모바일 버전이다. 스마트폰, 태블릿 PC, PDA, 사물인터넷 기기 등 디지털 기능의 휴대기기에서 수집하고, 분석한 데이터를 범죄 증거나 법적 분쟁의 증거로 활용하는 기술이다.

104 사용자 인증, 글로벌 로밍, 전자상거래 등 다양한 기능을 한 장의 카드에 구현한 기술로 비동기 3세대 이동 통신(WCDMA)의 단말기에 삽입되는 스마트카드이다. 3세대 이동 통신(IMT-2000)을 위한 스마트카드의 규격은 기술 방식과 관계없는 스마트카드 플랫폼 UICC(Universal IC Card)와 애플리케이션이 수용될 각 기술 방식에 따른 규격으로 나누어지며, UICC는 통신뿐만 아니라 금융 등의 다른 산업 분야의 스마트카드 애플리케이션도 수용할 수 있도록 설계되어 있다.

105 모바일로 웹에 접속하는 스마트폰과 대비되는 개념으로 전화를 하고 받는 기능만을 갖춘 흔히 말하는 일반휴대폰을 말한다. 스마트폰이 가지고 있는 다양한 기능(Feature)의 일부만 구현할 수밖에 없다는 단점이 있으나 그만큼 값이 저렴하다는 장점이 있다.

106 시간과 공간의 제약을 받지 않는 가상공간이 형성되어 있는 현재의 사회를 '디지털사회'라고 표현한다. 디지털사회의 발달은 우리의 삶을 풍요롭게 만들어주었지만 이에 따른 각종 역기능도 나타나고 있다.

107 통섭은 '줄기'란 뜻의 한자 '통(統)'과 '잡다'란 뜻의 한자 '섭(攝)'이 합쳐진 말로 '전체를 도맡아 다스리다"라는 뜻으로 정의된다.

108 '국가경영' 또는 '공공경영'이라고도 번역되며, 국가 해당분야의 여러 업무를 관리하기 위해 정치·경제 및 행정적 권한을 행사하는 국정관리 체계를 의미한다.

109 인터파크를 공격한 방식은 지능형 지속 위협(APT)공격이다. 지속적으로 내부 침투를 시도하는 자동화 공격으로 확인됐다. 한 직원의 가족을 사칭한 이른바 '사회공학적' 공격 기법에 결국 첨부파일을 실행하면서 그 안에 포함된 악성코드가 내부 망에 침투했고, 이어 개인정보 데이터베이스(DB) 관리 서버에 접근해 개인정보가 유출됐다.

110 제27조의3(개인정보 유출등의 통지·신고) ①정보통신서비스 제공자등은 개인정보의 분실·도난·유출(이하 "유출등"이라 한다) 사실을 안 때에는 지체 없이 다음 각 호의 모든

사항을 해당 이용자에게 알리고 방송통신위원회 또는 한국인터넷진흥원에 신고하여야 하며, 정당한 사유 없이 그 사실을 안 때부터 24시간을 경과하여 통지·신고해서는 아니 된다.

111 2018. 10. 17. 세계경제포럼이 조사한 2018년 한국의 국가경쟁력이 전 세계 140개국 중 종합순위 15위로 나타났다. 지난해(26위) 평가보다 11계단 오른 성적이다. 국제경쟁력 평가 세부 항목 중 한국은 정보통신기술(ICT) 보급, 거시경제 안정성은 1위, 인프라는 6위, 혁신역량은 8위로 높은 수준을 기록했다. 반면 노동시장 부문은 48위, 생산물 시장은 67위로 주요 선진국과 비교해 경쟁력이 떨어지는 것으로 나타났다.

112 사형, 무기 또는 장기 4년 이상의 징역에 해당하는 범죄를 목적으로 하는 단체 또는 집단을 조직하거나 이에 가입 또는 그 구성원으로 활동함으로써 성립하는 죄를 말한다.(형법 제114조)

113 정신장애진단통계메뉴얼은 미국정신의학협회에서 출간하는 편람 DSM: Diagnostic and Statistical Manual of Mental Disorders)은 1952년 DSM-1이 출간된 이후, 2013년 DSM-5가 새로 개정되어 현재 사용되고 있다. DSM-5는 다양한 심리장애를 크게 20가지 범주로 분류하고, 각 범주를 300개 이상의 하위 장애로 세분한 정신장애 진단 및 통계편람이다.

114 2015. 10. 15. 삼성 라이온즈의 임창용, 윤성환, 안지만 및 전 삼성 라이온즈 소속 오승환이 마카오에서 원정도박을 한 혐의로 수사결과 발표되었다. 이 사건으로 삼성 라이온즈의 이미지는 추락했고, 주력 투수들을 모조리 잃어버린 삼성의 2015년 한국시리즈 판도에도 결정적인 충격을 주었다.

115 2016년 전후로 비너스락커라는 랜섬웨어를 한국의 기관들을 중심으로 맞춤형 공격하기 시작하였고, 이후에 민·관 구분 없이 범죄 대상을 확대하고 있다. 2016년 12월 24일 크리스마스 이브에 공격자들은 한국인 발신자 형식의 이메일 계정과 '한국' 키워드가 포함된 특정 기관을 대상으로 공격했다.

116 여기서 게임 과몰입이란 일상생활보다 게임을 우선시해 부정적인 결과가 발생해도 게임을 지속하는 것을 의미한다. WHO는 게임 과몰입을 판단하는 기준을 4가지로 제시했다. 게임에 대한 통제 기능 손상, 삶의 다른 관심사나 일상생활보다 게임을 우선시, 부정적인 결과가 발생해도 게임을 중단하지 못함, 해당 행위가 12개월 이상 지속하는 경우 등이다.

117 일상생활보다 게임을 우선시해 부정적인 결과가 발생해도 게임을 지속하거나 확대하는 게임 행위의 패턴을 말한다. WHO는 2019. 5. 25. 게임이용장애를 질병으로 분류하는 국제질병분류 11차 개정안(ICD-11)을 통과시켰으며, 이는 2022년부터 적용된다.

118 MMORPG는 대규모 다중사용자 온라인 롤 플레잉 게임을 말한다. 게임 속 등장인물의 역할을 수행하는 형식의 게임인 RPG(롤 플레잉 게임)의 일종이며, 온라인으로 연결된

여러 플레이어가 같은 공간에서 동시에 즐길 수 있는 게임이다.

119 현재 시중에 출시되어 있는 대부분의 온라인 게임은 계정이나 캐릭터의 양도를 금지하고 있으나, 게이머들을 이를 어기고서 양도 및 양수를 하고 있다. 법원 판례도 이 금지규정의 약관에 의거 1대 본주가 계정 등을 제3자에에 양도 후에 일정 기간 경과 후, 비밀번호을 변경하여 찾아가는 행위는 정통망의 침입을 부정하고 있다.

120 국내에서 IT 정보를 제공하는 ITWorld는 2019. 5. 27.부터 6. 17.까지 3주간 WHO가 제시한 게임 과몰입(중독)의 4가지 조건을 보여주고 이런 정의에 따라 게임 중독을 질병으로 규정하는 데 동의하는지 확인했다. 유효 응답자는 302명이었다. 그 결과 10명 중 6명(57.9%)이 "게임 중독은 질병이라는 데 동의 한다"고 답했다. 반면 "게임 중독이 질병이라는 데 동의하지 않는다"는 응답은 39.4%, "모르겠다"는 응답은 2.6%였다. (원문: http://www.itworld.co.kr/news/125237#c)

121 7월 초 현재 후속 조치 관련 보도를 접하지 못했다.

122 이 사건으로 계모 김씨와 친부 신씨에게는 살인죄가 인정돼 각각 징역 27년과 17년이 선고됐다.

123 온라인 롤플레잉(Role Playing)게임은 플레이어가 게임 속의 주인공이 되어서 가상의 세계에서 게임 내에 주어진 역할을 수행하는 방식이다. 대표적인 게임으로는 디아블로, 파이널 펀타지 시리즈 등이 있다. 최근에는 바람의 니리와 리니지, 아이온 등 다중접속 롤플레잉게임(MMORPG)이 인기를 끌고 있다.

124 국내의 아이템 거래 최고 가격은 엔시소프트사에서 서비스하는 리리지 게임의 아이템 '진명황의 집행검'이 2010년에 1억원 넘게 거래가 되었으며, 현재는 2,500~3,000만원에 거래가 되며, 엔드로피아라는 게임의 '우주정거장'은 2010년도에 33만달러(한화 3억 7000만원)에 거래되었다는 보도도 있다.(2018. 6. 20. 네이버tv 인용)

125 20016. 3. 9. 경기 부천에서 생후 3개월 미만의 영아를 폭행 치사한 20대 부부도 롤플레잉 게임을 즐겼던 것으로 알려졌다. 이들은 게임하는데 운다며 3개월도 안된 딸을 방바닥에 떨어뜨린 뒤 방치했다.

126 2015년 말에는 인천에서 게임 중독 아버지가 11살짜리 어린 딸을 집안에 장기간 감금했다가 아이가 맨발로 집을 탈출한 사건이 있었다. 게임 중독에 빠져 자녀를 돌보지 않은 전형적 사례이다. 2014년 3월 경북 구미에서는 22살의 아버지가 PC방에 가야 하는데 잠을 안 잔다는 이유로 생후 28개월 된 아들의 명치를 때리고 코와 입을 막아 살해하기도 했다.(내일신문. "가상현실에 빠져 자기 아이 방치·학대" 인용. 2016.03.17.)

정순채 사이버 산책

1판1쇄 발행 2019년 12월 16일
저자 정순채
발행인 이병덕
편집 김 정 아

발행처 도서출판 정일
등록날짜 1989년 8월 25일
등록번호 제 3-261호
주소 경기도 파주시 한빛로 11. 309-1704
전화 031)946-9152(대)
팩스 031)946-9153

정가 17,000원

이 도서의 국립중앙도서관 출판예정도서목록(CIP)은 서지정보유통지원시스템 홈페이지 (http://seoji.nl.go.kr)와 국가자료종합목록시스템(http://www.nl.go.kr/kolisnet)에서 이용하실 수 있습니다. (CIP제어번호 : CIP2019050429)

잘못된 책은 구입하신 서점이나 본사에서 교환해 드립니다.